U0799954

报界旧闻

旧广州的报纸与新闻

蒋建国◎著

南方日报出版社
NANFANG DAILY PRESS

图书在版编目（CIP）数据

报界旧闻：旧广州的报纸与新闻 / 蒋建国著. —广州：南方日报出版社，2007.4

（旧时广州丛书）

ISBN 978-7-80652-624-8

Ⅰ.报… Ⅱ.蒋… Ⅲ.①报刊—新闻事业史—广州—清后期②社会生活—史料—广州—清后期 Ⅳ.①G219.295.2②D691.9

中国版本图书馆 CIP 数据核字（2006）第 143234 号

报界旧闻——旧广州的报纸与新闻　　蒋建国 著

出版发行：南方日报出版社
地　　址：广州市广州大道中 289 号
电　　话：（020）87373998-8502
经　　销：全国新华书店
印　　刷：佛山市浩文彩色印刷有限公司
开　　本：889mm×1194mm　1/32
印　　张：9
字　　数：200 千字
版　　次：2007 年 5 月第 1 版
印　　次：2007 年 5 月第 1 次印刷
定　　价：20.00 元

投稿热线：（020）87373998-8503　读者热线：（020）87373998-8502

网址：http://www.nanfangdaily.com.cn/press　http://www.southcn.com/ebook

如发现印装质量问题，影响阅读，请与承印厂联系调换。

总序

一口通商以来，广州作为商业都会，在城市史研究中占有重要地位。然而，本丛书关于都市研究的话语，不是重大的政治、经济问题，而是将目光下移，考察都市社会的“生活场景”。一百多年前，西关闹市的喧嚣，越秀山上的清幽，珠江疍船的杂乱，陈塘青楼的哀怨，荔湾书院的书声，西人游览的感叹……远逝的生活充满神奇，而又如此真实地停留在都市的空间。怀旧是一种文化、一种感喟、一种情调，怀旧需要重拾历史的碎片，探寻远去的生活踪影……

总序

在旧广州，“消费”生产着都市文化，“消费文化”应成为理解社会变迁的基本要素。旧广州高度发达的商业文化，改变了民众的生活方式，也使消费文化具有开放性、世俗性、享乐性、时尚性和实用性特征。它体现在具体的生活形态中，以日常生活为重要载体，反映民众生活的各个方面。从“消费”这一基本线索出发，我们仿佛看到，近人在旧广州的大街小巷，品味酒楼、茶楼的佳肴，赞叹洋货市场的繁华，阅读五花八门的广告，观赏南国风情的粤剧……

本丛书对旧广州消费风情研究，涉及到饮食、洋货、休闲、赌博、鸦片、教育、报刊、礼仪、色情等方面。这些具体的消费方式，有助于拓展消费文化研究的深度和广度，探索消费文化在时间和空间上的变奏。作者在写作过程中注意通俗性、学术性和趣味性的结合，充分利用报刊、日记、方志、杂录、家谱、碑刻等各类史料，以及一些较为珍贵的缩微胶卷、善本图书，注意以史立论、史论结合、图文并茂，向读者娓娓叙说旧广州社会风情。

序

近年来，新闻通史研究取得了很大成就，相对而言，区域新闻史研究起步较晚。令人高兴的是，一些学者开始着力从事上海、天津等地的报刊史研究，并有不少论著面世，但针对近代广州报刊史的专题研究，目前较为少见，这是一个有待深入拓展的领域。

近代以来，广州是中国新闻传播事业颇为发达的城市，这里诞生了中国境内的第一份英文报纸《广州纪录报》、第一份中文报纸《东西洋考每月统记传》、第一份中文周报《中外新闻七日录》、第一份石印中文报纸

《各国消息》、第一份石印中文日报《述报》。19世纪末至20世纪初，广州创办了近百种报刊，展现了她作为商业中心城市的优势，也体现了她作为近代民主革命策源地的重要地位。深入开展这段时期的报刊史研究，很有必要。

由于各种原因，近代广州地区出版的各种报刊，能够完整保留下来的，屈指可数。这也为广州报刊史研究增加了难度。令人欣慰的是，本书作者是个有心人，多年来悉心搜罗各种旧报，在北京、香港、广州等地收集了40余种近代广州报刊影印件，特别是《中外新闻七日录》、《岭南日报》、《中西日报》、《赏奇画报》、《时谐画报》、《震旦日报》等报刊，前人所论甚少，具有较高的史料价值。尽管大部分报刊是缩微胶卷影印件，但将这些零散报刊联系起来进行整体研究，有一定新意。

为使这些报刊露出“庐山真面目”，本书采用了大量报刊影印图片，读者通过翻阅这些“历史的碎片”，可以寻觅远去时代的一丝踪影。同时，本书融史料性与通俗性于一体，既重视引用具有趣味性和可读性的一手新闻史料，又注意从宏观上介绍报刊发展与社会变迁之间的关系。文白互证，雅俗共赏，以飨读者。

本书的作者，是一位勤奋的学者。他十分注意搜集和掌握第一手材料，平时钩沉探赜，博闻强记，从事著述

序

时，往往能够作到言必有徵，而又时有新意。这部书就是他长期徜徉于书山报海中从事积累和研究的一个新的结晶。它不仅为专业的新闻史教学研究工作者，提供了不少珍贵的资料和线索，也为一般的读者了解广州地区新闻事业历史，提供了一部很好的读物。

由于作者是“探索”式的写作，在对新闻史料的总体把握上有待提高，加上零散史料的局限，对部分报刊的介绍，显得有一点过于简单。好在作者还富于春秋，对新闻史研究颇为专注，又长期在广州工作，有天时地利之便。希望他在已有的基础上，继续注意史料的开掘，不断有所开拓，有所前进，为写出一部更为扎实的近代广州报刊史和促进区域新闻史研究的繁荣，继续努力，作出新的贡献。

方汉奇

2007年2月5日于北京宜园

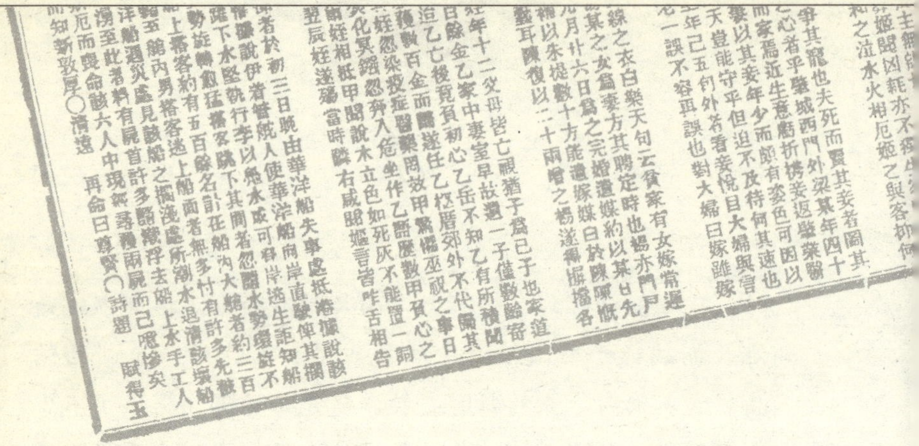

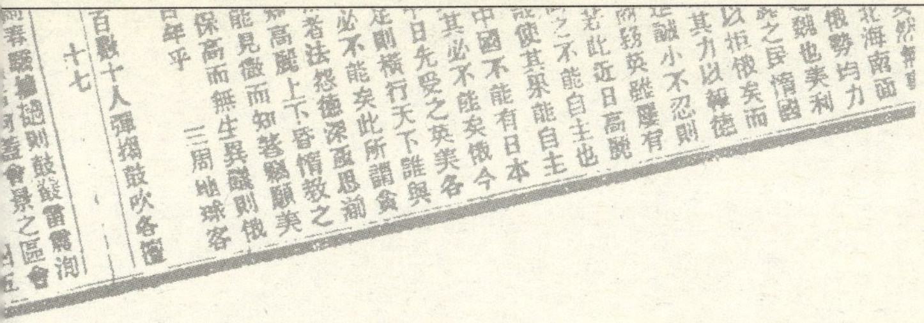

目录

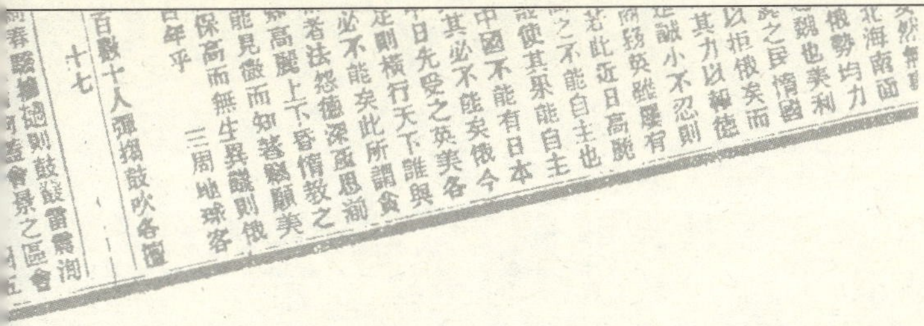

目录

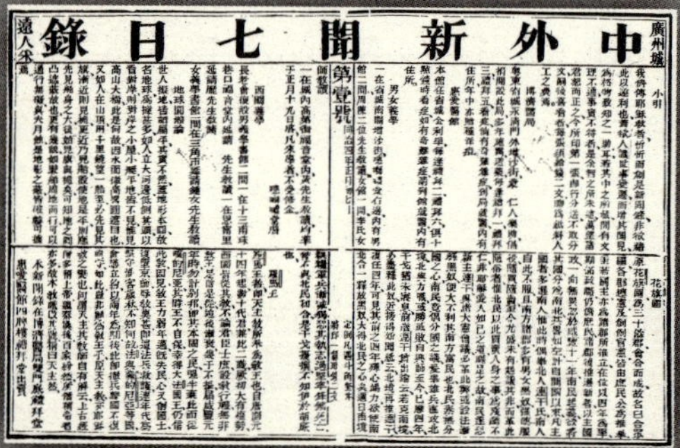

廣州城

中外新聞七日錄

第壹號

第一章

报界旧闻

粤报纵览

BAOJIE JIUWEN

今天，报纸如此贴近我们的生活，闲来读报，已成为一种生活情趣。多少年前，我们的先辈，是否也在劳作之余，如雾里看花，品味着阅读的乐趣？报刊史不仅是报刊本身演变的历史，也是受众成长、发展的历史，更是社会变迁的见证。

西方报纸的发展，与咖啡馆和公共消闲活动有着密切关系。而中国古代的公共场所，如宗庙、祠堂、庙会等，缺乏平等对话的氛围，乡村集会有关公共利益的讨论，亦难以形成有效的决议。在广阔和分散的乡村社会，民众之间的传播活动，多局限于邻里之间。而都市酒馆、茶楼，多为民众的消闲场所，对公共治理问题鲜有提及，即便有“清议”之士评论时政，也难以形成有效的传播通道。在封建专制政策的导向下，民众的言论受到官方的严密监控，官方的驿站和告示成为传播政治新闻的主渠道，官办的邸报、京报，只是朝廷发给各级官员的政务通报。而社会新闻，则主要依赖人际传播，在较为狭窄的范围内流传。

近代意义的报刊，不仅定期出版，反映最近发生的新闻事件，面向社会出售，还将办报人的理念，渗透于文字之间。它摆脱了传统社会人际传播的局限，使报刊在时间和空间上有恣意发挥的优势。但是，这类报刊，必须具备较好的社会传播环境和技术条件。19世纪初期，中国的经济总量仍位居世界第一，但科技优势的逐步丧失，制度环境的恶化，意识形态的陈旧，极大地阻碍着近代报刊业的诞生。当时，西方报刊业已历经300多年的发展，开始进入“廉价报”阶段，“天朝大国”仍然没能从梦中醒来。

1757年，辽阔的大清帝国向西方打开了一扇小小的窗口，广州作为一口通商城市，集中了帝国最优质的贸易资源。在这个相对自由的都市空间里，西方人有着传播商贸信息、西方文化和宗教文明的强烈意欲。他们所创办的中英文报刊，成为中国近代报刊的源头。

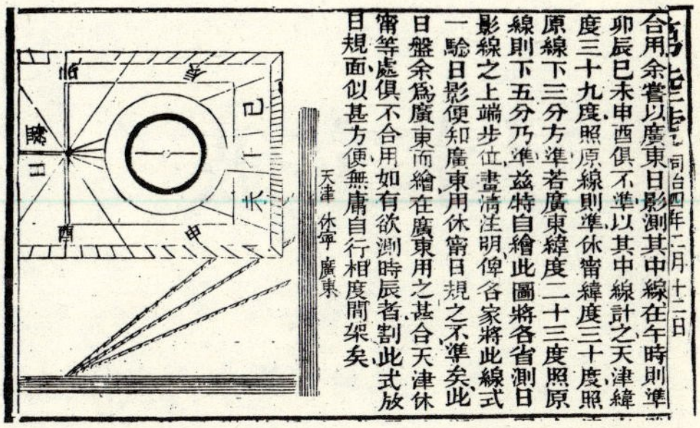
同治四年二月十二日
合用余嘗以廣東日影測其中線在午時則準卯辰巳未申酉俱不準以其中線計之天津緯度三十九度照原線則準休甯緯度三十度照原線下三分方準若廣東緯度二十三度照原線則下五分乃準茲特自繪此圖將各省測日影線之上端步位畫清注明俾各家將此線式一驗日影便知廣東用休甯日規之不準矣此日盤余爲廣東而繪在廣東用之甚合天津休甯等處俱不合用如有欲測時辰者割此式放日規面似甚方便無庸自行相度間架矣

天津 休寧 廣東

《中外新闻七日录》，同治四年（1865年）二月十二日。

西方报人与广州受众之间，存在着许多隔膜。在报刊“兴奋点”上的巨大差异，迫使西方人不得不调整宗教布道的策略，在办报理念上开始注意广州受众的诉求。19世纪中后期，大量广州新闻出现在当地报刊上，为我们探究这个充满生活情趣的城市，提供了大量的一手资料。一个小孩的走失、一所私塾的开张、一则禁赌的公告、一名妓女的遭际、一次赈灾的义举……这些小小的故事，如此普通，却深刻地嵌入100多年前的真实生活之中……

近代报刊如何进入公共领域并发生作用？办报人如何体现知识、信仰和社会价值？报刊业如何通过广告营销实现扩张？报刊与都市文化如何实现互动？报刊如何反映社会动态并取得理想的传播效果？……在广阔的社会领域，报刊为我们展示时代的变迁。

我们无意从完整意义上探究广州报刊史，那些发黄而破碎的报纸，大部分已消失在历史的云烟之中，即便幸存的部分报刊，也难睹全貌。通过模糊的报刊胶片，我们零散地阅读着社会新闻，以及形态多样的广告。把这些报刊衔接起来，用其中的文字，真实地再现都市社会的风貌。这是报刊述说历史的诠释方式，也是展示报刊魅力的另类解读……

1. 寻求突破

近代广州一直是传播中西文化的重要窗口，是文化教育水平较高的少数城市之一，也是维新思想和民主革命思想的传播中心。19世纪以来，广州是中国新闻传播事业颇为发达的城市，这里诞生了中国境内的第一份英文报纸《广州纪录报》、第一份中文报纸《东西洋考每月统记传》、第一份中文周报《中外新闻七日录》、第一份石印中文报纸《各国消息》、第一份石印中文日报《述报》。

在19世纪初期的广州，外商们聚集在十三行一带，形成一个国际性商贸中心，并成为当时传播商贸信息最为活跃的区域。西方世界通过广州贸易体系，得到了许多经济上的利益。如何通过这个狭窄的贸易通道，打开中国的大门，是西方国家孜孜以求的梦想。在近代西方社会，宗教在意识形态上具有很强的渗透力，通过宗教途径说服中国，影响普通民众的信仰，是来华传教士的首要任务。但是，15世纪以来，传教士在中国的宗教传播活动，效果并不明显，难以改变中国人对“蛮夷”的偏见。由于制度约束、语言障碍和文化隔膜，传教士的活动范围和传教途径非常有限。但在19世纪初期，传教士在广州的境遇比在其他内地城市要好一些。由于广州已开放多年，一些西方人活跃在广州的上层社会，在处理官员、商人之间的关系方面，积累了较为丰富的经验。当时广州社会许多商人对这些

19世纪初期的广州街头。见〔英〕托马斯·阿罗姆绘画、李天纲编著：《大清帝国城市印象》，上海古籍出版社，2002年版，第201页。

外国人持友好态度，一些行商与洋商甚至成为朋友。这就为传教士进入广州社会提供了一定的便利条件，通过洋商的帮助，传教士有更多的机会深入到广州民间社会，近距离地接触民众，观察社会生活的方方面面。一些广州人甚至还能用“广州英语”与外国人直接交流，这是当时中国其他城市无法见到的文化奇观。

通过对广州社会的多方了解，一些外国传教士认为，在清政府的严厉控制下，利用传统方式传教，不但有极大的危险性，而且传播效果也不明显。为了更直接地与中国文化亲近，一些传教士开始学习中文，从口头传播转向文字布道。这在中西文化传播史上具有重要意义，它改变了单纯的人际传播模式，极大地拓展了传播的空间。但是，清政府对于传教士的文字宣传极为反感，地方政府加强了对广州传教活动的管制，传教士很难散发传单。于是，一些传教士便转移到广东侨民极为集中的马六甲一带，在那里，他们创办起近代意义上的第一份中文报刊《察世俗每月统记传》。种种迹象表明，这份报纸完全是以华人为传播对象的，而且大部分受众是广东籍的侨民。报纸编辑马礼逊（Robert Morrison）和米怜（William Milne）熟悉中文，对于这份报纸的传播效果充满信心。而他们的助手——广东人梁发，利用回广州的机会，多次在乡试考场散发报纸。传教士用巧妙的方式，躲过了清政府的严厉控制，利用报纸传播的影响力，从外围影响广州社会，再逐步深入中国内地。这一策略的转换，显然受到近代西方传媒革命的启发和影响，对中国近代中文报刊的发展，具有非同寻常的意义。

19世纪广州十三商馆区。（佚名画，香港艺术馆藏品）

2. 一枝独秀

从现有的资料看，并无明显的证据表明广州出现的英文报纸受到《察世俗每月统记传》（下简称《察世俗》）的影响，1827年创办的《广州纪录报》，比《察世俗》要晚12年。但是，这份英文报纸，与宗教意义上的报纸有着明显区别。它是真正意义上的“新闻纸”，其新闻内容涉及从欧美到广州的广阔范围。它十分重视商业新闻，特别是对广州市场行情的报道，成为西方人了解广州外贸状况的重要信息来源。之后十余年，广州出现了《华人差报与广州钞报》、《广州报》、《中国丛报》、《广州周报》等多份英文报纸。当时在广州的外国人最多时也不过300余人，但这些英文报纸的发行量都达到数百份，其发行对象，显然不仅仅针对广州外商，而是通过这些外商的见闻和记录，向西方世界广泛传播广州商贸信息和有关中国时局的消息。这些报纸既是中西文化交流的窗口，也是西方国家调整对华政策的重要信息来源。

在广州创办的这些英文报纸，并没有受到清政府和地方当局的审查，除了报纸主办者利用外交手段笼络地方官员外，其他原因十分复杂，或许是英语世界远离统治者的视野，或许是广州贸易体制为英文报刊提供了多方面的保护。但这些英文报刊的发展，无疑给传教士创办中文报刊带来了希望。1833年，中国内地第一份近代化报刊《东西洋考每月统记传》（下简称

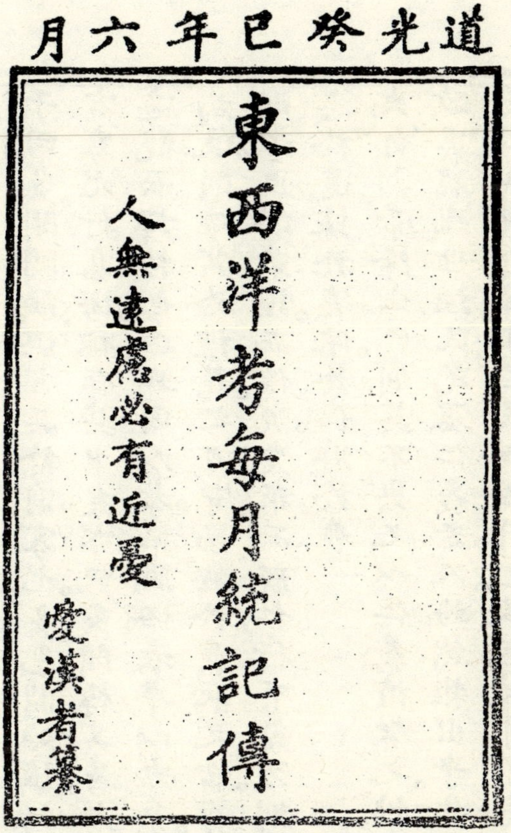
道光癸巳年六月

東西洋考每月統記傳

人無遠慮必有近憂

愛漢者纂

爱汉者等编，黄时鉴整理：《东西洋考每月统记传》，中华书局1997年版，第 1 页。

《东西洋考》）在广州的出现，绝非偶然。西方传教士经过多年的试探，终于将广州视为创办中文报刊的理想场所。《东西洋考》的创办者为普鲁士人郭士立（Karo Friedrich August Gutzlaff），这位传教士具有宗教布道精神和强烈的政治意识。他秉承了英国当局的旨意，希望通过报刊传媒，消除西方

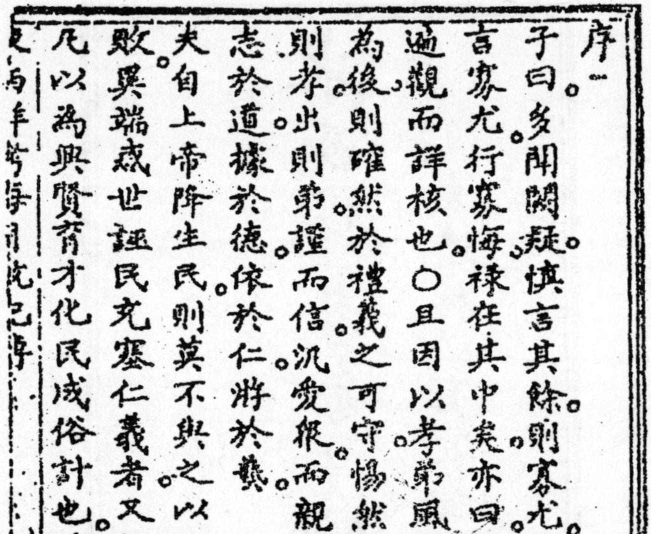
序
子曰。多聞闕疑。慎言其餘。則寡尤。多見闕殆。慎行其餘。則寡悔。
言寡尤。行寡悔。祿在其中矣。亦曰多聞擇其善者而從之。故必
遍觀而詳核也。〇且因以孝弟風俗。表率以孝弟為先。以文藝
為後。則確然於禮義之可守。惕然於廉恥之當存。子曰。弟子入
則孝。出則弟。謹而信。汎愛衆而親仁。行有餘力。則以學文。又曰。
志於道。據於德。依於仁。游於藝。
夫自上帝降生民。則莫不與之以仁義禮智之性。奈何風俗頹
敗。異端惑世誣民。充塞仁義者。又紛然雜出乎。故設庠序學校。
凡以為與賢育才化民成俗計也。故曰。城郭不完。兵甲不多。非

爱汉者等编，黄时鉴整理：《东西洋考每月统记传》，第3页。

贸易的思想壁垒以及中国人对外国的敌视态度，为英国等西方国家的利益服务。该报宗教宣传色彩固然浓重，但对西方科技知识的大量介绍，显示了传教士回归现实，为政治服务的基本策略。宗教和科技知识的介绍，目的是为了证明西方的先进，消除中国人的偏见，为西方商品进入中国内地，进行巧妙的说服。从表面上看，该报并无反华的言论，加上郭士立巧于周旋，这份中文报纸竟然在广州公开出版两年之久，没有受到清政府和地方当局的干涉，不能不说是一大奇迹。而在当时的中国，只有广州，才有可能发生这样的奇迹。

今天看来，《东西洋考》在近代中国新闻传播史上的意义不可小觑。如果没有广州相对宽松的社会环境，中国近代中文报纸的出现，至少要晚20年。《东西洋考》实现了传播的转向，改变了《察世俗》通过华侨传播宗教的方式，转为直接面对中国受众传播宗教和科技知识，它的受众范围主要集中在广州，其对于广州乃至中国社会的影响，远超过《察世俗》。《东西洋考》刊登的文章内容简短，追求知识性、趣味性，为广州受众了解西方社会的动态提供了较为便捷的途径。此后，《各国消息》也于1838年创办，广州成为鸦片战争前唯一拥有中文报刊的城市，这是广州国际地位和实力的象征。

3. 花落花开

鸦片战争后，由于香港和上海的崛起，广州的国际地位逐渐下降，许多外国人离开广州，到香港、上海开拓事业。特别是在香港沦为殖民地之后，有着创办报刊的优越条件。从1841年到1850年，香港共创办了9种英文报刊，1853年，香港创办了第一份中文报刊《遐迩贯珍》，之后，香港相继创办了多家中文报刊。19世纪五六十年代，上海报刊业逐步发展，并在1860年以后超越香港，成为近代中国报刊业中心。在鸦片战争后长达20年的时间里，广州在失去贸易优势的同时，也逐步失去了报刊中心的地位。

但是，广州报刊业毕竟有着几十年的发展历程。尽管香港的中文报纸对广州市场有一定的影响，一些香港报纸曾一度转移到广州出版，但偌大的广州还是需要自己的报纸。1865年，英国传教士湛约翰（John Chalmers）创办的《中外新闻七日录》，打破了广州报刊业多年的沉寂。该报与《东西洋考》有着较大区别，内容以新闻报道为主，其中广州新闻和广东新闻占相当比重，它特别注重对于突发事件的报道，烟赌嫖等方面的新闻也较为常见。此外，该报还注意介绍西方科技、人文等方面的知识，转载《京报》、《上海新报》以及香港报纸的新闻，涉及面较广，是当时唯一具有较大影响力的报纸。该报于1870年停刊后，广州报刊业处于停滞状态，除了1872年创办的

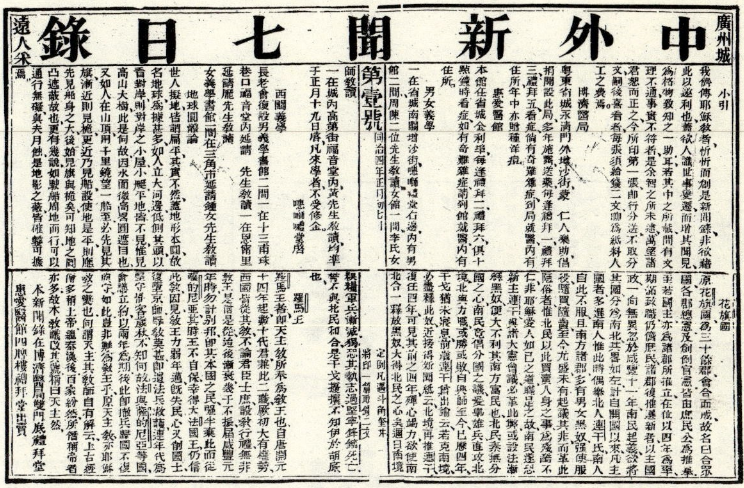
廣州城

中外新聞七日錄

遠人采焉

小引

我儕傳耶穌教者，忻忻而創是新聞錄，非欲藉此以邀利也，蓋欲人識世事變遷，而增其聞見，為格物致知之一助耳。若其中之所載，間有文理不通，事實不符者，是余智之所未逮，萬望諸君恕而正之。今所印第一張，即行分送，不取分文。嗣後喜看者，每張須給錢二文，聊為紙料人工之費焉。

博濟醫局

粵東省城永清門外增沙街，蒙　仁人樂助，倡捐開設此局，多年施醫送藥，每逢禮拜一、禮拜三、禮拜五看症，倘有奇難雜症，到局就醫，內有住所，年中亦贈種洋痘。

惠愛醫館

本館在省城金利埠，每逢禮拜二、禮拜六，俱十點鐘時看症，如有奇難雜症，請到館就醫，內有住所。

男女義學

一在省城南關增沙街嗯嘞嚧堂右邊，內有男館二間，周陳二位先生教讀，女館一間，李氏女

第壹號　同治四年正月初七日

師教讀，一在城內高第街福音堂內，黃先生教讀，均準于正月十九日啓館，凡來學者不受修金。

嗯嘞嚧堂啓

西關義學

長老會復設男義學書館二間，一在十三甫珠巷口福音堂內，延請　先生教讀，一在恩甯里延請麗先生教讀，女義學書館一間，在三角市，延請鍾女先生教讀。

地球圓體論

世人擬地皆謂扁平，其實不然，蓋地形本圓，故名地球，為據甚多。如人立大河邊，低側其頭以看對岸，則對岸之小屋小艇，平地皆不見，惟見高山大樹，此是何故，因水面微高，圓遮目也。又如人在山頂，用千里鏡望一船至，必先見其旗，漸近則見桅，更近乃見船，設使地是平，則應先見船身之大，後始見旗與桅矣，可知地之圓凸遮蔽故也，更有幾說，如駛船周地而行，可以通行無礙，與夫月蝕是地影之蔽，皆確鑿可據焉。

花旗國

原花旗國為三十餘郡會合而成，故名曰合眾國，各郡總憲及創例官憲，皆由庶民公為推舉，至若國主亦為諸郡所推立，在位以四年為率，期滿致職，仍儕庶民，諸郡復推選新者，以主國政，一向無異，忽於咸豐十一年，南民起義，欲將其國分為南北，其略如左：計自開國以來，凡主國者多選南人，惟此時偶舉北人連干氏，南人自此不服，且南方諸郡，多有男女黑奴，強使服役，隨買隨賣，至今尤盛，未有起議其非而革此陋俗者，惟北民以此買賣人身之事，為殘酷不仁，非耶穌愛人如己之道，職是之故，南民遂恐新主連干與諸大憲會議，必革此弊，或設法漸釋黑奴，便大不利其南方富民也，北民素無分國之心，南民竟倡分國之議，爰舉雄兵，直攻北境，北與南方戰，或勝或敗，自興師至今，已歷四年，干戈猶未寢息，前歲連干曾出諭云，若克南境，必盡釋此奴，近接得新聞紙云，北境再推連干復任四年，可見其前之四年殫心竭力，欲使南北合一，釋放黑奴，大得北民之心矣，週日南境糧軍兵漸減弱，恐其執志過堅，牢鋒鏑死亡，誓不與北民和合，是干戈擾攘，不知伊於胡底也。

定例凡遇斗角叠井

將印一篇取錢二文

羅馬王

羅馬王者，即天主教所奉為教王也，自唐開元十四年起，數十代君兼此二職，厥初大有權勢，西國皆從其教，不論君臣士庶，設教行禮，無非教王，是信是從，迨後漸衰，幾于不振，屆咸豐元年時，匆計別邦，即其本國之民，咸半棄此而從薩的尼亞，其時王不自保，幸得大法國王仍信此教，因見教王力弱，年遭既失民心，又創國土，復遣京師，導教莫甚，即遣法兵救護，連年代為堅守，惟客歲秋，不知何故，法與薩的尼亞等國，會議立約，以兩年為期，後此即撤兵歸國，不復與守，如此，豈非難為教王乎，原天主教亦耶穌教之變也，何謂天主其教師自有解云，上古經傳多稱上帝，繼泰漢後，百家紛然，所稱帝者亦多，故本教識改其號，稱曰天主然。

本新聞錄在博濟醫局雙門底禮拜堂
惠愛醫館四牌樓禮拜堂出賣

《中外新闻七日录》创刊号，同治四年（1865年）一月七日。

《羊城采新实录》昙花一现之外，整个19世纪70年代，广州难以见到自办报纸的踪影。

1884年，广州《述报》的创办，为岭南报业市场带来了几分惊喜。该报印刷精美，质量和版式设计非常考究，为石印日报。《述报》注意保持独特的风格，尤为重视政治报道，其长篇评论颇有见地。对于中法战争，《述报》报道甚多，对于战争进展和诸多细节，该报常发表独到见解，成为了解中法战争的重要史料。同时，该报还注意报道国内外新闻，颇受读者欢迎。但由于种种原因，这份报纸仅存在一年左右便销声匿迹了。

1886年，《广报》填补了广州报业的空缺，该报立足于广东，注重报道广州新闻，具有较强的地域特色，并注意在海外发行，在华侨当中具有一定的影响力。1891年，《广报》因

光緒甲申年十二月初一日

述報

本報每日一張每月逢十書局停工本館初開事皆草創每月六逢十停派俟消路既廣當增潤紙張每月印足三十日以免間斷　賜顧者請至省城多寶大街海墨樓石印書局十八甫嘉禾書室十七甫品經堂雙門底六雅齋儒林閣河南金花廟源信棧掛號以便派送或向送報人掛號亦可每月價銀壹中員閱週年者派足十二個月價銀五大員脚力在內各埠信資閱者自給零沽每張一分二厘代消至百張以外九折算五百張以外八五折算凡印登告白第一日每字價銀四厘第二日至第七日按日每字價銀三厘第八日起按日每字價銀二厘不論登報幾天至少以五十字起計多則以十字遞加圖樣另議

英員集議

英國下議院人員。於十月初四日。闢門聚會。籌商時事。是日也。官僚雲集。濟濟鏘鏘。偉論雄談。各抒卓見。當有院員巴利地者。就席言曰。目今中法失和。戎馬紛騰之際。其於英國商務之在中土者。大為窒碍。此不特在院人員。理宜妥籌善章。亟為整頓。即駐英各邦公使。亦應代為畫策。庶幾和衷共濟。具奏英廷。俾會合德美兩邦。出為調處。以盡排難解紛之誼。而衛英國商務之益。時哉勿失也。夫法人搆釁中國。擾攘海疆。以致各通商口岸。船舶觀望。裹足懷疑。想遷塲中日形冷淡。核計英國販運赴中每歲交易之歀。不下二千五百萬磅。其數不為不鉅。今以法故。商務日壞。元氣大傷。如兩邦不早定和議。遷延時日。仍事干戈。英國商務。尚堪設想耶。以時局而論。即使䞨日調停。中法允從。言歸于好。而英國所損商利。亦已不鮮耳。尚可猶豫不決。坐觀成敗。不為之一援。而令兩邦塗炭軍民。各國商務。受其危困也哉。況逆法人之情。固無寔意。推誠布公。與中國言和。亦無專志閙伏。認真交綏。而徒事矜張。虛声恫喝。頻調船舶。往來台閩各口岸之間。商務因之日形減色。地方因而震動。殊令中國勢同騎虎。有不得不戰之舉。糜餉勞師。卒不至於兩敗俱傷而不已也。在英國計。允宜代為設處。竭盡綢繆。不惜唇舌之勞。莫嫌越俎之譏。毋袖手而旁觀。毋畏難而中止。如其不然。則亟照德美兩邦。合力為之排解。又何患乎事之不濟也。回思曩者中俄以新疆伊犁之役。互起嫌疑。幾至啟釁。其情有岌岌乎莫可遏止之勢。迨經英德美三國。責備俄廷。不得侵擾通商口岸。俄人

述報　卷十　英員集議　法電譯录　兵官回港　一

羊城述報

館主人輯

《述报》，1885年1月16日。

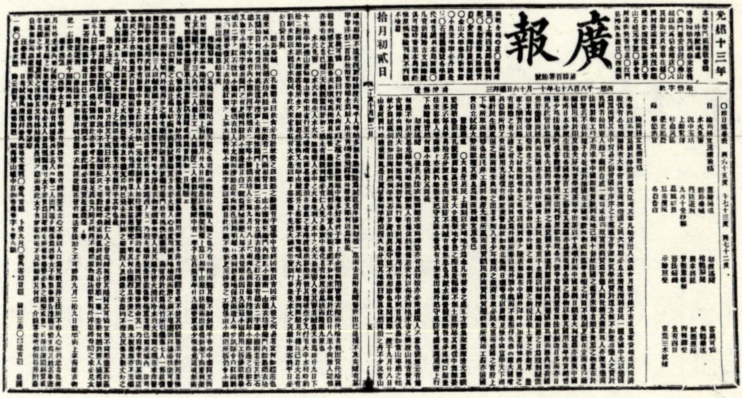
廣報
光緒十三年
拾月初貳日

《广报》，1887年11月16日。

得罪地方当局被查封后，以《中西日报》名义继续出版，后来又改名为《越峤纪闻》，其办刊时间超过以前所有的广州中文报刊，是19世纪末期广州报刊业的代表。19世纪90年代末，广州还创办了《博闻报》、《岭学报》、《岭海报》、《嘻笑报》，多为宣扬维新思想的言论，维新运动失败后，各报也因各种原因停止出版。

4. 枝繁叶茂

20世纪初期，是广州报刊业鼎盛时期。初步统计，从1900年到1911年，广州共出版各类报刊86种，除了几份商业性报纸之外，大多数报纸都有明显的政治倾向，特别是民主革命派和维新派之间的争论，常见诸报端。其中，民主革命派的报刊有《群报》、《天民报》、《平民报》、《中原报》、《可报》、《时事画报》、《广东白话报》、《震旦日报》等，维新派的报纸主要有《羊城日报》、《国事报》、《安雅报》、

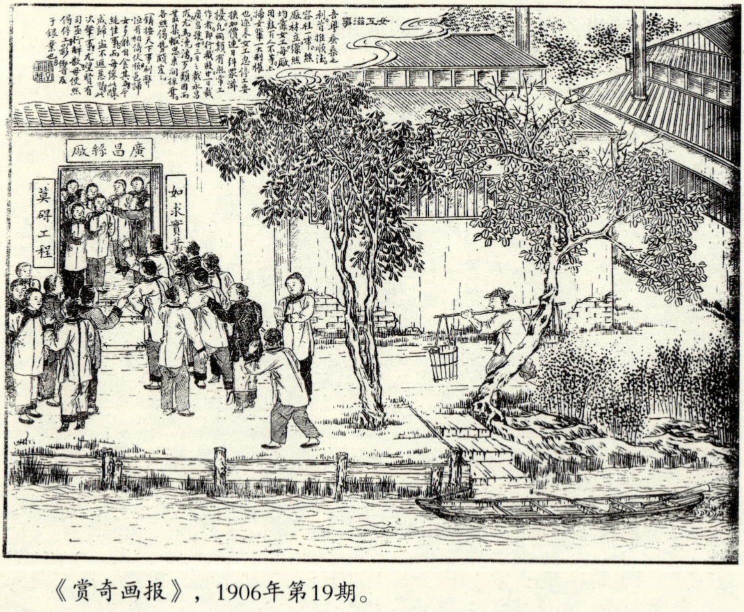

《赏奇画报》，1906年第19期。

《七十二行商报》等，此外，还有官方报纸《两广官报》、《广东教育官报》、《广东警务官报》、《粤东公报》等。这一时期，意识形态较为开放，言论较为自由，社会新闻来源极为广泛，对比各报的言论和新闻，可以从多方面了解当时广州

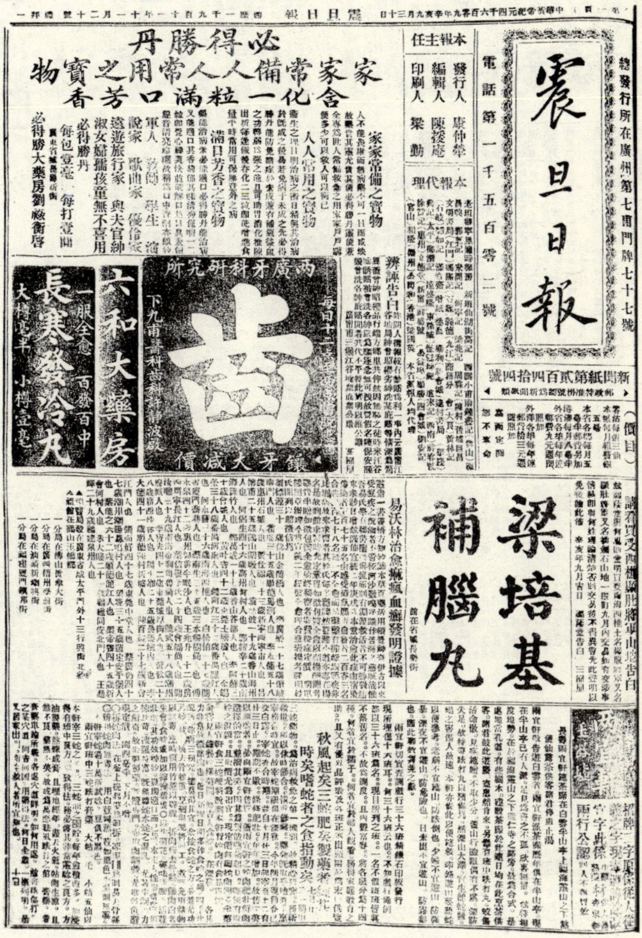

震旦日報

總發行所在廣州第七甫門牌七十七號

電話第一千五百零二號

本報主任

發行人 康仲犖

編輯人 陳援庵

印刷人 梁勳

必得勝丹

家家常備人人常用之寶物

含化一粒滿口芳香

兩廣牙科研究所

六和大藥房

長寒發冷丸

梁培基 補腦丸

秋風起矣三蛇肥矣

時矣嗜蛇者之食指動矣

《震旦日报》，1911年11月20日。

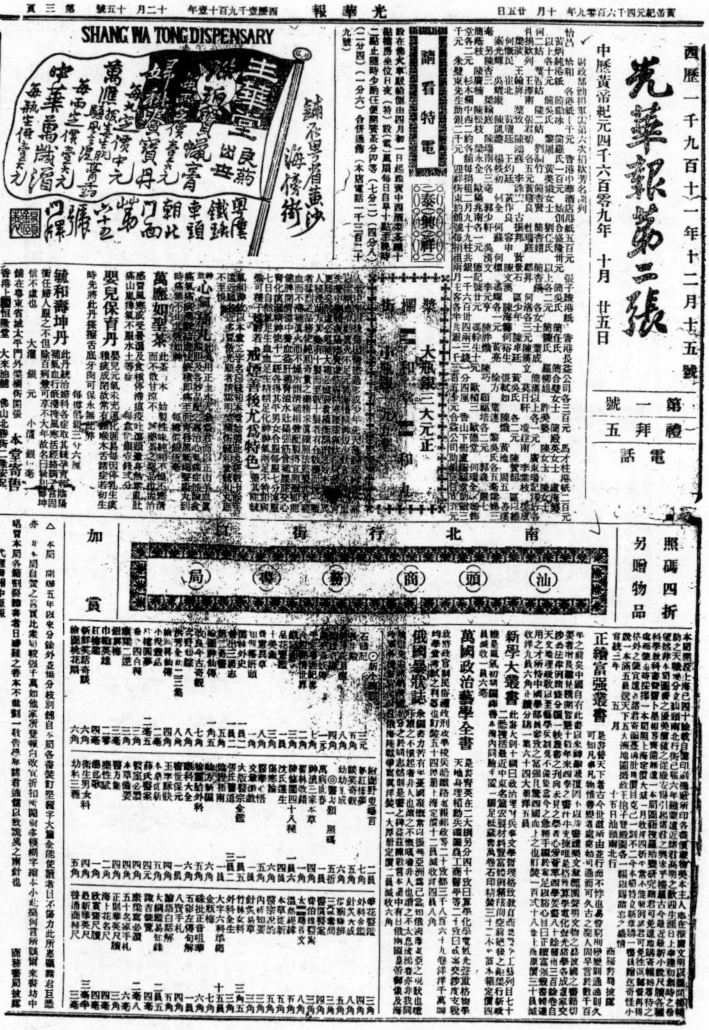

黃帝紀元四千六百零九年十月廿五日　光華報　西歷壹千九百十壹年十二月十五號　第三頁

光華報第二張

西歷一千九百十一年十二月十五號

中歷黃帝紀元四千六百零九年 十月 廿五日

第一號　禮拜五　電話

SHANG WA TONG DISPENSARY

生華堂

請看特電

大瓶銀三大元正

萬應如聖茶

嬰兒保育丹

毓和濟坤丹

本堂寄售

汕頭商務書局

南北行街

照碼四折　另贈物品

正續富強叢書

新學大叢書

萬國政治藝學全書

俄國暴政誌

《光华报》，1911年12月15日。

社会政治、经济、文化状况。

值得注意的是，这一时期的报刊在商业化经营方面颇具特色。尽管办刊方针不同，但各报都非常注意刊登广告，报纸广告版面一般占到一半以上，许多报纸的第一、二版全部刊登广告。广告种类繁多，涉及商业、金融业、房地产业、图书出版业、博彩业、保险业等各个领域，较为全面地反映了20世纪初期广州商业经济的繁荣，以及广州消费文化的多样性和复杂性。其中，形形色色的洋货广告，有助于了解当时广州洋货消费的社会化进程。

近代广州报刊业的发展历程，呈现首尾繁荣、中间平淡的特点。在鸦片战争前，广州是中国报刊业中心，这与广州的国际地位是相一致的。鸦片战争后到19世纪末，广州也出版了多种报刊，但与香港、上海比较，显得势单力薄，广州传媒的影响力相对较弱。但是，这一时期的报刊在本土化方面创出了特色，就其对于广州受众的影响而言，远远超出了鸦片战争前的中英文报刊，在印刷技术、新闻报道、广告策划、时政评论等方面，也取得了长足的进步。20世纪初期，广州报刊业十分发达，反映出广州作为近代民主革命策源地的重要地位，广州报业与香港、上海形成鼎足之势，在传播民主与自由思想、凸显地方新闻、沟通商贸信息、提升广州影响力等方面，起着不可或缺的媒介作用……

道光癸巳年六月

東西洋考每月統記傳

人無遠慮必有近憂

愛漢者纂

第二章

蓓蕾初绽

1.羊城魅力

一口通商时期，广州作为世界瞩目的国际贸易城市，汇集了来自欧美的大量客商。由于制度、观念、文化等方面的差异，许多外商对于这个被称为“Canton”的城市非常陌生。但这里却是许多西方人的淘金乐园。在一些外商的日记和通讯中，广州被描绘为当时最具魅力、最为富裕的东方城市。一些传教士也将这个中国唯一开放的口岸，视为传播“福音”的桥头堡。一些西方人甚至声称：“广州是中国唯一有感觉的城市。”要想到中国发财，认识中国文化，必须经过漫长的旅程，来到这个国际化大都市，体验中西贸易带来的机遇和乐趣。

但是，广州毕竟离西方世界非常遥远。18世纪以来，西方的报纸传媒在逐渐发达。18世纪末到19世纪初，中国的传播体制和技术却非常落后，程式化的官方报道，只能被极少数官员阅览。普通百姓只能通过官府的布告了解一些大事。至于经济信息和社会信息，基本上依赖人际传播。由于语言、文化等方面的障碍，西方商人不得不寻求广州行商、买办和通事的帮助，他们之间以“广州英语”为语言媒介进行商贸活动和文化对话。在报纸作为大众传媒出现之前，西方商人经过长期摸索，积累了广州贸易体制和交易习惯方面的基础知识，进而通过私人交往，初步了解广州上层商人的生活状况，对中国人的生活习惯有了一定认识。这些私人交往，通过西方人之间的口头传播和文字传播，为中西贸易和文化交往打开了一扇小小的窗口。然而，这是一扇极为狭窄的窗口。只有极少数外商对广州的情况有肤浅的认识。

传播产生于社会的需要。广州贸易的繁荣，使越来越多的西方国家，对于这个东方城市产生贸易上的冲动。但是，语言和文字的隔膜，时间和空间的限制，使西方国家对这个神秘的城市感到陌生。那些身处广州的外商，深刻体会到自己国家的利益诉求，对于本国较为发达的报纸媒介也有清醒的认识。他们需要利用大众化的媒介，向西方国家传播来自广州的信息。同时，一些传教士也希望通过中文媒介，传播西方基督教的“福音”。这种对大规模传播的渴求，来自广州的外商和传教士，而不是精明的中国商人，这一点值得深思。

西方人能够在广州从事办报活动，并成功创办中国内地最早的英文报刊，是19世纪初期一大社会奇观。一向以“天朝大国”自居的清政府，对西方文明不以为然。开放广州，实为不得已而为之。清政府对外国人向来防范甚严，不允许外国人在广州过冬，不管外国商人遇到多大的困难，冬季来临之前，必须离开广州，或回国，或寄住澳门。而对于外国妇女则更为苛刻，不准其进入广州城内，一旦发现，将严加追究。在如此严厉的管束下，外国人自然对地方官员十分客气，对清政府的法令保持敬畏之心。然而，最高统治者对于西方文明了解甚微，尽管对外国传教士有一些限制措施，但广州离北京遥远，清政府并没有及时控制外国人的文化活动特别是传教活动。经过在广州外围的多次试探之后，一些具有冒险精神的外国传教士和商人，将广州视为传播贸易信息、沟通中西文化的中枢，直接推动了近代中国报业的发端。

2. 外部突围

精明的外国传教士对中国的文字布道是试探性的。在清政府闭关政策的控制下，传教士尽管早已将广州作为传教的理想基地，但他们看到广州商贸虽然发达，对于西方宗教却非常陌生，要进行大规模的传教活动，尚缺乏社会基础。为了降低风险，一些传教士从广州的外围开始进行文字布道工作。第一个来华的基督教（新教）传教士马礼逊意识到当时在华传教条件很不成熟，便另辟蹊径，按照伦敦布道会的指示，他在努力学习中文的同时，寻找传教的理想场所。根据另外一个传教士米怜的建议，他将传教基地设立在距广州不远的马六甲。马礼逊重视槟城，有以下三个理由："（1）槟城是英国在马来半岛最早获得的殖民地（政治稳定因素）；（2）当时已有不少华侨侨居（传教对象的存在）；（3）靠近中国（方便对华传教）。"[1] 他们在这里建立印刷所，大量印刷宗教书籍，宣传基督教教义。他们在布道过程中，深刻认识到报刊与一般中文书籍相比，有着独特的优势，其传播范围广、阅读对象多、传播速度快。对于急于扩大宗教影响，打开对华宣传窗口的传教士而言，创办报刊，是进一步扩大宗教影响的必然要求。

1815年8月5日，在马礼逊和米怜的合作下，世界上第一份近代中文报刊在马六甲诞生了。它就是《察世俗每月统记传》（Chinese Monthly Magazine）。这份刊物采用雕版印刷，每

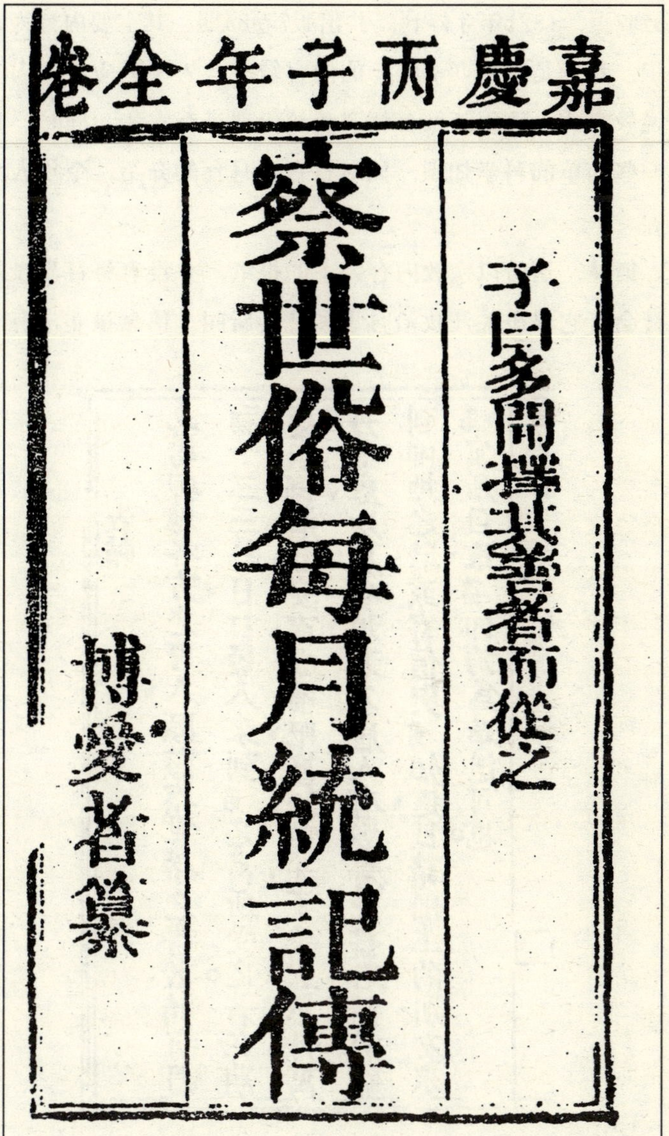
嘉慶丙子年全卷

子曰多聞擇其善者而從之

察世俗每月統記傳

博愛者纂

《察世俗每月统记传》封面，见卓南生著：《中国近代报业发展史》，中国社会科学出版社2002年版，第25页。

期5到7页，1821年才停刊，共出版7卷84期。其主要内容为宗教知识，特别是介绍《圣经》的内容较多。为了适应中国人的道德说教方式，该报还结合儒家传统伦理进行宣传，同时，也传播一些简单的科学知识，如对日食、月食的介绍，令华人大开眼界。

但是，这份以宗教内容为主的报纸，并没有将目光投向广州社会。它很少关注政治时事和社会新闻，信息量非常有限，

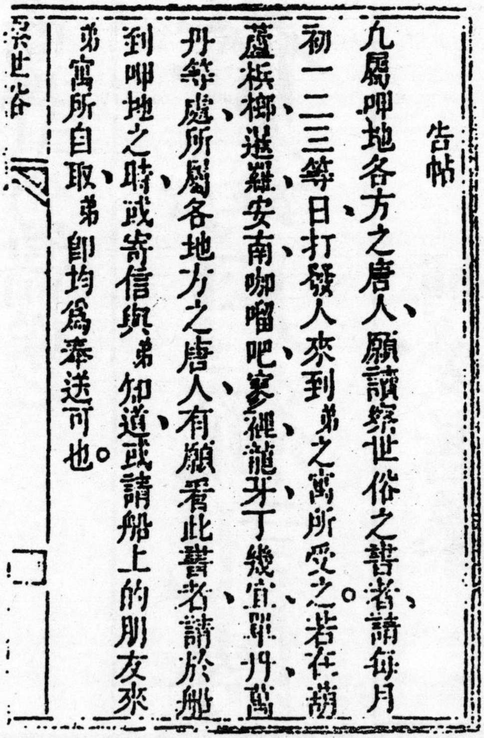
告帖
凡屬呷地各方之唐人、願讀察世俗之書者、請每月初一二三等日打發人來到弟之寓所受之。若在葫蘆、檳榔、暹羅、安南、咖嚁吧、寥裡、龍牙、丁幾宜、單丹、萬丹等處所屬各地方之唐人、有願看此書者、請於船到呷地之時、或寄信與弟知道、或請船上的朋友來弟寓所自取、弟即均爲奉送可也。
察世俗

《察世俗每月统记传》，见卓南生著：《中国近代报业发展史》，第31页。

与真正意义上的新闻纸有较大差距。尽管广东人梁发参与了这份报纸的编辑和撰稿工作，但作为一名基督徒，他的主要兴趣在宣传宗教教义方面。尽管他曾经多次回广州，利用广东府试和乡试的机会，散发报纸和宣传品，但他并没有将广州见闻通过报纸介绍给海外受众。19世纪的最初20年，海外华文传媒关于广州的报道极为罕见。

在《察世俗》之后，米怜的助手麦都思于1823年在巴达维亚（今雅加达）创办了一份名为《特选撮要每月纪传》（A Monthly Record of Important Selections）的中文月刊。该刊宗教色彩更为浓厚，对中国人的风俗习惯及传统宗教进行了抨击，观念颇为激烈。1826年，该报停刊。两年后，英国人吉德创办了《天下新闻》（Universal Gazette），该报除了刊登有关中国的新闻，借以引起中国读者的兴趣外，主要内容包括欧洲的科学、历史、宗教、伦理等〔2〕。

1822年9月12日创办的《蜜蜂华报》（A Abelha da China），是中国境内的第一份外文报纸。它用葡萄牙文印刷，葡萄牙人安东尼奥（Frey Antonio）担任主编。该报主要关注葡萄牙事态，对于中国消息，则很少刊登。但澳门距广州毕竟只有百余公里，葡萄牙人在广州十三行建有商馆，广州发生的重大事件如果涉及到葡萄牙人的利益，《蜜蜂华报》也会进行报道。如道光二年（1822年）发生的火烧十三行事件，使许多外国商馆蒙受巨大损失。《蜜蜂华报》就刊登了一名葡萄牙人的见闻："11月1日（下午），周五晚十时许，我跑到庄园的北边，当时大火已经吞没了彼尔逊先生的新庄园和鲁伯尔茨（Robarts）先生、弗拉谢尔（Fraser）爵士旧庄园中的

道光癸未年六月

子曰亦各言其志也已矣

特選撮要每月紀傳

尚德者纂

《特选撮要每月纪传》，见卓南生著：《中国近代报业发展史》，第40页。

房屋。11月2日上午九时，一些印度水兵前来救火，他们拉倒了一些房屋。……公司的仓库烧毁了，旧庄园有四分之三保留下来，新庄园只剩下了四分之一，公司的损失大约为四百万葡币，中国的Goqua，Chouqua，Mauqua的Hongs[3]全部烧毁了，许多中国人在火灾中丧生。……”[4]这次新闻报道，虽然简单直白，却对一次重大火灾作了较为全面的描绘。然而，这份报纸关于广州的报道实在太少，其受众对象毕竟是葡萄牙人。

尽管西方传教士没有深入到中国内地办报，但这些在广州外围创办的报纸，通过各种传播途径，影响到了华人生活圈。19世纪初期，粤商和华工在东南亚一带活动频繁，他们在漫长的客旅生涯中，有可能收到传教士散发的传单和报纸，成为早期的受众群体。而那些常年居住在马六甲一带的华侨，祖籍大多为广东，为报纸在广州的传播提供了一条通道。这可能是一条极为狭窄的传播途径，但是思想的渗透是没有边界的，中国的第一个传教士梁发曾利用报刊在广州多次传道，并引起地方官员的高度重视，说明文字布道具有一定的影响力。

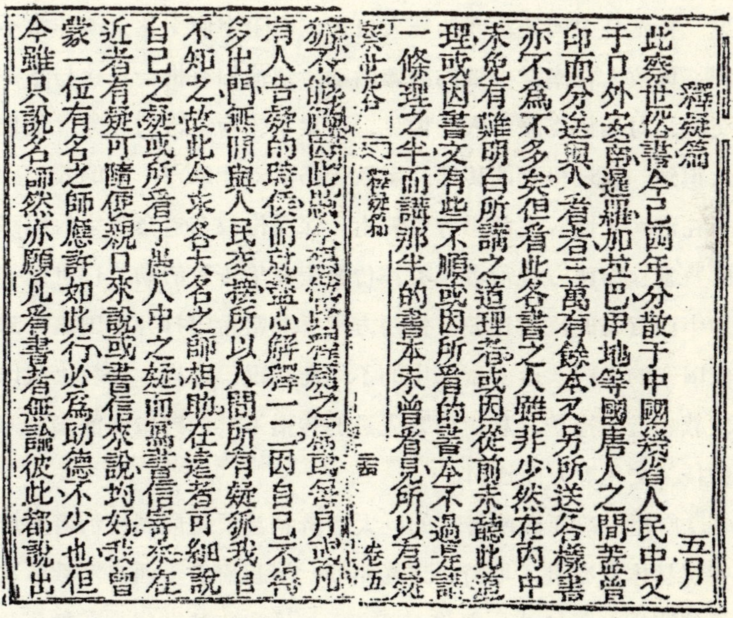
釋疑篇　五月
此察世俗書今已四年分散于中國幾省人民中又于口外客商暹羅加拉巴甲地等國唐人之間蓋曾印而分送與人看者三萬有餘本又另所送各樣書亦不為不多矣但看此各書之人雖非少然在內中未免有難明白所講之道理者或因從前未聽此道理或因書文有些不順或因所看的書本不過是講一條理之半而講那半的書本未曾看見所以有疑惑不能解明因此弟今為欲助釋疑之益或每月或凡有人告疑的時候而就盡心解釋一二因自己不得多出門無閒與人民交接所以人問所有疑惑我自不知之故此今求各大名之師相助在遠者可細說自己之疑或所看于愚人中之疑而寫書信寄來在近者有疑可隨便親口來說或書信來說均好我曾蒙一位有名之師應許如此行必為助德不少也但今雖只說名師然亦願凡看書者無論彼此都說出

察世俗　一百三　釋疑篇　卷五

《释疑篇》，见卓南生著：《中国近代报业发展史》，第30页。

3. 华报之源

一些传教士在广州外围创办中西文报刊，是对中国意识形态的初步渗透，他们在宗教布道的过程中，对中国人和中国文化有了一定了解，对报刊传播的社会效果颇为关注。尽管在办报活动中遇到各种困难，但多年的办报经验使他们深刻认识到，中国这样一个地大物博的古老国家，对西方国家有很多偏见，特别是中国统治者的狂妄自大，对于中西文化交流非常不利。传教士在南洋一带的频繁活动，使他们有机会直接与华侨交流，对如何克服华人的偏见，积累了较为丰富的经验。他们认识到，通过报刊的传播，宗教传播活动能取得一定的效果。马礼逊、米怜、麦都思等传教士，深受伦敦布道会等宗教组织的赞赏。而西方统治者也关注传教士在华传教活动。19世纪初期中西贸易的巨大逆差，使西方国家非常希望打开中国这个封闭国家的大门，改变贸易中的不均衡状况。这样，传教士就以宗教布道为掩护，利用西方先进的传播工具，向中国灌输西方科技、文化等方面知识。

广州一口通商所带来的巨大经济利益，使最高统治者对广州贸易体制充满了期待。道光年间，清政府对于西方宗教活动的禁锢，有所松动。广州中西商人与地方官员之间，在如何分享外贸利益方面，形成了一套潜规则，并在某种程度上结成了利益同盟。十三行行商的私人别墅，是当地官员经常出入的地方。地方官员接受行商的贿赂，风险较低，他们在追求共同经济利益的过程中，会就一些贸易细节达成妥协。行商不仅是中西贸易的重要角色，也是中西方交往中不可或缺的人物。他们长期跟外商打交道，积累了处理对外事务的丰富经验。许多西方商人在贸易过程中，与行商、买办、通事乃至中国仆人建立了友谊。他们通过行商的引荐，私下对地方官员进行贿赂。19世纪初期，许多广州地方官员家里藏有望远镜、地图、钟表之类的舶来品。这些珍贵的洋货，相当部分来自洋人的“孝敬”。洋人们通过贿赂的方式，与地方官员、商人、绅士等上流社会人士建立了很好的私交，为深入广州社会、了解中国情况，打下了坚实的基础。

19世纪初期，有相当部分西方人，对广州留下了美好的印象，他们在日记和游记里，对广州的生活赞不绝口，对行商的豪华别墅、民众的日常饮食、广州街头风光等，都有细致的描绘[5]。这些文献从侧面反映了西方人对广州的熟悉程度，为西方人到广州办报提供了较好的基础条件。

随着与中国人交往的增多，许多西方人感到，除了利用宗教打开中国的大门之外，对于这个保守而自大的国家，更应利用西方科技、文化的优势，向中国人展示西方文明的先进，从而使中国人逐渐改变对西方人傲慢和鄙视的态度。但这样的转变是一个漫长的过程，需要许多具有冒险精神的西方人充当先行者。这些人必须对中国的情况有相当的了解，一般应该懂中文，有一定的社会关系，才能经过漫长的旅途后进入中国内地考察。一些热情的传教士在深入中国民间社会进行详细调查后，对中国的落后和贫穷留下了深刻印象，特别是对官员腐败和政府无能感受颇深。对于中国这样虚弱的国家，西方国家大量输入鸦片，不仅可以获取暴利，而且能够极大地改变对华贸易上的劣势。而以英国为首的西方国家要长期控制鸦片的销售，必须通过战争打败这个神秘的东方帝国。那些具有强烈政治意识的外国传教士和商人，为西方国家效劳的愿望更为迫切。“他们为此议论纷纷，并积极为本国当局出谋献策，行动上也变得日益肆无忌惮，到处践踏清廷法令，并非法派出船只多次到中国沿海搜集情报，窥探虚实”[6]。广州无疑是外国人最多、活动最为频繁的城市。1831年东印度公司的统计表明，除了英国公司之外，非葡萄牙人的外侨人口中，英国人共32人，且大多数为英国商人[7]。英国在对华贸易中处于绝对优势。英国人在广州贸易中积累的丰富经验，有利于其开展舆论宣传，策划对华战争的前期情报工作，加强西方文化的强势导入。而借鉴传教士前期办报的经验，发挥报纸的“喉舌”作用，是一些具有媒介从业经验的传教士长期以来的愿望。从19世纪20年代后期开始，西方人在广州开展办报活动，为入侵中国做舆论上的准备。

3.1.《东西洋考每月统记传》

《东西洋考每月统记传》是中国境内出版的第一份中文报刊，创办于1833年8月1日，主编为普鲁士传教士郭士立。他20岁时加入荷兰布道会，23岁到荷兰的殖民地巴达维亚，并开始学习中文，26岁时又加入伦敦布道会，大力宣传基督教新教，并与来华的英国传教士、商人和外交官建立了广泛的联系，这为他进入中国内地开展传教活动打下了基础。

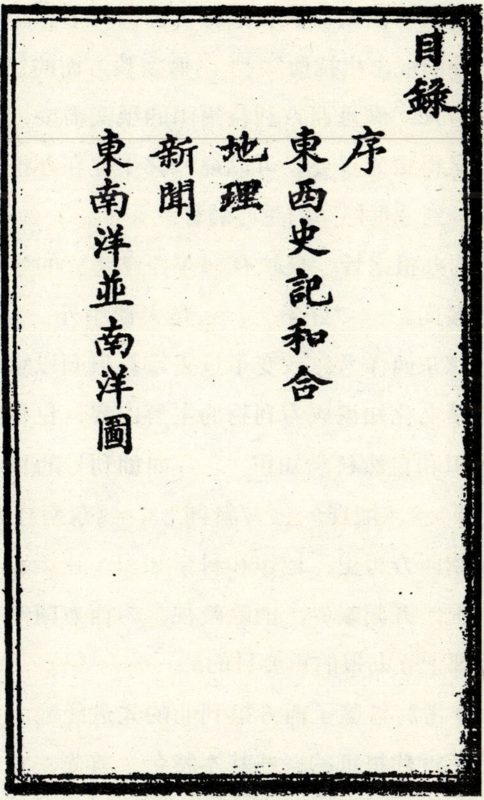
目錄

序

東西史記和合

地理

新聞

東南洋並南洋圖

《目录》，见爱汉者等编，黄时鉴整理：《东西洋考每月统记传》，第1页。

1831年，郭士立曾经到达北京、天津进行传道，1833年4月他返回广州，对来华的工作任务已经有了明确的认识，通过核查注解创办一份报纸，“改变中国人对西方人的形象，当为最为重要的事项了”[8]。其宗旨是为在华的外国人的利益服务，这与《察世俗》的办刊方针有明显的区别。郭士立在出版计划书中曾宣称，“这个旨在维护广州与澳门的外国人利益的月刊，就是要促使中国人认识我们的工艺、科学和基本信条，与其高傲和排外的观念相抗衡”[9]。而宗教方面的任务，则退居其次。在他看来，满足西方利益集团的现实需要，比起长远的宗教布道，显得更为重要。可以说，郭士立在办报理念上实现了由“宗教”到“世俗”的重心转移。

郭士立的办报宗旨，反映在《东西洋考》的序言当中，一是强调要“多闻”、“好学”，二是大谈中外一家[10]。根据这一思路，《东西洋考》改变了过去宗教报刊以宗教内容为主的风格，科学文化知识成为刊物的主要内容，包括相当广泛的社会科学知识和自然科学知识[11]。如创刊号的目录上有《东西史记和合》、《地理》、《新闻》、《东南洋并南洋图》等，主要介绍西方历史、地理和科学知识。让读者了解西方社会的基本情况，开阔眼界，消除歧视，为西方国家“树立国际形象”，是郭士立办报的重要目的。

《东西洋考》借鉴了西方报刊业的先进经验，在内容和版面上，显示了近代报纸的一些基本特色。首先，它体现了“新闻纸”的新闻传播功能，不但介绍了西方“新闻纸”的情况，还设立新闻专栏，每期刊登一定数量的新闻。这些新闻大部分译自外报，也有少量广州本地新闻，其新闻栏目的内容，主要来自过往船只带来的信件或报纸，另外还转载了《京报》上的重要新闻。如在1837年5月的新闻栏中，就转载了《京报》所刊登的许乃济《奏为鸦片》一文，并加上按语，为英国的鸦片贸易进行辩护，并认为鸦片在中国的泛滥，是中国人不相信基督教的结果，明显地暴露出为西方侵略势力充当说客的本性。

值得注意的是，《东西洋考》非常关注广州贸易动态。19

世纪30年代，广州对外贸易空前繁荣，除了鸦片贸易之外，西方输入商品的种类和比例也发生了较大变化。毛织品、五金、毛皮和其他西方产品所占比重较大，中国输出的茶叶、生丝、南京布、食糖等产品在西方国家销路颇广，广州口岸的贸易总量也非常可观。为了吸引中国读者的眼球，郭士立对市场行情尤为重视。他深入考察了《东西洋考》的受众对象，认为在广州这样一个以外贸为中心的城市，行商和其他商人有着特殊地位，这些人思想较为开放，对市场信息最为敏感。郭士立本人与广州商人交往较为密切，知道商人最需要了解进出口贸易行情和商品价格。在信息严重不对称的情况下，一般商人要想快速、详细地了解某种商品的价格，往往要付出较高的成本，如

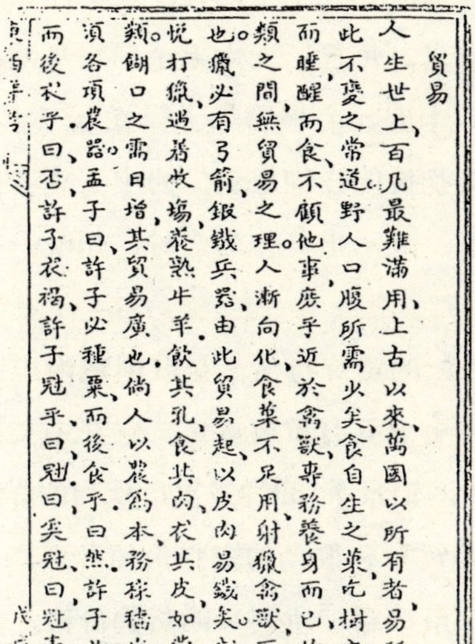

貿易

人生世上、百凡最難滿用、上古以來、萬國以所有者、易所無也、此不變之常道。野人口腹所需少矣、食自生之菓、吃樹之根、隨而睡、醒而食、不顧他事、庶乎近於禽獸、專務養身而已、故野人類之間、無貿易之理。人漸向化、食菓不足用、射獵禽獸、而食肉也。獵必有弓箭、銀鐵兵器、由此貿易起、以皮肉易鐵矣。或人不悅打獵、過着牧場、豢熟牛羊、飲其乳、食其肉、衣其皮、如當古等類。餬口之需日增、其貿易廣也。倘人以農為本、務稼穡庶生、必須各項農器。孟子曰、許子必種粟、而後食乎。曰然。許子必織布、而後衣乎。曰否、許子衣褐、許子冠乎、曰冠、曰奚冠、曰冠素、曰自

见卓南生著：《中国近代报业发展史》，第49页。

果信息严重滞后，会使许多商人坐失贸易良机。为了满足这些商人的迫切需要，进一步提高报纸的社会影响力，从1834年2月开始，《东西洋考》开辟《市价篇》专栏，介绍“省城洋商与各国远商相交买卖各货现时市价”，分为“出口的货”和“入口的货”，对广州市场进出口货物的市场价格进行详细调查，定期在报纸上进行公布，如一些进口洋货的价格为：“蜜腊，每斗平等八元至十四元；海参每担顶上三十六元至五十元，次等六元至十二元；槟榔，每担二元二毛五；冰片，每斗十元至二十元；呀兰米，每担经择二百八十元至三百元，未择一百八十元至二百元；花布，长二十八码，每匹二元半至四元半；燕窝，每斗顶上三十元，次等一十二元至十八元；洋布，长四十码，每匹三元半至四元，上幼洋布每匹长四十码，四元至五元；洋米，每担二元六毛至二元八毛；鱼翅，每担上等二十八元至四十五元，平等二十三元至二十四元……”〔12〕《东西洋考》对物价的详细报道，为中文读者提供了大量贸易信息和价格行情，显示出其作为当时广州唯一中文媒体的权威性。

《东西洋考》的货价行情，是我国境内中文报刊广告的萌芽，在报刊广告史上具有重要意义。它在中文报刊上首次披露了市场货价行情，记录了108种进出口货物的详细价格，“对于研究当时的中外贸易有很高的资料价值”〔13〕。作为报道货价行情的专栏，《市价篇》所列举的货物价格，是对广州市场进行综合调查和统计后得出的，可信度很高。它符合广告的基本要素，由报刊媒体所发布，对特定的受众传播价格信息，具有告知或者公告的意思。这种对物价行情的报道，开启了近代广州报刊广告的新风，晚清广州相继出版的许多报刊，都开设了货价行情专栏，以推动商业信息的传播。

《市价篇》反映了鸦片战争前夕广州消费市场的状况。广州进口洋货价格呈现普遍下降态势。以羽纱为例，1798年，市场价格每匹平均为40两[14]，1829年，羽绒（羽纱）的价格为每匹27.5两[15]，1834年，《东西洋考》的《市价篇》中记载的价格为每匹15元至18元[16]。从1898年到1834年，羽纱作为一种奢侈品，其价格下降的趋势非常明显。在18世纪晚期到19世纪初，英国输往广州口岸的货物主要以毛织品和金属品为主，种类比较单一，而在1834年，《市价篇》上公布的进口

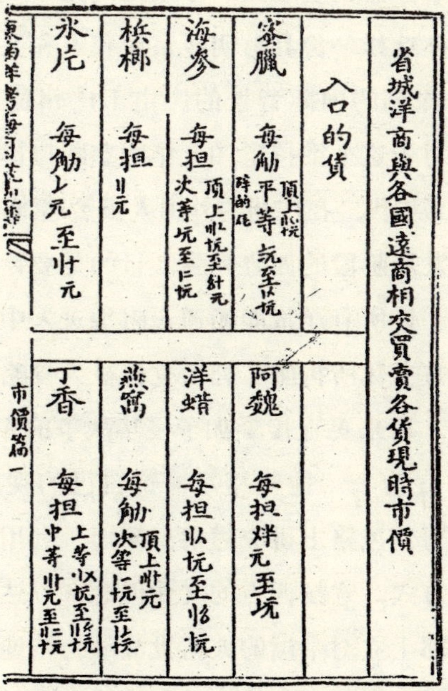
省城洋商與各國遠商相交買賣各貨現時市價
入口的貨
蜜臘 每觔平等[illegible]元至[illegible]抗 頂上[illegible]抗 [illegible]
海參 每担 頂上[illegible]抗至[illegible]元 次等[illegible]抗至[illegible]抗
檳榔 每担[illegible]元
氷片 每觔[illegible]元至[illegible]元
阿魏 每担[illegible]元至[illegible]抗
洋蜡 每担[illegible]抗至[illegible]抗
燕窩 每觔 頂上[illegible]元 次等[illegible]抗至[illegible]抗
丁香 每担 上等[illegible]抗至[illegible]抗 中等[illegible]元至[illegible]抗
東西洋考每月統記傳 [illegible]
市價篇一

爱汉者等编，黄时鉴整理：《东西洋考每月统记传》，第93页。

商品多达100余种，贸易的种类有了较大幅度的提高。如洋布在一口通商初期是奢侈品，但在1834年，其价格已经大为下降，“花布，长二十八码，每匹二元半至四元半；洋布，长四十码，每匹三元至五元；上幼洋布，每匹长四十码，四元至五元”[17]。当时的土布价格相对较低，“苏蓝布，每百匹九十一元；土蓝布，每百匹七十五元”[18]。但是，洋布的价格，比起18世纪末期的毛织品来，则比较实惠，对于社会中上层而言，其价格还是可以接受的。洋布消费在社会中上层间较为流行。

但是，《东西洋考》并非像其宣称的那样：“天下万国，自然该视同一家。而世上之人，亦该爱同兄弟”。在鸦片战争前，在广州创办这样一份具有明显宗教布道和文化说教意义的报纸，是具有深刻的国际背景的。由于广州贸易体制日益落后，西方国家对于这个维持了70余年的垄断口岸也逐渐表现出不满。19世纪30年代，在广州的外国人虽然达到300余人，但处于工业化迅速发展阶段的西方列强，目的是要让更多的外国人深入中国腹地，让所有洋货能畅通无阻地进入中国市场，让更多中国人为西方文化所折服。郭士立积极为侵略者搜情报、当翻译、献计谋，后来更直接参加了侵华战争的军事行动[19]。但是，在具体宣传上，他却尽量掩饰自己的观念，采用“柔化”策略，在写作风格上讲究通俗、简短，利用中国文学、对话和讲故事等方式，宣扬西方的文化理念，以达到“教化”中国人的目的。郭士立对中国的人情世故颇为精通，善于笼络广州地方官员，并与广州商人建立了良好的私人关系，这使他在创办报纸后，得到了各方面的关照，也使地方政府对于这名传

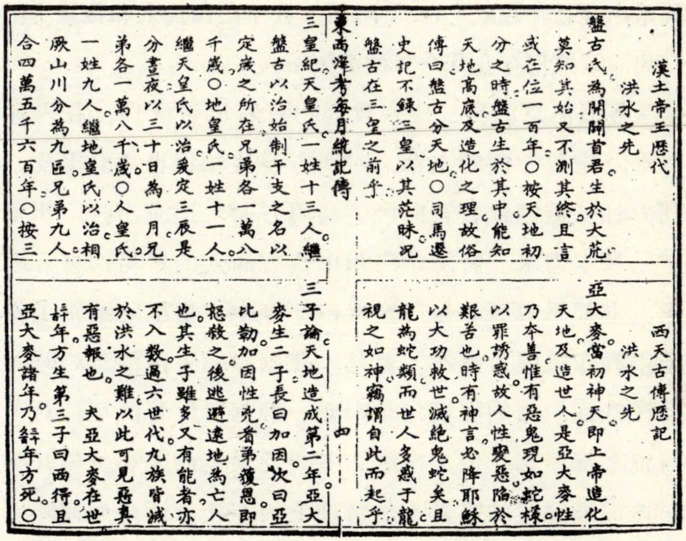
漢土帝王歷代

洪水之先

盤古氏為開闢首君生於大荒莫知其始又不測其終且言或在位一百年○按天地初分之時盤古生於其中能知天地高底及造化之理故俗傳曰盤古分天地○司馬遷史記不錄三皇以其茫昧况盤古在三皇之前乎

西天古傳歷記

洪水之先

亞大麥當初神天即上帝造化天地及造世人是亞大麥性乃本善惟有惡鬼現如蛇樣以罪誘惑故人性變惡陷於艱苦也時有神言必降耶穌以大功救世滅絕鬼蛇矣且龍為蛇類而世人多惑于龍視之如神竊謂自此而起乎

東西洋考每月統記傳　四

三皇紀天皇氏一姓十三人繼盤古以治始制干支之名以定歲之所在兄弟各一萬八千歲○地皇氏一姓十一人繼天皇氏以治爰定三辰是分晝夜以三十日為一月兄弟各一萬八千歲○人皇氏一姓九人繼地皇氏以治相厥山川分為九區兄弟九人合四萬五千六百年○按三

三子論天地造成第二年亞大麥生二子長曰加因次曰亞比勒加因性兇看弟獲恩即起殺之後逃避遠地為亡人也其生子雖多又有能者亦不入數過六世代九族皆滅於洪水之難以此可見惡真有惡報也　夫亞大麥在世訃年方生第三子曰西得且亞大麥諸年乃訃年方死○

爱汉者等编，黄时鉴整理：《东西洋考每月统记传》，第4页。

教士的活动毫无戒备。这显示了当时吏治的腐败，以及广州由于远离政治中心所具备的种种“自由”。《东西洋考》就是利用这样宽松的环境，开展了以广州为中心的文化入侵工作。事实证明，《东西洋考》及其创办者适应了西方国家对华政策的新需要，利用了西方较为先进的办报经验，结合了中国国情，成为近代中文报刊的启蒙者和开拓者。

3.2.《各国消息》

《各国消息》创办于1838年10月，由英国传教士麦都思主编（麦都思为郭士立的女婿），英国人奚礼尔（Charles Batten Hiller）参与编辑，是西方人在中国创办的第二份中文报纸，也是最早使用石印技术的中文出版物[20]。由于当时中英关系出现恶化迹象，1839年5月，在华英国商人和传教士都撤离广州，该报仅存在几个月便消失了。

《各国消息》与一般宗教刊物有着显著区别，在内容上没有涉及宗教方面的文章，对西方科技知识也鲜有提及。其办刊方针从道德说教转向经济实用方面，适应当时广州贸易发展的基本需求，特别是广州中西方商人的贸易信息方面的需求。麦都思曾经参与《察世俗》等中文报纸的编辑工作，对于宗教布道颇为熟悉。但是，在创办《各国消息》时，他已经注意到广州的环境与东南亚一带有着显著区别。对于这个商贸之都而言，中文报纸的主要受众是商人和少量开明绅士。他们最现实的需求不是精神上的寄托，而是如何降低交易成本，获取最大的利润。广州是当时世界上最为繁忙的外贸港口，据粤海关统计，“道光十七年（1837年），来己亥年份船二百十有三”[21]。而来往广州的外国船只中，绝大部分是英国的商船。中外商人对于贸易信息的需求，尤为迫切。随着1834年东印度公司的解体，西方人在广州开设的商馆迅速增多，广州垄断贸易开始面临诸多困难。许多商人需要从日益复杂的外贸市场中及时搜寻信息，期盼以准确的市场行情来组织进出口货物，以获取更多的贸易差价。麦都思与华人有着多年的交往，对商人的诉求洞若观火。他所创办的报纸，已经从“政治性”转向“民生性”，朝专业刊物的方向发展。该报对于各国国情的介绍，重点集中在地理、物产、历史等方面，如第一期的《郭尔喀国》，介绍该国物产：“产出五谷、菠萝、柑等果，与木匠好用之树也。”[22] 此类基本情况的简介，目的是让中文读者开阔眼界，了解更多的信息。而有关广州的商业信息以及物价行情，则是该报的主要内容，这一栏目延续了《东西洋考》的物价报道特色，对进口洋货的价格报道较为详细，如海参、檀香、燕窝、哔叽等货物的价格，每期都有刊载。另外，《各国消息》还对主要洋货价格趋势进行了分析，读者可以看出一段时期以来某些洋货的价格行情的变动情况。通过阅读这份报纸，许多商人可以得到市场行情的可靠信息，为以后的交易提供决策参考。大量的商业信息，反映了《各国消息》传播的转向，它极大地提高了报纸的经济价值，迎合了广州外贸经济发展的需要。

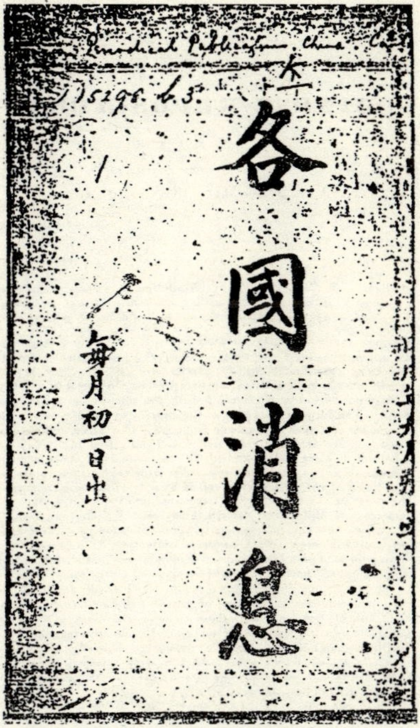

《各国消息》封面，见卓南生著：
《中国近代报业发展史》，第63页。

4. 洋人洋报

19世纪初期，广州是世界著名的贸易中心城市，也是居住外国人最多的城市之一。在十三行商馆区，有来自英国、美国、葡萄牙、法国、荷兰、瑞典、西班牙等国的侨民。他们集中生活在十三行一带，形成了具有异国情调的多元文化中心。

THE

CHINESE REPOSITORY.

VOL. III.—MAY, 1843.—No. 1.

ART. I. *The Chinese language: its antiquity, extensive use, and dialects; its character and value; attention paid to it by Europeans; and the aids and inducements to study it at the present time.*

ORIGINALITY is a striking characteristic of the Chinese language. Its origin, like that of the people who speak it, is lost in the earliest periods of postdiluvian history. In its form and structure, as presented to us in modern times, it stands peerless, an object of wonder, having no consort or relationship with the other languages of the earth. The Hebrew lives only in the oracles of the Most High; it long since ceased to be a spoken language. The Greek and Roman languages are found in great purity and perfection in books; yet wherever they are spoken among the descendants of those ancient nations, they, at the present time, differ widely from their originals. The Sanskrit and Pali, if ever spoken by whole nations, have shared the same fate. And the Arabic never rose into importance, until the conquests of Mohammed carried it beyond the confines of Arabia. Among all these ancient languages, in point of antiquity, if we except perhaps the Hebrew, the Chinese is unrivaled. It seems to have sprung up soon after the confusion of tongues, and has always formed a broad line of demarkation between this and all the other branches of the human race. Ages have elapsed; the face of the globe has been changed; new tribes have appeared; and new languages have been formed: yet amidst all these changes, the Chinese language has undergone few alterations; and since the commencement of our æra, its written idioms have mostly remained unchanged, and the style of standard works which were published at that period differs very little from the common language now used in books throughout all the provinces of the empire.

It will enable us to form more correct ideas of the nature and importance of this language, if we pause here for a moment to view the extent to which it is now used. The language at the present time is

CH: REP:—VOL. III. 2

《中国丛报》，1843年5月。

洋人对夜间娱乐非常讲究，一些富有洋商还成立了高级俱乐部。如一家西人开的联合俱乐部，“会员在深夜12点之前饮威士忌，可以有机会赢得3英镑，俱乐部仅仅为广州极少部分社会精英服务。根据条例，会员在俱乐部任何地方，都可以对酒和其他东西进行挑剔，或者对所需之物提出要求。这种丰富的娱乐方式使人格外愉悦，会员几乎每周聚会……”[23] 这种高级的娱乐方式，当时只有极少部分行商才有机会参与，它对当时社会上层了解西方人的消费方式和生活习惯，有着重要意义。

除了娱乐休闲活动之外，洋人更需要了解广州市场动态和中国政治、经济和文化。对于绝大多数西方人而言，汉字如同天书，粤语非常难懂，与粤人交流非常困难。而西方世界迫切需要了解广州和中国的情况，尤为关注广州的外贸情况。在19世纪的前30年中，“英国人所消费的中国手织土布实超过中国人所消费的英国机制棉布”[24]，英国工业革命所带来的巨大成就，在对华贸易上并没有取得预想的效果。这使英国政府和资本家感到非常困惑和不安。而通过本国商人从广州带回的消息毕竟非常有限，且在传播时间上也明显滞后。19世纪初期，西方报刊业已经有近300年的历史，对于报刊在传播信息方面的作用，西方人深有体会。在广州这样一个国际化程度较高的城市，借助媒介传播贸易信息，对外国商人而言，显得尤为重要。一些具有市场眼光的广州外商和传教士，敏锐地观察到西方人对广州商贸信息的迫切需求，相继在广州创办外文报纸，为西方人了解中国和广州，打开了较为快捷的信息通道。据统计，鸦片战争前后，西方人在广州共创办了至少7种外文报纸，包括《广州纪录报》、《华人差报与广州钞报》、《中国丛报》、《广州报》、《广州周报》等。

4.1.《广州纪录报》(Canton Register)

《广州纪录报》，1827年11月8日创办，是中国出版的第一家英文报纸，由英商马地臣（James Matheson）和美商伍德（WW. Wood）主持，大约在咸丰十一年（1861年）至同治二年（1863年）停刊。伍德兼任采访、编辑、排字工作，印刷机器由怡和洋行地臣借出。由于办报方针上的分歧，数月后伍德离去，转让给马地臣经营，改由施赖德（John slade）担任主笔。该报开始为双周刊，后改周刊，1828年9月至次年5月，再改为双周刊，1834年起一直为周刊。该报以经济、商业行情及中国官方公布的材料为主。

1839年，因中英关系紧张，《广州纪录报》迁往澳门出版，改称《澳门杂录》，1843年6月又迁往香港，改名为《香港纪录报》（HongKong Register），由怡和洋行发行。1849年后产权和财产曾几度变更。该报除出正张外，还出有行情报、物价报等多种增刊，并印有海外版。该报还曾将《三国演义》译成英文连载，开创港澳英文报刊连载中国长篇小说之先河。

《广州纪录报》是当时在广州影响最大的外文报纸。据1836年统计，每期有280份运往南洋、印度地区和英、美一些主要商业城市[25]。它以广州贸易为报道中心，对中国政治、经济和文化问题也颇为关心，特别是为鸦片贸易的合法化进行辩护，体现了西方国家掠夺中国财富的图谋。该报大量销往西方国家，对于19世纪二三十年代广州贸易的发展起着一定的舆论引导作用，大为提高广州在国际上的地位和影响，并使贸易体制上的争端不断上升为国际问题，更多的西方人进一步认识到中国的落后和保守。

4.2.《中国丛报》（Chinese Repository）

《中国丛报》由马礼逊倡议创办，裨治文任主编，美商同孚洋行老板奥立芬提供经费和印刷场所，于1832年5月起出版，又译作《中国文库》。至1851年12月约20年间，《中国丛报》共出版20卷，每月一期，每年一卷，其间1839年5月迁往澳门，1844年10月迁往香港，不久又迁回广州。该报登载了鸦片战争前后20年间有关中国社会的政治、经济、语言、文字、风俗等方面的调查资料，其中包括中外关系和外国人在中国活动等情况，也有鸦片战争前夕禁烟活动的记载。其间1833年来华的另一名美国教士卫三畏也参加了编辑工作。在鸦片战争前几

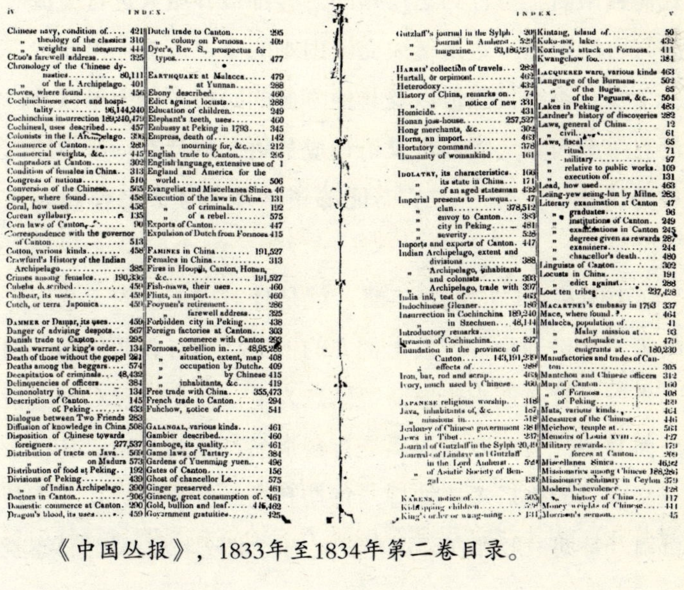
iv INDEX.

INDEX. v

《中国丛报》，1833年至1834年第二卷目录。

年间，裨治文等人在他们主持编辑的《中国丛报》上，不间断地进行战争煽动，鼓吹对中国采取强硬手段的舆论，并提出通过使用武力迫使中国订立一项不平等条约的主张，但对英国大量走私鸦片的罪恶勾当从来不加指责。他们利用在中国搜集的各种情报，制造对中国发动侵略战争的舆论，直接为英美等资本主义国家服务。

《中国丛报》刊登的文章，涉及当时中国政治、经济、文化、军事等方面，旨在为西方人提供“有关中国及其邻邦最可靠、最有价值的情报”。在发刊词上，该报以十分不满的口吻描绘了广州与西方国家之间的种种隔绝：“这不仅仅是惊奇，更是遗憾，在基督教国家与东亚国家经过长期交往之后，却在相互往来商品贸易上如此稀少。思想交流的工具，和走私一样，由于禁令而变得毫无生气，甚至通过宗教布道方面的交流方式而被阻断。每位到达广州的游客都被异域人进行交流时难懂的方言所困惑，这是造成交流困难的重要源头，由此造成误解、争吵、否决、怨恨以及其他方面的纠纷。三十年以前，几乎没有一个西方人能够将汉语译成英语，也没有一个中国人真正成为‘上帝之子’，从而能够正确地阅读、写作和表述英语”[26]。

《中国丛报》的编辑策略，就是针对交流上的无奈而作出的决策，这份刊物与传教士创办的中文报刊有着明显的区别，它不再以宗教布道或传递商贸信息为主，而是通过对中国情况的全面介绍，为西方人提供“百科全书”式的介绍。其目录按照英文字母的先后顺序编排，每期刊登的文章多达几十篇乃至上百篇，每期一般都在50页左右，内容十分丰富，如第5卷就有多篇介绍中国服装、食物、文学、宗教、医药、礼仪、法律、印刷术等方面的文章[27]。通过对中国情况的详细介绍，《中国丛报》成为当时西方人观察和了解中国最详细、最权威的外文报刊。即使在今天，要研究鸦片战争前后的中国史，该报仍是极为重要的参考资料。

《中国丛报》以其全面、深入报道中国的特色，获得了在广州的外国人和西方社会的普遍欢迎。它在开始印刷第1卷时，仅印400册，很快销完，到第5卷时，销量便超过1000册。考虑到其读者是西方人，而且由广州销往西方各国，其销售业绩大大超过了马礼逊等人的预期。

INDEX.

《中国丛报》，1833年至1834年第2卷目录。

CHINESE REPOSITORY.

Vol. I.—May, 1832.—No. 1.

Introduction.

It is not less a matter of astonishment than regret that, during the long intercourse which has existed between the nations of Christendom and eastern Asia, there has been so little commerce in intellectual and moral commodities. The very vehicle of thought even, has been made contraband. The embargo has been rigorous as death, and has prevented what might have been communicated *viva voce*. Every visitor at Canton must be struck, not to say confounded, with the strange jargon spoken alike by natives and foreigners, in their mutual intercourse; it has been a most fruitful source of misunderstanding; and in not a few instances, it has pavod the way for misrepresentation, altercation, detention, vexation, and other such like evils. Thirty years ago, there was not living more then one individual capable of translating from Chinese into English; and there was not one of the sons of the "Son of heaven," who could read, or write, or speak, correctly, the English language.

The empire, of which, as residents, we form constituent atoms, stands at this moment, in the 'midst of the earth,' a stupendous *anomaly*; and, beyond all controversy, presents the widest, and the most intersting field of research under heaven. By what right of inheritance, by what favorite law of "justice and propriety," a very large portion

《中国丛报》，1832年5月。

除了上述两份英文报纸外，鸦片战争前后，在广州创办的英文报纸还有创办于1831年7月的《华人差报和广州钞报》（Chinese Courier and Canton Gazette），由美国人伍德（WW.Wood）主编，以报道远东消息和欧美新闻为特色，于1833年4月停刊。《广州杂志》（The Canton Miscellany）创办于1831年，由东印度公司主办，出版仅5期便停刊。《广州周报》（Canton Press）创办于1835年9月，由弗兰克林（W.H.Franklin）、摩斯（Edmund Moller）先后担任编辑，该报以宣扬自由贸易思想，重视中国当地新闻而著称，于1839年迁往澳门，1844年停刊。

鸦片战争前，广州先后诞生了数份外文报纸。即使在19世纪30年代，在广州的外国人也没有达到400人，而绝大部分外商忙于商务，办报只是极少数商人和传教士所关注的事情。这些英文报刊背后折射出西方国家的巨大利益诉求，为西方利益集团提供全面而可靠的情报，是这些英文报刊生存和发展之本。这些报刊不太可能以自身经营获取利润，也没有当时西方报纸所常设的广告栏目。依靠利益集团的各种支持，这些英文报刊较好地借鉴了西方近代报刊的先进经验，在广州办出了特色，在中西文化交流方面具有重要影响。

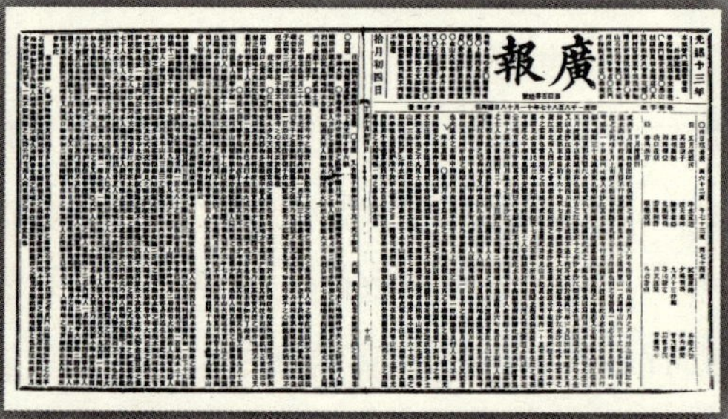

光緒十三年

廣報

拾月初四日

第三章

不甘沉沦

第一次鸦片战争后，中国被迫实行五口通商，西方人关注的焦点从广州移向上海。大量具有开拓意识的粤商也不断迁往上海，广州的贸易地位逐渐下降，在广州的外国人数量也不断减少。1855年，上海的进出口总额开始超过广州，成为中国第一大港口。而广州在第二次鸦片战争期间遭受外国侵略者的洗劫，贸易日渐萧条，加上太平天国起义和盗匪盛行，经济发展受到严重制约。同时，香港作为新的国际贸易港口，在19世纪50年代后迅速崛起。许多粤商将商行总部迁往香港，直接与外商在香港进行贸易，仅将广州作为货物中转地。广州在国际贸易上的地位大为降低，信息传播的中心地位也逐步被上海、香港取代。19世纪50年代后，《遐迩贯珍》、《香港中外新报》、《中外新闻七日报》、《香港华字日报》等中文报刊相继在香港创办，上海也出现了《六合丛谈》、《中外教会新报》等报纸。这些报纸的新闻性和商业性更强，体现了新兴港口城市贸易发展的客观需要。广州在失去贸易优势的同时，在报刊业方面，也落后于香港和上海。但她毕竟是有着深厚文化底蕴的城市，并与香港、上海有着密切的联系。从1843年到1870年，广州仍然创办了数家英文报刊，主要有创办于1843年的《广东探报》（Reports From Canton），1860年由香港迁往广州出版的《中国之友》（The Friend Of China）等。这些英文报纸主要刊登广告和航运信息，存续时间不长，影响不大。而传教士在广州创办的《中外新闻七日录》和《广州新报》，是这一时期中文报刊业的代表。

19世纪晚期，广州社会形势出现了新变化。它对香港的崛起和发展比较认同，无意与上海争高低。广州城市经济的发

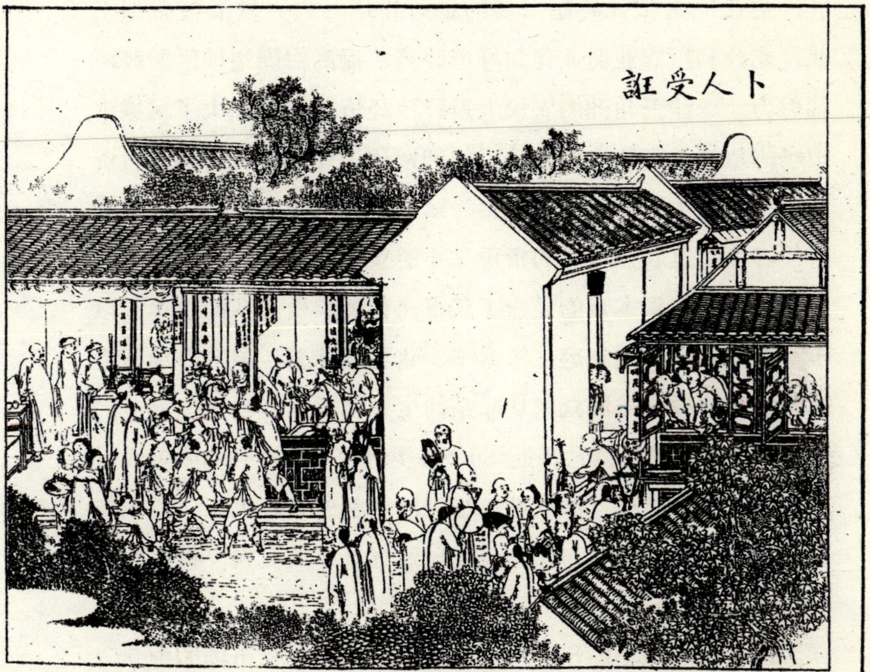

法人有事於中國勞師費餉。戕馬紛紜
結。有此瞻前顧後之憂。不無鼠首兩端
羊。大有進退維艱。不得不然。之勢。尋仇
調由東京調撥軍兵三千人星赴來中
軍威。而資爭戰云。

卜人受誑齒說

羊城番禺縣某鄉落。有瞽者。善嚴君平
其素著靈異。故事無大小。人無遠近。咸
之數年。腰纏頗富。村中無賴思有以魚
柯。瞽者以中饋乏人。諸多未便。而又自
下視矇瞍。差幸致富有術。或不終鰥乎
進。欣然允諾。備大礼將親迎。而忽來數
胡得聘有夫婦。瞽以口衆我寡。亟尋媒
理直而不得伸。一時衆口嘵嘵。議罰百
代抱不平。欲縛衆以送官。而始各鳥獸散
者盍不知歸妹爻凶耶。何明於卜人者。

商船留滯

淡水信息。謂現下所有商船。皆不能出入
常駛泊。故西人之在淡水者。欲他適而未
載。方免兵燹之憂也。

輪船失事

長崎信息。謂日本高蘇治馬溜輪船。於八

《述报》卷七，第六十三页。

展，更多的是依托岭南市场的辐射作用，大力发展消费型工业，充分利用农业商业化和圩市经济，提高对周边地区的经济辐射力。珠江三角洲的农民大量种植经济作物，加大了对城市市场的依赖。商业化农业分工的细密化，使农民的基本消费资料和扩大再生产与市场联系更为紧密。而土地所有者租金的获得，必须通过农业商品的货币化才能实现。对农民而言，种植经济作物，其根本目的是为了获得比种植粮食更多的货币，以丰富的消费品提高家庭生活水平。这就意味着，城乡市场网络不断加强，成为与民众密切联系的生存体系。19世纪晚期，广州附近南海、番禺两县将近400个各类圩市，使广州与附近农村联结成为一个整体，形成城市与周围乡村的依存关系。广州与乡村之间的商品流通与信息传播，通过圩市的交换，极大地得以延伸。

19世纪晚期，广州作为连接香港和岭南贸易市场的中介，充当着转口贸易中心的角色。这一时期，广州出口贸易以生丝、厂丝为主，茶叶、棉布等传统出口货物数量大为降低，进口商品以工业消费品为主，奢侈品和艺术品所占比重很低，贸易结构发生了明显变化。但是，广州作为贸易城市的基本功能并没有消退，随着西方工业文明的发展，对外贸易经济的作用和意义更为突出。19世纪晚期广州经济的发展轨迹，进一步体现了商业城市的基本特征，又在近代社会转型过程中呈现自身的新特点。其中，生产与消费分离度，远远高于鸦片战争前，专业化生产使珠江三角洲的家庭自给型经济基本解体，广州商业经济在岭南市场的直接辐射力大大超过一口通商时期，民众对外部市场的依赖十分严重，通过农业商业化生产换取消费资

《述报》，1884年9月19日。

料的交易模式非常明显。这类生活资料，不再由广州本地市场供给，而是通过进口西方工业品获得。这使晚清广州呈现消费型城市的特征。

经过鸦片战争后30多年的恢复和发展，19世纪70年代后，广州经济逐步走出了困境。1876年的贸易值为25739690海关两[28]，1886年达到37593405海关两[29]。广州外贸经济得到迅速发展，“尽管处在逆境和市场激烈竞争之中，广州仍然保持着商业中心的重要地位，且在人们的技术和勤奋方面尤其如此”[30]。

在经济不断发展的过程中，广州的文化教育事业也取得了长足的进步，19世纪晚期广州官学和书院教育的发达，以及对书院公共支出方面的大量投入，使官学和书院的教育功能得以充分地发挥，为广州地区科举水平的提高和人才的培育，作出了极大的贡献。同治、光绪年间，广州地区的科举水平大为提高，其中番禺县光绪年间考取进士41人，而同治年间为19人，道光年间为22人，咸丰年间为6人，与光绪年间的差距比较大[31]。良好的文化氛围，有力地推动了广州教育的发展。广州人对私塾教育十分推崇。大凡富裕家庭，都聘请塾师到家中教授子弟。塾师收入颇为优厚，塾师对雇主的过分要求，还可以拒绝，并有挑选东家的较大余地。如《点石斋画报》曾报道过，广州南海一位富人，由于对塾师多有苛责，导致无人应聘的局面：“脩脯既微，又苛于责备，师或因事外出返馆，稍有迟，即令妻妾室中垢詈，使之闻之。曾聘某生至家，生不能堪，辞馆而去……”[32]作为一种颇受尊敬的职业，塾师的收入和社会地位一直很高。民间对于文教事业的热衷，直接推动了城市文化教育事业的发展。

大藥房

丹丸散藥油藥酒藥水藥餅
戒洋烟精粉另有影畫
奇巧玩器什物發售

砂淋血淋尿淋藥水 疳疔魚口便毒藥水 小兒紅白痢症藥水 男婦患各痢疾藥水 隆冬手足爆拆香水 培補小兒氣血藥水 貓狗惡獸咬傷藥水 血逆荞行嘔血藥水 十全大補種子藥水 化痰止咳各症藥水

發四夫對晤藥水 除頭皮止痕藥水 擦皮膚濕熱藥水 發熱頭痛作嘔丸 十全大補鐵精丸 內損外傷跌打丸 紅白痢症吐瀉丸 化痰止咳痰飲丸 脾濕發熱利水散 治喉痛口爛藥餅

肥壯身體藥油 極品枚瑰清油 追風樟腦木油 上品正薄荷油 拔毒止痛膏藥 立止頭痛膏藥 神效風濕搽藥 生肌拔毒膏藥 毒死蟲蝨藥散 精製治癬藥散

花柳三角氣藥膏 頂上金雞納霜粉 去腐肉解毒藥油 各種洋菓子露 脫痔藥膏眼邊 邦邦士肥兒餅 發四夫對晤丸 嫩容玉液 百補鐵酒 極品香靚

白藥膏 藍藥膏 凍瘡藥 安胎藥 肉精酒 洋薑酒 清涼丸

小兒作出牙發熱藥散 枚瑰葉乾粉 泡製瀉鹽 小腹疼塊藥 花露香水 香口化酒糖 風濕藥皂 清香洋橙酒 吐血丸 滋腎壯陽酒 南靈露 雪白玫瑰蠟 玉容散 無瑕白玉露 枚桂膏 哮喘洋金花 花露油 極品丁香靚 香花油

以上各款藥物不過就症畧舉一二其餘奇難之症各藥無不俱備問症自可施治且所配各藥俱揀選上品製煉精工不敢稍存欺偽遐來取價便宜務期濟世而已也 創設有年醫治各症藥到回春遠近馳名蒙 中外各國皇子官紳賜送匾額賞鑒非虛固無事本藥房之縷述矣 本藥房係大醫士創設 原始一在英京 一在香港 後續分枝城外粵城內 佛山 梧州 桂林 澳門 海口 北海 楊州 九江 江西 福州 閩城 建寧 淡水 漢口流通巷 長沙 甯波 上海英大馬路 小呂宋 天津 上海棋盆街 京都 烟台 蘇州 濟南 杭州 鎮江 南京 再有分枝另行佈告 另本省各郡隨考俱有 藥貨價相同

八八

鳴謝良醫

啓者何竹軒有老母年逾八十於正月十九日□病漸見沈重遍請省內名醫調治均不見效延至二月初旬後病勢垂危各處訪醫聞香山小欖鄉茂才何德臣先生醫寓在太平中市廣濟生藥材店醫術如神遠近馳名即邀來省診視服藥七八劑即獲全愈實有起死回生之妙術故特佈告同人以示感戴不忘之意焉 住省城新寶華坊正中約 何竹軒謹啓

新法映相

古人技擅丹青下筆始聞生而自映相西法出不事描摹形神酷肖而丹青之技窮矣然事以數見而不鮮法以推求而盡善本館得西藝異傳除丹青常法映相外能用綢綾緞縐曬相手帕曬相燈片曬相復能映化身圖本一身化出三身怪怪奇奇令人莫測更能用電氣放相高與人等又可用藍色映出山水圖畫其所映之相俱過鏡面歷久如新毫無漫漶本館己在上海開設多年今分設到粵蒙傳其技兼有各款蘇洋貨式蘇州花邊外洋花邊其織工之巧花樣之新直可奪七襄之錦無縫天衣館設沙基水陸俱便 諸君賜顧請移玉步

光緒十八年正月廿一日 省城沙基大街寶記謹啓

梁天保

創製檜松戒煙餅

餅樣

本齋創製此檜松戒烟餅祇用檜松草以解烟毒配以川貝苓草參芪兼能益胃培元殊無烟灰嗎啡粉入口香甜立即止引能卻毛病創經十有餘年忝蒙中外紳商賞識用此餅而戒斷烟引者更僕難數是故中外馳名邇來多有假冒效我製餅究其用藥功效自是不同 諸尊賜顧請祈認實餅式字號庶免口服之患每引一錢用餅一個價銀一分八厘 中鐫載餅拾個價銀一錢八分 大鐫載餅廿二個價銀三錢六分 雙料價銀一員 新製二號餅每罐餅八個銀一毫 內地各埠均託殷實舖店代售以便 諸君就近採買外洋新舊金山泰西各國歐亞各洲南北洋各口岸日本安南均有貨付 老舖在粵東省城十三行大街開張 一棧在太平門外柴欄街 大新街廟前約晉源號寄售 藩司前協豐成寄售 廿白齋梁天保謹識

《中西日报》，1892年5月21日。

19世纪晚期，广州的刻书业颇为发达，书坊数量之多，在全国仅次于北京、苏州而居第三位。书坊集中在学院前、九曜坊、西湖街、龙藏街、双门底一带，有70余家，其中著名的有述古堂、拜鸳楼、修本堂、粤雅堂、随山馆等等。晚清广州文人著作大量产生，极大地推动了书坊业的发展，出现了海墨楼、南雅、澄天阁等石印书局，这些石印书局采用机器印刷，“所印书籍、法帖，设色图画较前更为精美”[33]。海墨楼所承印的《述报》配有大量插图，色泽鲜艳，制作精良，其印刷技术堪称一流。中法战争期间，刘永福作为著名将领在战争中声名大振，海墨楼得到其照片后，“借其底本，影印上石，另纸印行，以公同好，小像价每张一中元”[34]。海墨楼充分利用技术优势，对国内政治热点大加渲染，通过印行照片，在宣传刘永福的过程中，既获得了经济利益又在民众中提高了报纸的知名度。技术的进步，为报刊和出版行业带来了新的业务，也给文人墨客的文化消费提供了更多的养料。一些书坊所出经典著作、私人文集、工具书等，品位很高。在这些书坊集中的街道，还有许多文具店、古董店，文化气氛非常浓厚，形成了全国著名的文化街。

经济的发展，文教事业的繁荣，为报刊业兴起提供了良好的条件。但是，正如前面所分析的那样，外国传教士不再将广州视为传教的中心，而将资金、技术、人力和物力投入到香港、上海。在19世纪70年代，广州很少创办中文报纸，这对于一个正在恢复和发展的岭南中心城市而言，是很不正常的。而香港、上海等地中国人自办报纸的发起者和编辑人员，许多都来自广州，广州本地创办的报纸之所以晚于香港等地，“一个重要原因是广州为香港的近邻，香港报纸都兼以广州地区的读者为发行对象，传送也比较方便，在当地办报的迫切性因而减弱”[35]。但是，广州毕竟具有中国内地最为悠久的办报历史，对于传教士对中文报业的垄断，有远见的广州文人早已表示不满，在香港出现第一批中国人自办报纸后，广州当地文人也不甘落后，开始了自办报纸的努力。1872年创办的《羊城采新实录》，是广州地区中国人自办的第一张报纸，但该报存续时间不长。从1884年到1896年，广州先后出现10多种报纸，主要有《述报》、《广报》、《岭南日报》、《岭海报》、《岭学报》、《中西日报》、《中华日报》等，在近代报刊史上具有重要影响。

1.《中外新闻七日录》

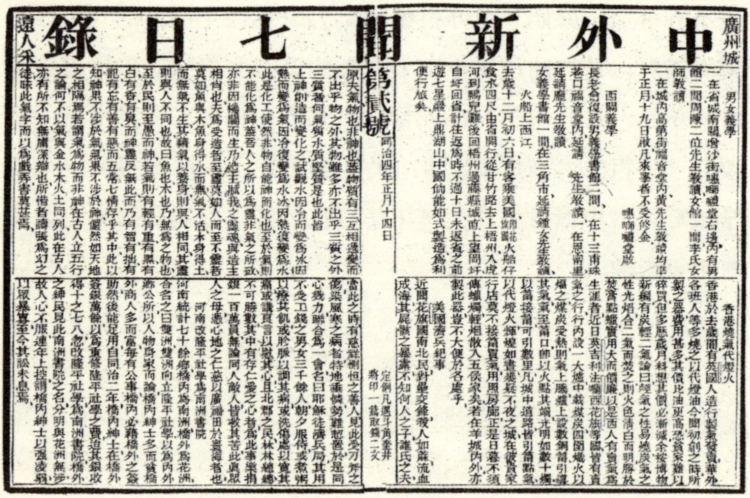
中外新聞七日錄

遠人采

廣州城

第貳號 同治四年正月十四日

《中外新闻七日录》，同治四年（1865年）一月十四日。

《中外新闻七日录》创办于同治四年（1865年）一月七日，由英国传教士湛约翰主编。该报报头有“远人采”三字，为湛约翰笔名，该报第105期头条新闻云：“今远回西国，特将《七日录》之任告辞，在后有一高明先生代庖，并有《画像》一篇奉赠，以表中外相友之心。”[36] 但是同治六年（1867年）正月一日出版的第106期，还署有“远人采”之名，从第107期开始，报头出现变化，没有“远人采”字样，代之以“一篇二文”字样，并注明每礼拜四印。同治六年（1867年）

二月初二日，丕思业（Charles Finney Preotow）在第110期发表《暂理七日录》云：“《新闻七日录》自英国湛先生创始，阅历两年，蒙中华诸君每期观者万余人，可见欣赏之盛矣。迨后今年正月回国，交与丹拿先生代庖，不料采刊传观仅得四号，又以事往香港，故将此职委余代理”〔37〕。可见，英国人丹拿代理主编一个月之后，从第110期开始，该报由美国人丕思业主持。

该报内容主要为新闻、科学、宗教等，编辑部设在“惠爱医馆”，每期两版，每版分为上下两栏，以新闻报道为主，偶尔有新闻评论，每7日发行一号，每号售价两文钱。这份报纸充分利用传教士在广州开办的几家医院发行。作为依附于医院的报纸，该报主要是报道新闻和传播科技知识，正如其创刊号《小引》所言：“我侪传耶稣教者，忻忻而创是《新闻录》，非欲藉此邀利也。盖欲人识世事变迁，而增其闻见，为格物致知之一助耳。若其中之所载，间有文理不通，事实不符者，是余智之所未逮，万望诸君恕而正之。今所印第一张，即行分送，不取分文。嗣后喜看者，每张须给钱二文。聊为纸料、人工之费焉”〔38〕。

《中外新闻七日录》与宗教报纸以及一般外文报纸都有明显区别。它是第二次鸦片战争之后创办的，当时广州正处于经济恢复期。在1865年，“每天有两班轮船从香港驶来广州，并有两班轮船离开广州前往香港。运费也低廉，因而有助于贸易的发展”〔39〕。1866年，广州口岸“贸易价值大幅度上升，税收也同时增加”〔40〕。在广州经济复苏期间，外国传教士对于广州人所面临的问题有着清醒的认识，与19世纪初期相比，中国的大门已经打开，香港、上海已经是西方人向往的乐园，广州被英法等西方国家洗劫后，贸易地位大为降低。郁闷的广州人对西方人没有好感。传教士要想在广州建立传教基地，必须改变以前那种带有明显说教和歧视性的传播方式，给广州人带来一些实在的好处。所以，在19世纪60年代，一些西方传教士改变策略，在广州建立医院，利用西医为当地人治病，以先进的医技取得当地人的好感。在此基础上，他们利用报纸传播新闻和科技知识。应该说，传教士办报的出发点，尽管与宗教事业有关，但确实有乐善好施的成分。

《中外新闻七日录》非常注重国内外新闻的报道。该报经常摘录《京报》、《上海新报》、《香港中外新报》等报刊的新闻，在国内新闻方面，对于北京、上海、浙江、广西、湖南、福建等地的新闻转载较多。省内新闻中，除广州外，对于佛山、肇庆、潮州、嘉应等地的社会新闻报道较多。对于国际新闻，该报涉及面较广，欧洲、非洲、亚洲、美洲的新闻都有报道，以美国新闻、英国新闻的内容为多，第一期就以《花旗国》为题，介绍美国的基本国情，以后多次以《美国新闻》为题，报道美国政治经济动态。

该报的本地新闻突出其贴近广州民众的特色，注重报道社会新闻，以获取新闻的轰动效应，特别是在关注民生和反映当地社会动态方面，取得了前所未有的突破。该报的本地新闻比较全面地反映了1865年至1867年广州社会的变化。如1865年初，广州干旱，一些米商故意囤积粮食，借以抬高米价。对于此类做法，该报曾予以揭露，并认为道光年间阮元督粤时，对于运进洋米免收船钞的做法，应予以继承。“凡米船船钞一律免征，将见外洋之米船，皆鼓舞入黄埔，在内地发售，则市价不至于高昂，而埠头日渐兴旺”[41]。此后，对于民间绅商赈济一事，《中外新闻七日录》也进行了正面报道，在《赈米说补》一文中报道了一老翁匿名捐银四百两的新闻，此事被传为美谈，民间亦踊跃捐款，“计之总有万金矣，拟于五月初一日，在宝华坊尾大地搭篷厂开赈。每日每名饥民，派米四两，男则单日，女则双日”[42]。

该报常常采写欺诈、抢劫、赌博、吸鸦片、嫖妓等方面的社会新闻，如报道南海医生伍兆溪，“在羊城河旁开一医馆，常串同疍妇或各殷户使唤之亚妈，遇有病人，欲延医者，即力荐往伍兆溪医馆诊视，每索谢金，必与十之一二酬疍妇及亚妈焉”[43]。抢劫方面的新闻，内容较为简短，如一则报道云：“本月初六日夜二更，小东门外晋安押被盗，明火持械抢劫，报赃货物银三千余两”[44]。而烟赌嫖之类的新闻，也经常可

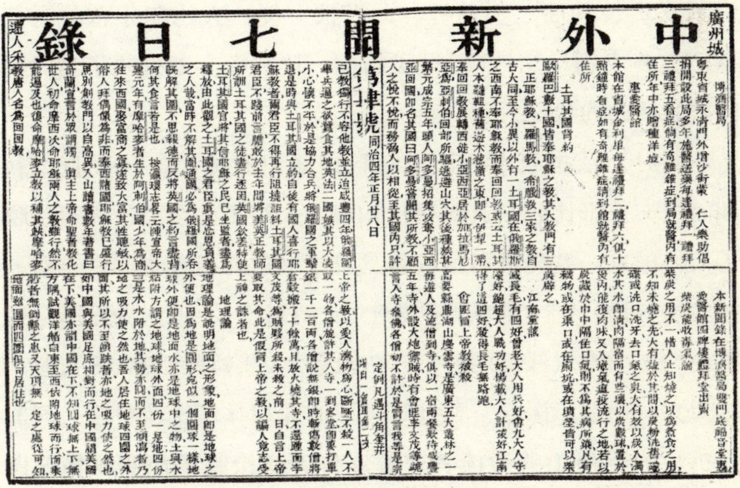
中外新聞七日錄
廣州城

《中外新闻七日录》，同治四年（1865年）一月二十八日。

以见到，如《河南烟馆近事》、《西关女摊馆近事》、《大楼火灾》、《补言妓船新闻》、《妓艇新闻》等，都从不同侧面描写了当时烟赌嫖等行业畸形发展的状况。

《中外新闻七日录》重视采写广州社会风情和休闲娱乐方面的新闻。如同治四年（1865年）七月十八日的《羊城新闻》报道云："六月初七日，见城门外张贴各宪告示，严禁大佛寺前之写淫画，与街上标卖淫药，及小箱所看之淫境（镜），谓伤风败俗，莫此为甚。自后各店各人所有之淫画、淫药、淫境（镜），自行焚毁"[45]。这则新闻从一个侧面反映了当时的社会风气。又如每年中秋节前后，广州西关一带民众，到亚公山一带唱歌，"于十四五日夜，张灯结彩，如开不夜之城。任四方之善歌者登台自唱，以尽其所长。迨一人曲罢，复一人继其声，可谓歌累累如贯珠宝者，人熙熙如贯云矣。尔时，台下士女踏月而来，观听者如云，名之曰唱山歌。其曲之动听者，击节欢赏；其曲之不动听者，当供一笑。大约年年依样画葫芦，遂袭成例焉"[46]。此类新闻，比较真实地反映了当时民间娱乐活动的状况。

同时，该报也十分注重对科技知识的传播。与19世纪初期的中文报纸比较，其对科技知识的介绍更为全面，而且反映了西方国家一些先进科技成就，科技报道的内容也非常丰富。如《地气论》、《地球转动论》、《日论》、《人身血脉运行图说》、《电气线近闻》、《气机篇》、《种痘说》等文章，对天文、物理、医学、科技等领域的知识作了比较科学合理的分析，为了便于普通读者理解，作者还绘制了简明易懂的图画，比较形象地展现了一些西方科技成就，以便中国人了解西

輕氣球論

此球以綢緞為之大如厦屋飾以膠漆用大繩結網纏絡其外球下懸一巨傘傘下懸一藤牀可容二三人牀中備載風雨針時辰表千里鏡沙袋餅食等物球頂有窗球足有門皆機巧活動用以放氣者臨用時以輕氣放入球中務以球體將滿為度試球時先將巨纜繫住球脚試可乃斬纜以升漸升漸高其凌空至高者一十三里其住空至久者歷五時辰御風而行一時辰間緩則可行一百里急則三百里凡球在空中欲其升則撤去袋中之沙欲其下則洩球中之氣仰足以觀天文俯足以察地理殆天下之奇技焉但製此輕氣西國人別有妙法茲未具載

輕氣球圖

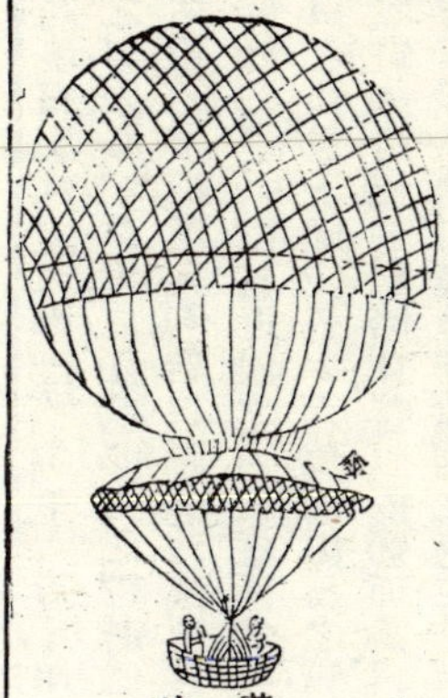

藤床

《中外新闻七日录》，同治四年（1865年）二月二十六日。

方近代科技知识。如《轻气球论》一文介绍道：“此球以绸缎为之，大如厦屋，饰以胶漆，用大绳结网，缠络其外，球下悬一巨伞，伞下悬一藤床，可容二三人。”[47] 在文章右边，绘制了一幅氢气球图，令读者大开眼界。又如《西国缝衣服器具图式》一文，介绍了当时中国人极为新鲜的缝纫机，“其形面如桌子，以木为之，正中放铁器一块。铁器上有活机一条，其形如弓，是使（便）其拿针者，左边放线一团，穿过活机之头……”这种新式机器，“能挑缝衣服手巾各物，快捷异常，计每日做物，可能当女工之十”[48]。这类新式机器对于19世纪60年代的中国读者而言，的确大开眼界。与《东西洋考》介绍简单的科技知识不同，《中外新闻七日录》的主编对当时美国和欧洲工业革命的成就，较为熟悉，如对电线、铁路、车木机器的介绍，可读性较强。

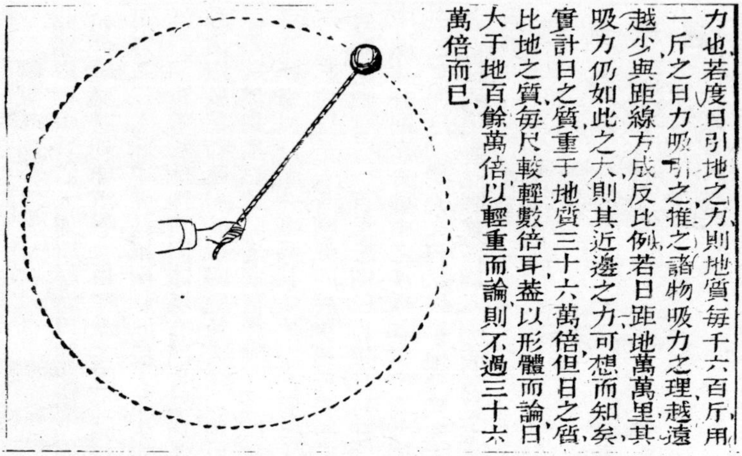
力也、若度日引地之力、則地質每千六百斤、用一斤之日力吸引之推之、諸物吸力之理、越遠越少、與距線方成反比例、若日距地萬萬里、其吸力仍如此之大、則其近邊之力、可想而知矣、實計日之質、重于地質三十六萬倍、但日之質、比地之質、每尺較輕數倍耳、蓋以形體而論、日大于地百餘萬倍、以輕重而論、則不過三十六萬倍而已、

《中外新闻七日录》，同治四年（1865年）三月十八日。

值得注意的是，该报还刊登少量的时事评论稿，如《戒酒说》、《戒鸦片烟说》等文章对当时突出的社会问题进行评论，这与一些西方人的观点颇不一致。评论者以比较客观的态度，揭示鸦片消费所带来的严重后果，对读者颇有启发。在《公会说》一文中，对民间互助组织，予以肯定，在《火车路论》一文中认为，在广州开通火车有利于客商往来，“不特省垣百货流通，即四乡土产，亦必流畅。盖百物往来，瞬息可至，货脚鲜浩繁之虑，客身无昂贵之虞……以有易无，交相贸易，日行千里，绝不废时。将见赵璧梁珠，悉罗市肆；南金东箭，尽萃民廛。羊城生意兴隆，可拭目而待矣”[49]。这种见解，对于中国读者而言，可谓大开眼界。

《中外新闻七日录》对新闻报道非常慎重，如要求投稿者一定要注明真实姓名，稿件必须真实等等。在《本馆告白》

中声明："盖欲绝子虚乌有之谈，故先示杜渐防微之意也。若夫无稽之谈，不经之论，或倡邪说以害正教，或造讹言以毁商人，或假公事以报私仇，或居下流而讪上位者，一概不敢妄录。留心斯文者，请赐教焉而勿吝。"〔50〕这一声明，体现了该报的新闻报道坚持客观、公正的立场。这在当时是具有远见的办报方针。

《中外新闻七日录》很少刊登广告，这与其办报方针有较大关系。但是，在一些新闻性质的文章中，仍然有广告性质的文字。如创刊号刊登了《博济医局》、《惠爱医院》、《男女义学》、《西关义学》等4篇带有广告性质的文章，虽然没有标明为"告白"，但其推销的意图较为明显。如博济医局为湛约翰主持，特地加以介绍，"此局多年施医送药，每逢礼拜一、礼拜三、礼拜五看症，倘有奇难杂症，到局就医，内有住所，年中亦赠种洋痘"〔51〕。博济医局是慈善医院，但该文广告宣传的意图仍然较为明显。而对于西关义学的介绍，也是如此："长老会复设男义学书馆二间，一在十三甫珠巷口福音堂内，延请□先生教读，一在恩宁里，延请庞先生教读。女义学书馆一间，在三角市，延请钟女先生教读"〔52〕。如果说这类文章是隐性宣传的话，那么，一则出卖书籍的头条文章，则带有明显的广告性质。该文云："有英国医士合信所著《全书》，在惠爱医馆、博济医局、双门底福音堂出卖，每套五本，价银九钱。惠爱医馆、河南太盛洋货铺有《英华字典》出卖，每套价银两员（元）"〔53〕。这是一则带有商业推销性质的广告，尽管没有标明标题，但表达的意图较为明确。

2.《广州新报》

《广州新报》也是一张周报，创办于1865年，与《中外新闻七日录》并行于广州报刊市场，但其影响却不能与前者相比。该报的创办者为美国传教士嘉约翰（John Glasgow Kerr），他于1854年来到广州，并在美国人伯驾开的眼科医局当医生，同年，嘉约翰任院长。1856年第二次鸦片战争爆发，英法联军炮轰广州，医院遭到焚毁而停闭。1859年1月，嘉约翰把医院迁至南关增沙街。由于求医者众，嘉约翰于1856年托人在仁济大街旁购买空地建新医院，改名博济医院。1866年，博济医院办了一所博济医学堂，1879年更名为南华医学堂。嘉约翰在广州长达44年，他的高明医术获得了一些广州民众的好感。他的个人威信有助于进一步开展传教活动。但作为美国人，他利用人际传播方式影响广州人的效果毕竟有限。为了进一步传播医学、宗教和社会新闻，嘉约翰便创办了《广州新报》，以实现他的“传道”理想。

《广州新报》注重以当地新闻吸引读者的注意。嘉约翰创办报纸时，已在广州生活了11年，对广州风土人情颇为熟悉，同时，当时的广州街头，也有香港出版的报纸出售，港报的形式和内容更符合商业社会的需求，但港报对广州社会的情况关注不多。嘉约翰注意到本地新闻的重要性，密切关注广州及其附近最近发生的社会事件，如《广东白鸽票近事》、《广州大雨》、《广东增城县义学》等新闻以详细的报道吸引读者的关注。《广州新报》为小型周报，每份价格仅为一文，非常低廉，适合各社会阶层阅读，成为广州街头较为流行的小报。

《广州新报》还关注国际新闻，为读者提供西方最近社会动态，如《英国近事》、《法国近事》等等。作为依托医院出版的报纸，它注重传播医学知识。在19世纪60年代，中国社会普遍对西医持怀疑态度。但是，广州是中国最早引入西医的城市，早在鸦片战争前，美国传教士伯驾就在广州开设眼科诊所，并将种牛痘之法传入广州民间，颇受民众欢迎。嘉约翰所开设的博济医院，进一步提高了西医的影响力，他医治了许多疑难杂症，声誉颇高。为了进一步普及医学知识，将“医学布道”与“宗教布道”结合起来，嘉约翰利用自己丰富的行医经验，将一些医学常识介绍给读者，使西医在广州社会得以不断发展。1871年《广州新报》停刊后，嘉约翰又于1884年创办《西医新报》，进一步从事西医的宣传和研究。

3.《述报》

光緒甲申年八月初壹日

述報

論俄人助法

西字報云迩來勞達電傳法都日報數語固己佈告各邦明示與中國開仗矣然以意觀之法人行事寔有變迁不測者其言舍台灣而另籌更要之策不知其意云何何不明示其端而費局外之疑猜哉或者法人以勞師費財曠延時日始能踞奪其土地要結其民故不如棄之乎夫基隆之煤礦豐饒利於接濟船艘其誰不知究之煤礦所入仍未足以補償與兵動眾之費則其所謂深意者亦難索解人耳該報又云刻下粤垣居民頗安並無鶴唳風聲之警而省河復開濶如前船艘往來不形窒碍但各通商口面居民不安紛紛迁徙內地商務仍復蕭條靡有止境則法廷所以待各國商人者未為得計也夫在中國貿易之西商皆欲觀時事以定權宜法人虛声恫喝亦徒壞商務之局而已究奚益哉且中法積怨日深則絕交之後無復可挽回之勢矣然則法人所謂更籌要策者殆欲再遣大臣前来中國將冀儌倖而勝索補之項更多不特輸金而且藉圖割地歟近以中國之景象殊多可慮非独有事於法人而更有事於俄人也近者俄國日報催逼俄廷謂近日伊犂俄商常被華人赶逐有壞和約將尋衅於中國經調鐵甲三艘駛行来華又傳佈現在中國之法商許以代為保護是則俄廷之意諒非無因也西報之所論如此殆因福州之役法人尚未大受懲創故為是說以駭我聽聞歇究之中俄齟齬未有端倪俄人何敢助法以嗇我哉況粤河填窄之後何尝開寬彼悠悠之口誠不足與之深辨也已

本報每日壹張每月逢十書局停工本館祇隔事晉單啟每逢六逢十停派俟消路既廣當增潤紙張按月印足三十日以免間斷　賜顧者請至省城多寶大街海墨樓石印書局十八甫嘉禾書室十七甫品經堂癸門底六雅齋儒林閣河南金花廟源信棧掛號以便派送或向送報人掛號亦可每月價銀壹中元閱週年者派足十二個月價銀伍大元腳力在內各埠信資閱者自給零沽每張壹分二厘代消至百張以外九折算五百張以外八五折算凡印登告白第一日每字價銀四厘第二日至第七日按日每字價銀三厘第八日起按日每字價銀二厘不論登報幾天至少以五十字起計多則以十字遞加畫樣另議

《述报》，1884年9月19日。

《述报》创办于1884年4月18日，1885年4月3日停刊。该报由广州多宝大街海墨楼石印书局印行。关于《述报》的创始人，至今尚是一个谜[54]。《述报》是我国最早出版的石印日报，印刷非常精美，字体工整美观，版式设计独出心裁。“每日一张，每月逢十书局停工。本馆初开，事皆草创，每月亦逢十停派”[55]。该报每份4页，第1、2页“述中外紧要时事”，第3页“译录西国一切图式书籍”，第4页刊登“各行告白及货物行情、轮船出入日期”[56]。以光绪甲申年十二月初一日（1885年1月16日）出版的《述报》为例，主要文章标题为《英员集议》、《法电译录》、《兵官回港》、《轮船失事》、《意船往沪》、《越臣论》、《法兵逃遁》、《英京电音》、《天津来电》、《反宾为主》、《日民团练》、《县署火警》、《关外捷音》、《告捷电音》、《钦使往高》、《高乱续闻》、《洞悉敌情》、《劝从军文》、《日本邮音》、《火船他往》、《北海近闻》[57]。其文章涉及范围之广，内容之丰富，是以前传教士在广州创办的中西文报纸无法比拟的。

《述报》是广州人自己创办的报纸，也是近代报刊史上一份有鲜明个性的报纸，具有强烈的时政倾向。它充分运用了当时先进的邮政、电信条件，经常利用电报接收来自国内外的新闻稿件，广泛采纳国内外报刊的最新消息，特别注重对重大社会事件的报道，对于时政新闻，往往采取评论的方式刊登在报纸的显要位置。对于中法战争，该报曾经多次在头版进行评论，如《论俄人助法》[58]、《宜节用以助军饷说》[59]、《论法无能为》[60]，等等，这些文章从不同方面表达了对中法战争局势的强烈关注，并就如何赢得战局的胜利，提出了一系列建议。《述报》对于中法战争期间的新闻报道和评论，占了其版面的三分之二左右，对中法战争的每一个细节都不轻易放过。它所采集的各类新闻，为研究中法战争期间国际国内动态，提供了大量珍贵的历史资料。

《述报》的印刷质量，代表了当时广州出版业的最高水平，它所采用的石印技术，工艺先进，刻工相当精细，呈现出书法上的美感，具有很强的视觉冲击力，大大增强了新闻报道的传播效果。如《基隆再捷图说》一文云："本月初十、十一两日，法人又在基隆开仗，船失三艘，计受中国十一炮。三船

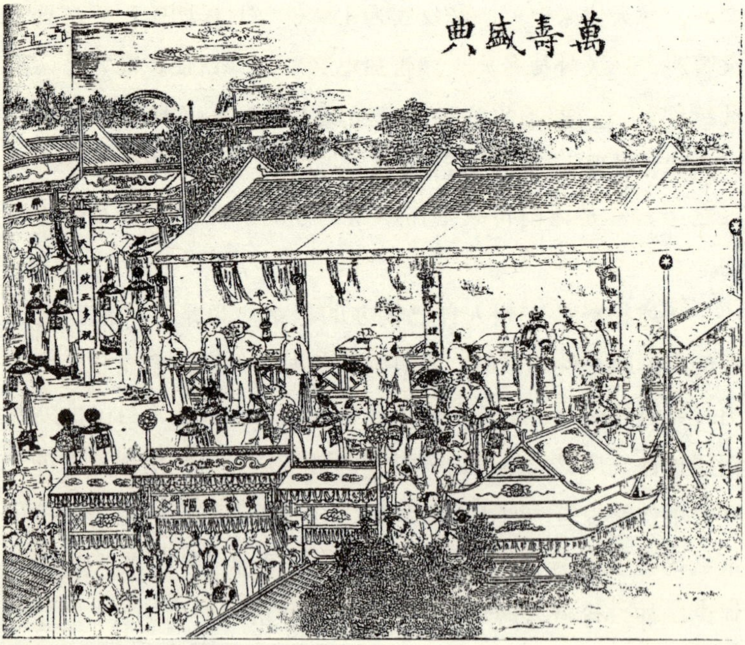

《述报》卷六，第十九页。

均遭伤损，故即退出口外，法兵被击死者十余名，我兵仅伤亡一名”[61]。为了更好地表现这次胜利的意义，该报在文章的上方，以半个版面的篇幅，配以《基隆再捷》画，三艘装备精良的法国兵船正在溃逃，战船上面悬挂着法国国旗，船上却冒出浓烟，显得不堪一击，给读者以兴奋和鼓舞。而在一篇《五代同堂图说》的新闻中，描写了广州西关有一位109岁的老人，“算花甲之寿，几臻两度……其长子已八十有奇，而孙亦六十有奇矣”[62]。为了渲染这位老寿星的生日场景，画师便绘制了《五代同堂》图，图中建筑华美，宾客云集，众子孙后代纷纷向老寿星拜寿，场面极为壮观，表现了社会新闻的趣味性。《述报》还刊登了西方国家教堂、山川、铁路、城堡、桥梁、戏院、铁路等方面的图画，描绘非常精细，以大量篇幅介绍异域风情和西方科技的新成就，为读者了解西方社会提供了很好的材料。

《述报》立足国际国内进行新闻报道，对广东和广州本地动态也颇为关注，特别是结合广州官方及民间对中

中法戰論

法人之無故稱兵也。中朝叠示包容。至萬不得已而始言戰。倘法人稍知大義。顧念前盟。則中朝雖降以相從。亦所弗惜。非苟安怯弱。甘心於外侮之頻仍也。蓋干戈一動。為禍匪輕。小則商務堪虞。大則生民塗炭。兵連禍結。為盛世所不忍言。故屢欲棄甲冑而會衣裳。全二邦輯睦之情。即以釀雨大祥和之氣。故當其尋衅越南之始。明知其憑陵屬国。擾越邊鄙。其背理滅義之為。顯然共見。而入東京。踞順化。鯨吞蚕食。豕突狼奔。意中朝必大興六師。先詰其稱兵之故。乃中国雖調官兵。發戰艦。軍書旁午。羽檄飛馳。初未嘗以出關之師。與法人加遺一矢。北寗退守而後。令李傅相立約于津門。諒山既勝以還。復命曾爵帥議和於滬地。至法人要求無厭。重索賠償。率師旅以襲基隆。調戰船而長驅閩海。民心憤激。咸抱不平。中朝以騎虎勢成。頒諭各直省大臣。與法。開仗。然猶不欲甘居戎首。輕舉干戈。必法人先啟兵端。而後與之鏖戰。則中朝仁至義盡之處。與萬不欲戰之懷。昭

《述报》卷六，第七页。

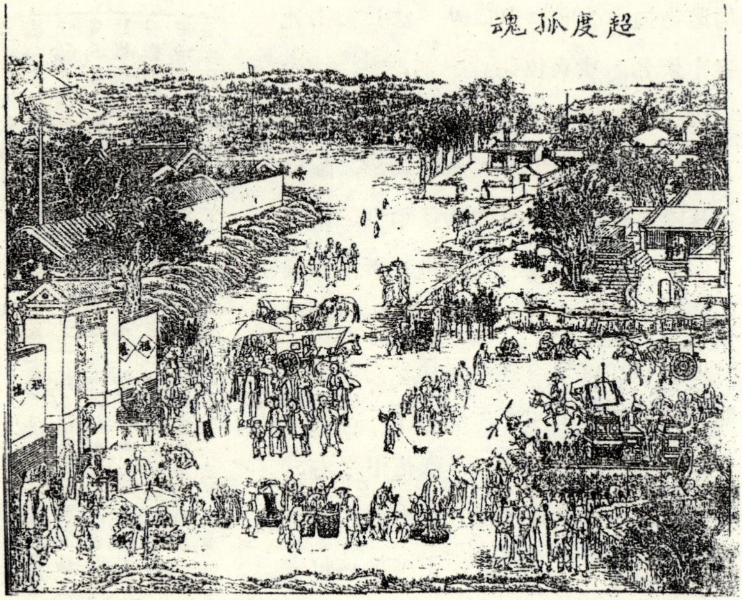

《述报》卷七，第八十七页。

法战争的态度，作了大量报道。如在《论粤人急公好义》一文中，对于中法战争军饷紧缺非常担忧：号召“粤人捐助军饷，以相与维持之力也”[63]。并将旅港粤商捐助军饷数额刊登出来，“南兴隆捐银五十员（元），泰盛、晋丰、有昌、广贞、广安隆各捐三十员（元）……”[64]同时，广东地方政府也发布文告，实行房地产税，以获取资金捐助军饷。规定：“将省城内外及各府州县城市圩镇，不论自住赁居，按户一律抽捐，凡赁居者，照每月租价捐银一个月。”[65]另外，鸦片烟馆也另外增加税金，“每二烟馆按月抽饷一元，藉充军费”[66]。这些重大决策，都由《述报》详加披露。另外，该报还呼吁当地民众注意节俭，要保持民族气节，不要为敌人提供情报、接济等等。这些报道，反映了广州当地在中法战争中的所作所为。

除了战争报道外，《述报》也注重对其他时政和社会新闻的报道，对于清政府的重要示谕，经常加以转载。《述报》善于博采众长，采编和翻译国内外报纸中的重要新闻，力求全面反映国内外大事。《述报》还注意采纳国内各地来稿，建立了广泛的通讯网络，经常采纳上海、天津、北京、福州、香港等地作者的稿件。如《上海邮音》、《台湾再信》、《天津来电》、《福州近事》等文章，都是由外地采编人员供给《述报》的稿件。

憲示照錄

署理兩廣總督部堂山西巡撫部院張　兵部侍郎廣東巡撫部院倪　為法人滋擾。無論海盜重犯。有能自備船砲机器口粮。勦殺法兵。燒毀法船者。除免罪外。仍按賞格給賞保獎。沿海漁户。自備砲船器械。勦殺法兵。燒毀法船者。除按賞格給賞保獎外。成功後。其船炮保給租錢。并補給口粮。船被人打壞者。官照數給價。但不准毀傷別國船。人違者治罪。以上諸色人等。其願立功報効者。可一面預備攻敵。一面自擇頭目人来省城各營報明。以凴查考。現有方鄭兩軍門。鄧副将安邦。吳副将迪文。利副将輝。黃遊擊廷耀。黃遊擊浔勝等營。無論向何營報明。悉聽其便。特示

爵帥抵滬备說

九帥從戎之日。正内地多故之秋。由湘而鄂而江皖。數年拔金陵老巢。崇勳碩望。中外同欽。際此法事齟齬。奉旨特授全權大臣。與法使訂約。日前抵滬。駐節製造局。不數日。内江外海。均駐重兵。不露聲色。而布置已極周密。不獨江南人民倚之如泰岳。即國家任用勳舊。詎不以長城視之歟。

袁浦傳言

上海申報来信云。前月初八日。清江電局。接到總理衙門来電。略謂朝廷以閩省洋面法船出入無常。且船政局關係緊要。必須一知兵大員。至彼經理防務。俾杜法人之倡獗。已於初六日奉旨着漕運總督楊昌濬帶隊刻期赴閩。並令招軍籌餉。妥速擬議。電奏漕憲浔信後。業經函請曾爵帥分撥數營。帶赴閩省。按此事未見

《述报》卷六，第七页。

《述报》还注重对广州民生新闻的报道，如社会弊病、民间纠纷等。赌博在19世纪80年代非常盛行，危害极大。《述报》曾多次予以报道，揭露赌博的危害。如《赌局害人》一文云："前日，有甲乙两宁人，计诱人家子弟某某，在庆云里某妓家为樗蒲戏，某某初不之疑，嗣微觉而输洋银七八十元。始则口角，继而动武，是强者尚敢破其机关，而弱者必至恣其播弄，倾家荡产，直转瞬间耳。"[67] 赌博活动的普及，引起社会有识之士的关注，《述报》就报道了一则民间力量禁赌的新闻：

粤垣自南海县前及十八甫番摊赌馆滋事后，凡属士商人等，均以赌博为害，理宜禁止。十二日出有长

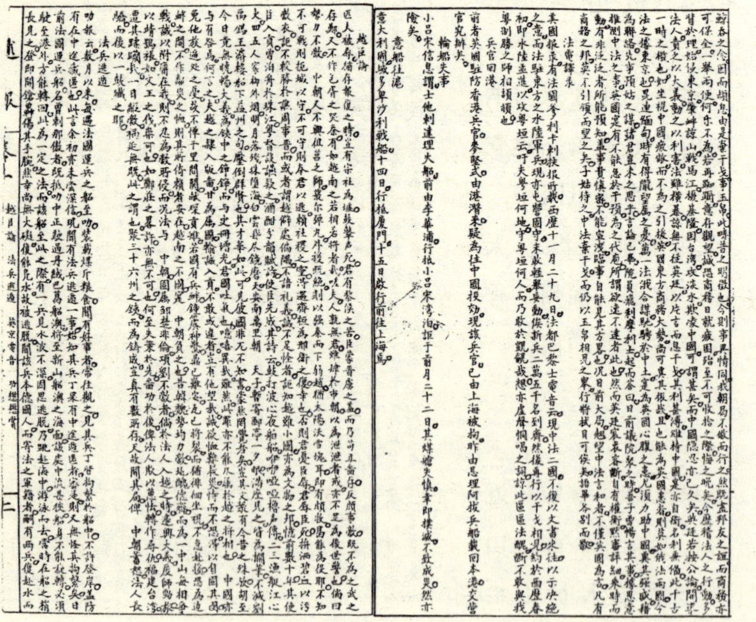

《述报》，1885年1月16日。

红，在城厢内外，沿途遍贴。其略云：公启者，番摊赌博，大为民害，迭奉大宪，严禁不啻。三令五申，该赌匪愍不畏法，旋封旋开。绅等住居省垣，凡有赌匪滋扰地方，理应驱禁。讵料近日赌馆特有包庇，明目张胆，任意开设，横行无忌。此种刁风，断不可长。绅等目击赌害，亟宜严禁，尽将赌馆驱逐，如敢抗违，定即当场拿获赌匪，联禀解案。以杜赌弊，而维风化。[68]

这份民间告示，在民间大量印发，广为传播，指出了官方在禁赌方面收效甚微。其目的是鼓动民众自发起来禁赌，其中重要的措施是地方绅民可以采取人身限制的手段，将赌徒扭送至官府。这对于那些经常出现在民众视野中的赌徒，具有很强的震慑力。发起这场禁赌运动的地方绅士，无疑在民间社会具有较高的威信，同时得到官府的认同。他们在民间社会和官僚体系之间，充当着“社会中介”作用。他们对赌博消费的谴责，影响着周围社群，调动了潜在的舆论和道德力量。在赌博猖獗的晚清社会，具有正义感的绅士，在与邪恶势力的博弈中，扮演着社会良心的角色。

《述报》关注广州社会风俗，对于节庆和礼仪消费问题，也常有报道。如在光绪中期，广州民间在除夕喜欢吃蚬，“相率买供匕箸……人于除夕，莫不买蚬充口腹者几何”[69]。民间将年关吃蚬视为发财的预兆，颇为流行。又如清末广州社会五方杂居，社群中不乏以婚骗财的女子。《述报》就报道了广州一名以卖玉器为生的中年商人被骗婚的遭遇:

甲中年丧偶，独寐寤歌，业经数载。前妻产有一子，约六七岁。甲见嗣续有人，并不再娶。邻居良友因甲年近不惑，孤子形单，屡以续鸾胶相劝，李终弗从。一日，众友凭媒同至某街住宅，观看良妇，盖欲谋娶偏房也。该妇容颇佳丽，特不愿为侧室，只愿做填房。众友笑之曰："此某之福也。"遂偕某往观，某已如意，然狐疑未决。各友言，君之资囊既裕，竟甘为鳏夫也，天作之合，不可违也，某乃许之。……归门之日，老夫得少妇，情倍和谐，而该妇亦善为贡媚，李自续娶后，如获至宝焉。讵意甫越月余，该妇突于某日黄昏时候，即将室中所有席卷潜逃。某人于其室不见其妻，殊为惊骇，遂着人往妇家寻问，亦杳无踪迹。某徒呼荷荷，莫可如何。计费聘金及室中所失财物共银三百余员（元），惟付之流水而已。[70]

可见，在婚姻消费中，由于迎娶者付出的资金颇为可观，一旦被骗，对于受害者带来极大的物质和精神上的损失。而骗婚一事，出现在广州街头的商人中间，颇为奇怪，商人处事一般较为谨慎，然而骗婚女子则技高一筹，制造种种假象获取了商人的信任。此类社会新闻从一个侧面反映了清末广州社会道德伦理的沦丧。

《述报》还重视刊登广告，其告白价格："第一日每字价银四厘，第二日至第七日按日每字价银三厘，第八日起，按日每字价银二厘。不论登报几天，至少以五十字起计，多则以十字递加。图样另议"[71]。其广告定价综合考虑了客户的市场

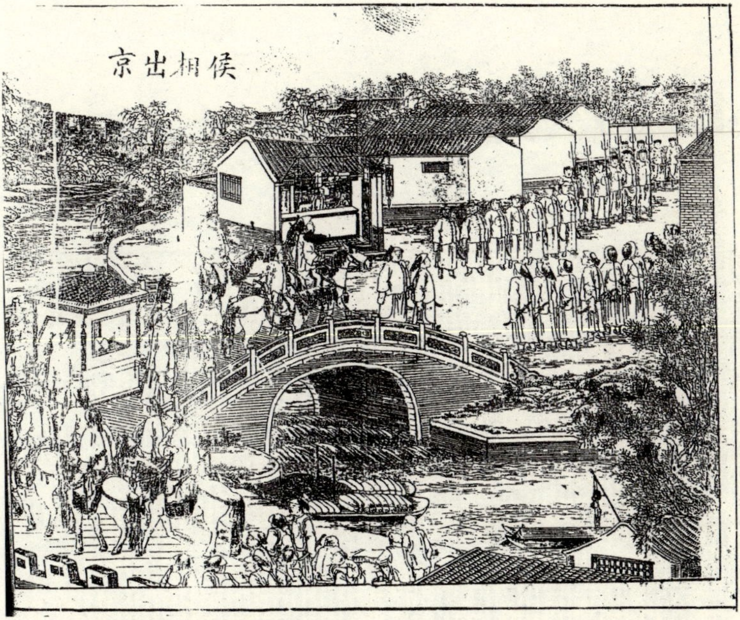

《述报》卷七，第三十五页。

需求，可操作性强。但是在19世纪80年代，一般商家和企业的广告意识不浓，《述报》的广告一般以书籍类为主，如《海墨楼石印书局告白》、《越南今地舆图》、《售书告白》、《轮船告白》等广告，都以较为固定的版式，出现在《述报》1884年每期的广告栏目上。其中书籍广告基本上为海墨楼石印书局所刊登，因为同为一家主顾，刊登广告颇为方便，而且节约费用。其他类型的广告，还不太多见。

4.《广报》

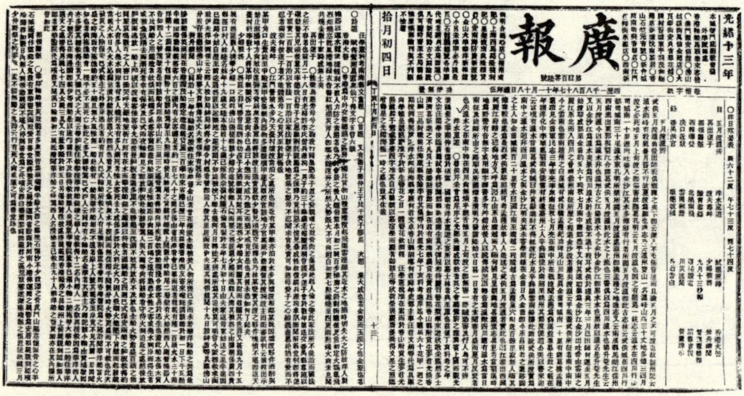
光緒十三年
廣報
拾月初四日

《广报》，1887年11月18日。

在《述报》停刊一年多以后，1886年6月24日，广州诞生了第二家中文日报——《广报》。其创办人为邝其照，他早年留学英国，精通英文，旧学功底扎实，多年参与洋务运动，担任过上海《汇报》等三家报纸的主办人。邝其照编译了《华英字典》、《英文成语字典》等多部著作，对中西文化交流产生了积极影响，是当时报界的文化名人。曾先后担任《广报》主笔的有吴大猷、林翰瀛、肖竹朋、罗佩琼、劳宝胜、武子韬等人。《广报》是当时国内较早采用铅字印刷的报纸，每期两张。《广报》报头非常显眼，第一版主要刊登时事评论和广东新闻，其中广州本地新闻占有很大的分量，第二版主要是中西新闻、宫门抄、辕门抄、省城货价行情。新闻占据三分之二版面，信息量很大，且印刷出版的速度较快。其告白称：“本局所出报章，凡本城地方，向例皆即日派到，以供快览。如即日未有报送到者，即是派报人之误”〔72〕。日报的时效性可见一斑。

《广报》主要面向广东，以广州地区为主，在国内其他城市也有发售，除了省内佛山、香山、新会外，还在上海、福州等地设有销售点。19世纪80年代，大量粤人在东南亚一带经商或务农。海外粤人对家乡情况非常关注，需要通过媒介了解广东近况。而《广报》所刊登的广东和广州新闻，为海外游子提供了大量感兴趣的信息。其在海外华语世界的影响不断扩大，海外发行市场也渐具规模。主要发行点有：“星架波（即新加坡）南兴隆杂货行、安南海防广新源号、金山大埠华洋新报馆、小吕宋埠甲必丹陈最良”〔73〕，等等。可见，《广报》在海外具有较高的知名度。

《广报》的创办人邝其照视野开阔，非常关注中外要闻和时政大事，基本上每期都会在显要位置刊登一篇评论稿，文章长度一般为1000字至1500字。这些评论选题新颖，注重结合国内外形势，大胆发表见解，启发读者思考时政问题，并不拘一格选用作者来稿，如《大局论》、《台防说略》、《论商务宜重》、《论乡约宜重》等文章，颇有气势。在《论商务宜重》一文中，作者列举了历代商业政策的变化，指出“古人恐民逐，故于商务未尝特重”。作者批驳了重农论，认为应该充分利用中外通商机会，“商尤不可轻视，况各国交相征利，正宜诱以商贾。使民知制造之多，种植之广。我既有余，便可以获利于人，而不失有人、有土、有财”[74]。针对中国商务被外国人剥夺的情况，作者认为要充分调动国内人力、物力，以有余补不足，特别要注重对边远地区的商务开发，将自然资源优势转变为商业优势。最后，作者提出，“非商贸则贸迁终无所得，而工农亦困”[75]。这类具有很强现实意义的评论，经常出现在《广报》的头版。

《广报》的采编人员多数来自广州本地，他们经常深入大街小巷采写新闻，这与鸦片战争前的广州报刊通过间接途径获取新闻有着很大不同。《广报》注意刊登本地新闻，如1887年11月18日的本地新闻主要有《再出逆子》、《渡夫寻衅》、《少妇被拐》、《焚舟续闻》、《招领归骸》等，又如1887年12月2日的本地新闻主要有《羊城天气》、《路旁诞子》、《轮船失事》、《失火即熄》、《严缉盗匪》、《过客何辜》、《鱼毒毙命》、《时症志闻》、《战舰进口》、《少尼私产》等。本地新闻取材十分广泛，既有本地重大社会新闻，又有日常生活中的奇闻趣事，特别是注重色情、抢劫、盗窃、赌博、灾害等方面报道，在行文上以短小精悍见长，颇有趣味。如《抢案述闻》报道：“昨初七日辰（晨）七点余钟，太平门内大新街和宁里之利生祥玉器店，突被三人呼门入内。藉店伙疏防之际，抢去钱物而逃，追捕莫及。经地保禀报南海署，由捕厅前往复勘明白，勒缉在案矣。”[76]此类新闻，言简意赅，且能够体现突发新闻事件的特色。有时还加以简短的议论，表明作者的见解，如《洋药瞒税》一文，作者开始评述道：“洋药之税，有定章矣。漏税之禁，亦綦严矣。”然后列举了一些不法分子走私鸦片，偷税漏税的现象，“本月初一晚，城外某街某栈，有客到歇，其行李内有竹篓一具，不知其何物也。至二鼓时，有勇到该栈查私，将该客连赃并人均获之。启其篓，乃烟土也。遂执之而去。”作者接着评论道：“夫漏税之弊，而一经发觉，货物充公，百罚不能偿。即从前之幸脱，纵多不足以补其一失，亦何乐而为之哉？”〔77〕这篇新闻全文仅158字，却紧扣当时走私鸦片的重大问题，对偷税问题予以谴责，并指出其潜在的后果，具有一定警示作用。

《广报》的创办人邝其照善于博采众长，借鉴《汇报》、《申报》的办报经验，将国内重大政治新闻和重要政令，放在第二版上，同时留心地方政治，对于地方官员发布的各类公告、命令，也加以转载，以便让读者知悉省内外的政治动态。如1887年11月18日的《广报》，就刊登了《学宪牌示》、《番禺正堂杨》、《东莞三水县拨补》、《汪学宪科考取录》等省内时政要闻。同时，该报具有重视译录西方报刊的传统，对于西方国家发生的重大事件给予转载，《西报译登》是一个常设栏目，所转载的文章涉及西方政治、经济、文化和社会新闻等各方面的内容。《广报》注意转载国内各地新闻，对香港、台湾、澳门

光緒十三年
廣報
拾月三拾日

《广报》，1887年12月14日。

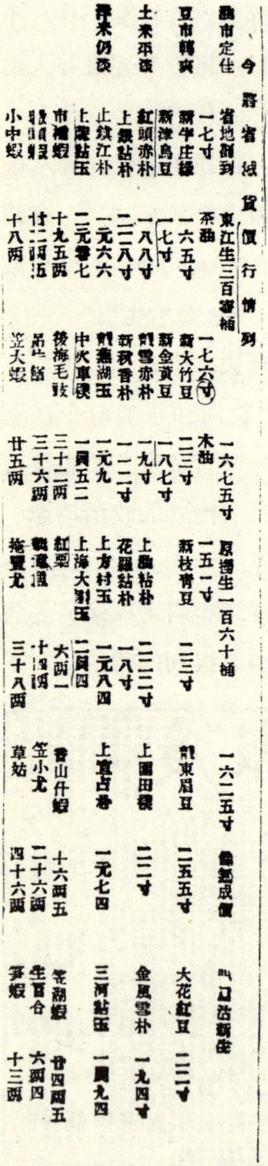

今將省城貨價行情列

麵市定佳

豆市轉爽

土米平淡

洋米仍淡

《广报》，1887年11月18日。

的社会新闻尤其重视，几乎每期都有相关新闻。另外，《广报》对上海、天津、北京、浙江、福建、湖南等地的新闻，报道也较多。尽管《广报》每期仅两张，但内容较为丰富，体现了新闻报道方面的长足进步。

《广报》创办之际，广州的商业经济已经基本上摆脱了两次鸦片战争以来的颓势。各类生丝、厂丝大量出口，极大地促进了珠江三角洲地区农业商业化的发展，以及近代民用工业的繁荣。1884年至1885年，广州口岸共出口2218包厂丝去伦敦，出口5973包缫丝到欧洲大陆，出口3412包经丝去美国，出口2006包长丝到印度〔78〕。由于国际市场对蚕丝的大量需求，丝价不断提高，一般每担在400至500元之间。丝属于初级加工品，特别是机器缫丝的大量出口，使产品的附加值大为提高。以丝为主要产业的加工业在广州不断发展，直接带动城市相关产业发展，特别是商业、饮食服务业等发展迅速，广州城市的消费型特色进一步显现。新兴的商人阶层和大量流动人口，对于商品信息非常敏感，迫切需要通过便捷的途径，获取相关的市场信息。《广报》作为广州最具影响力的媒介，自然注意到民众对商品信息的渴求，为了更好地向读者报道广州市场动态，《广报》每期都有一个固定栏目，就是《省城货价行情》。此类栏目，早在鸦片战争之前，传教士在广州创办的《东西洋考每月统记传》、《广州纪录报》等报纸中也时有所见。但是这些报纸的市价行情，主要以刊登进口商品的价格行情为主，且内容较为简单，对于广州本地日常用品并没有作详细分析。《广报》的货价行情，立足于日常消费品价格的报道，特别是对米价、油价、豆价、水产品的分析。现将《广报》1887年12月9日公布的米价列表如下：

表3－1：1887年12月9日广州米价行情　　单位：担/元

品种	价格	品种	价格	品种	价格
红豆赤朴	1.7	靓雪赤朴	1.9	上油粘朴	2.22
上围田朴	2.2	金凤雪朴	1.94	上银粘朴	2.28
新秋香朴	1.12	花罗粘朴	1.8	上镇江朴	1.66
靓芜湖朴	1.9	上方村玉	1.84	上宣占朴	1.74
三河粘玉	1.94	上麻粘玉	2.07	中火车朴	1.54

可见，《广报》所刊登的货价行情，涉及日常消费品及其价格，有助于读者了解市场行情。由于《广报》每期都刊出市场行情，读者可以动态地了解广州一个阶段以来物价的变动情况，为日常消费提供参考，也为各类投资者和商人提供商业信息。这类看似枯燥的数字，隐含着重要的商业价值。

随着声誉不断提高，《广报》的广告分量也明显加大。

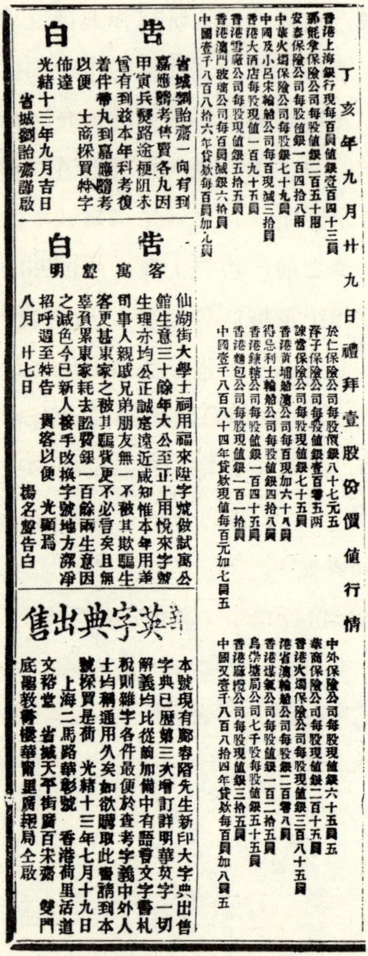
丁亥年九月廿九日禮拜壹股份價值行情

香港上海銀行現每百員值銀壹百四十三員
鄢甝拿保險公司每股值銀二百五十兩
安泰保險公司每股值銀一百四拾八兩
中華火燭保險公司每股銀七十九員
中國及小呂宋輪船公司每百現減三拾員
香港大酒店每股現值一百九十五員
香港雪廠公司每股現值銀五拾五員
香港澳門玻璃公司每百員減銀六拾員
中國壹千八百八拾六年貸欵每百員加九員

於仁保險公司每股價銀八十七元五
孖子保險公司每股值銀壹百零五两
諫當保險公司每股現值銀七十五員
香港黃埔船澳公司每百現加六十八員
得忌利士輪船公司每股值銀四拾八員
香港鍊糖公司每股值銀一百四十五員
香港麵包公司每股現值銀一百一拾員
中國壹千八百八十四年貸欵現值每百元加七員五

中外保險公司每股現值銀六十五員五
華商保險公司每股現值銀二百十五員
香港火燭保險公司每股現值銀三百八十五員
港省澳輪船公司每股銀二百零八員
香港㘴氣公司每股值銀一百二拾五員
烏崇塘局公司七千股每股值銀五十五員
香港廠股公司每股現值銀三拾五員
中國又壹千八百八拾四年貸欵每百員加八員五

告白

省城劉詒齋一向有到嘉應贈考售賣各丸因甲寅兵變路途梗阻未嘗有到茲本年科考復着件帶丸到嘉應贈考以便士商採買特字佈達

光緒十三年九月吉日
省城劉詒齋謹啟

告白
客寓盤明

仙湖街大學士祠用福來陞字號做試寓公館生意三十餘年大公至正上用悅來字號生理亦均公正誠寔遠近咸知惟本年用著司事人親戚兄弟朋友無一不被其欺騙生客更甚東家之被其騙貲更不必言矣且無辜負累東家耗去訟費銀一百餘兩生意因之減色今已新人接手改換字號地方深凈招呼週至特告 貴客以便 光顧焉

八月廿七日 揚名盤告白

英字典出售

本號現有鄺容階先生新印大字典出售字典已歷第三次增訂詳明華英字一切解義均比從前加備中有語言文字書札稅則雜字各件最便於查考字義中外人士均稱通用久矣如欲購取此書請到本號採買是荷 光緒十三年七月十九日

上海二馬路華彰號 香港荷里活道文裕堂 省城天平街廣百宋齋 雙門底聖教書樓華甯里廣報局仝啟

《广报》，1887年12月9日。

广告版面根据内容的需要进行调整，如1887年11月的广告，内容较少，但几则广告都具有鲜明特色。以11月15日的几则广告为例。第一则是《股份价值行情》，这是香港等地的银行、保险公司和其他股份公司的股价行情的最新告示，为广大投资者提供真实可靠的一手资讯。其广告云："香港上海银行现每百员（元）值银一百四十三员（元），于仁保险公司每股价银八十七元五，中外保险公司每股现值银六十五员（元）五……"[79] 这里共列举了25家公司的股份价值，这类股份行情，与货价行情有着较大区别，其阅读对象一般是投资者，信息指向十分明确。刊登此类信息，对于扩大报纸的发行量，有着一定的促进作用。第二则是药店的推销广告。第三则是一家旅店的广告，在之前的广州报纸广告中，从来没有出现过旅店广告，它反映出当时广告业务已拓展到服务业。该广告称："仙湖街大学士祠，用福来升号作试寓公馆生意，三十余年，大公至正，上用悦来字号，生理亦均，公正诚实，远近咸知。惟本年用差司事人，亲戚、兄弟、朋友无一不被其欺骗，生客更甚，东家之被其骗资更不必言矣。且无辜负累东家耗去讼费一百余两。生意因之减色。今已新人接手，改换字号，地方干净，招呼周至，特告贵客，以便光顾焉。"〔80〕可见，这家旅店刊登广告的用意比较明确，就是要消除原有品牌的不良影响，以新的形象引起广大顾客的注意。《广报》还利用主顾之便，推销其创办人邝其照编译的《华英字典》，其广告云："字典已历经第三次增订，详明华英字，一切解义均比从前加备。中有语言、文字、书札、税则、杂字各件，最便于查考字义。中外人士均称通用久矣。"〔81〕与《述报》一样，《广报》也依托书局印刷，为创办者做义务广告，是理所当然的事情。

从总体上看，《广报》仍然是以新闻报道为主，它从1886年开始创立，迅速成为当时具有较大影响的报纸，乃至学界曾一度将《广报》视为19世纪80年代广州唯一的报纸，而遗忘了《述报》的存在。其重要原因是它一直连续出版至1891年，在此以前的广州中文报刊，很难有如此长的时间跨度。但是，1891年，《广报》因刊登某大员被参新闻，触怒两广总督李瀚章，被下令封禁，遂被迫改头换面，另用他名出版，连续出版5年的《广报》自此在报界消失了。

5.《岭南日报》

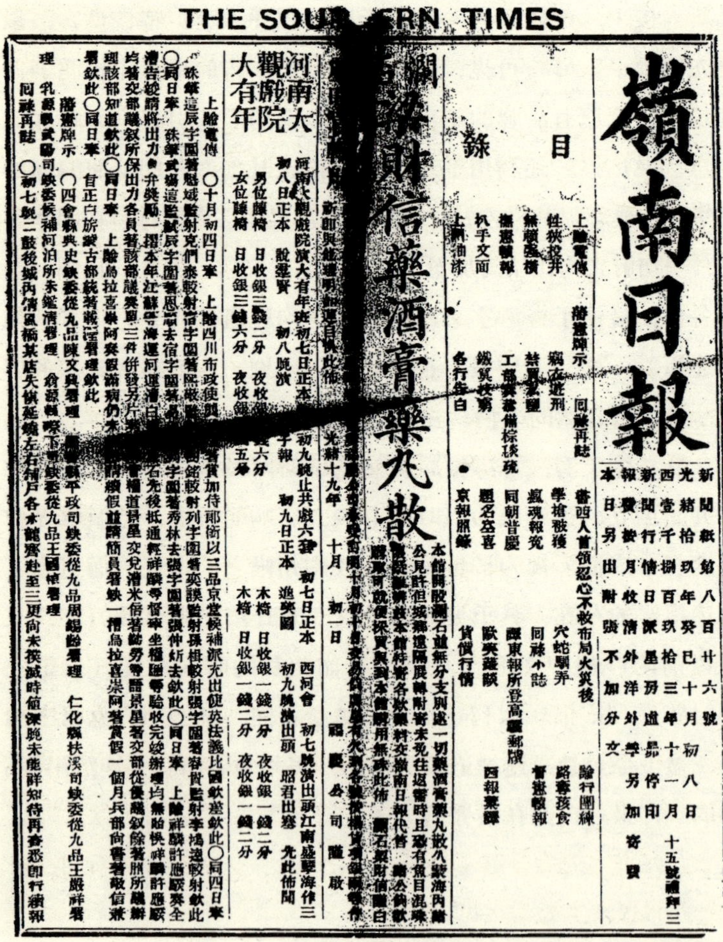
THE SOUTHERN TIMES

嶺南日報

新聞紙第八百廿六號

光緒拾玖年癸巳十月初八日

西壹千捌百玖拾三年十一月十五號禮拜三

新聞行情日派星期停印

報費按月收清外洋外埠另加寄費

本日另出附張不加分文

目錄

上諭電傳　潘憲牌示　同籙再誌　番西人首領忍心不救布局火災後　論行團練

京報照錄

各行告白

貨價行情

本館開設…切藥酒膏藥丸散…

濟安財信藥酒膏藥丸散

河南大觀戲院大有年

上諭電傳

《岭南日报》，1893年11月15日。

《广报》停刊后，光绪十七年（1891年），《岭南日报》创刊，由劳保胜、武子韬组织，朱鹤担任主笔，于光绪二十三年（1897年）停刊。

《岭南日报》在编排方式上，与广州以前发行的报纸有很大区别。其报头采用横排的方式，有英文报名“THE SOUTHERN TIMES”，现存的新闻纸第826号，系1893年11月15日出版，其篇目为：《上谕电传》、《藩宪牌示》、《回禄再志》、《书西人首领忍心不救布局火灾后》、《论行团练》、《性狭投井》、《窃衣游行》、《学抢被获》、《穴蛇驯弄》、《路夺孩食》、《无赖强横》、《禁买私盐》、《疯魂报冤》、《同禄小志》、《督宪辕报》、《抚宪辕报》、《公部奏恭备棕毯疏》、《同朝普庆》、《译东报所登〈高骊邮牍〉》、《扒手文面》、《铁算技穷》、《题名空喜》、《欧美丛谈》、《西报汇译》、《上门油漆》、《各行告白》、《京报照录》、《货价行情》[82]。在内容编排上，《岭南日报》注意突出新闻特色。新闻头条一般是“上谕”，从而突出政治新闻的重要性。《岭南日报》时政评论较少，且篇幅较短，而地方新闻所占比例更多，其新闻题材也以民众日常生活感兴趣的话题为主，讲究时效性和趣味性。如在一篇《奸情可哂》的新闻中，指出“疍女借果卖为名，从中勾引少年，最为风俗之坏”，然后列举城内客店和烟馆里的疍女暗中卖淫现象，描写仙湖街某客寓，有疍女与李某调情，同寓曾某亦与该疍女相好，“在旁观之，不禁生妒，与李争闹，竟欲挥以老拳，同寓人力为排解，逐疍女去之”[83]。此类市井新闻，在《岭南日报》上颇为常见。

《岭南日报》在商业化运作方面，有着明显特色，第一版全部用于刊登广告，体现了其广告营销策略方面的大胆突破。在此以前，广州其他报纸尚未有如此举措。《岭南日报》如此重视商业广告，与19世纪90年代广州经济进一步发展有着密切联系，尤其是机器缫丝业为广州经济带来了巨大的转机，使广州的社会结构和消费水平发生了深刻变化。新的专业农民、工人、城市雇工、民族资本家等社会阶层，改变了传统的阶层划分。外贸收入，成为广州保持较高消费水平的重要经济来源。为生产和生活服务的各行各业，特别是不断增多的商业店铺，扩大了消费市场的网络体系，金融业作为提供新式丝厂和农民扩大再生产的借贷机构，获得了广阔的生存空间，城乡经济融为一体，城乡之间的社会流动大大增多。《岭南日报》的广告，在某种程度上反映了商业的变化态势，与《广报》相比，《岭南日报》涉及的广告类型更多，除了药品广告占据重要版面外，其他一些类型的广告也纷纷亮相。如一些戏院在该报头版刊登票价及剧目广告，乃是报纸广告业的新现象。在清末传播媒介较为落后和单一的情况下，报纸作为大众媒介的传播优势是独一无二的。戏院老板非常重视在报纸上作剧目的宣传。一些戏院定期在广州当地报纸的显要位置刊登最近将要出演的剧目，使戏迷能够及时了

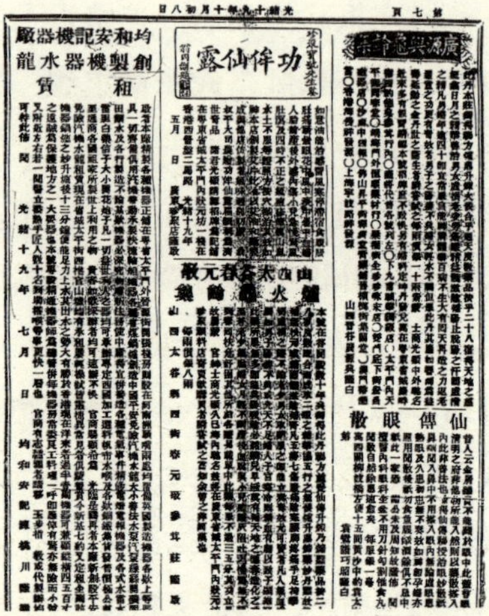
第七頁
光緒十九年十月初八日
均和安記機器廠
創製機器水龍
租 賃
功倖仙露
仙傳眼散

《岭南日报》，1893年11月15日。

解到演出市场的信息，选择自己喜爱的节目。这种提前公布剧目，较为主动地争取到潜在观众的做法，是戏院经营者的重要广告营销手段。一些戏院利用天时地利之便，在报纸上展开宣传攻势。如位于珠江河南的大观戏院，在1893年11月的《岭南日报》上作宣传：“初七日正本，演至初九，共戏六套，初七正本西河会，初七晚演出头江南盛……初八日正本说群贤。”同时，戏院还在广告中定期公布票价，以供不同类型的消费者选择：“男位：藤椅，日收银三钱二分，夜收银三钱六分，木椅，日收银一钱二分，夜收银一钱二分；女位：藤椅，日收钱三钱六分，夜收钱四钱五分，木椅，日收钱一钱二分，夜收钱一钱二分”〔84〕。这种根据座位、时段、男女性别等划分的票价，适应了不同类型消费者的需求。

《岭南日报》的广告还体现了当时民用工业发展的成就。洋务运动后，广州大工业由于缺乏清政府的支持，发展较为滞后。但是，适应民众日常消费额的民用工业却在19世纪90年代后得到快速发展，这些民用工业，一般规模不大，但采用西方先进工艺技术，产品价格较为适中，颇受民众欢迎。为了拓展市场，许多作坊和店铺在报纸上刊登广告，大力推销其产品。如《始创上门油漆行》、《广聚元精造各款皮箱》、《均和安记机器厂创制机器水龙租赁》等广告，反映了新兴行业开始走向市场，进入民众的日常生活。又如西关一家名为大兴隆的店铺，使用缝纫机车衣服，并兼卖各类洋货，其广告称：“专办家用车唐洋衣服、廉幔蚊帐及纱线绸绉、单夹各衣……兼有上好花布、绉布、夹边巾、毛巾、洋遮……”〔85〕商业店铺在报纸上推销商品，成为19世纪90年代报纸广告的新趋势。

6.《中西日报》

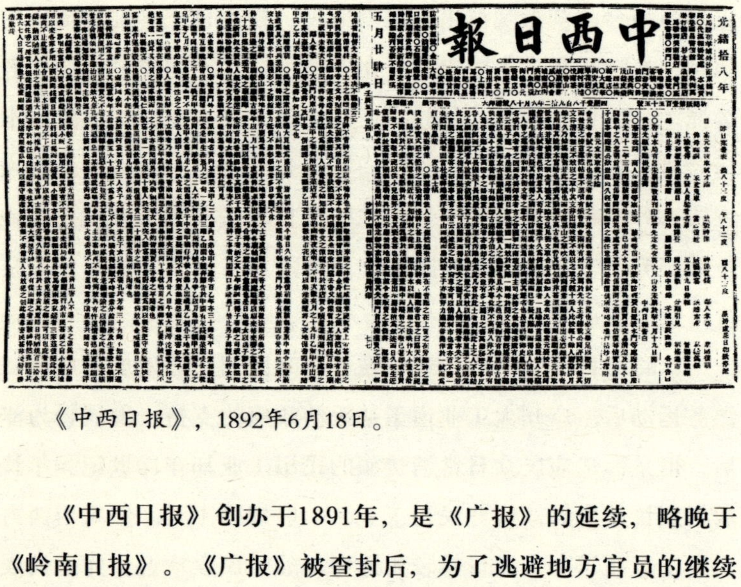

光緒拾八年

中西日報

CHUNG HSI YET PAO.

五月廿肆日

《中西日报》，1892年6月18日。

《中西日报》创办于1891年，是《广报》的延续，略晚于《岭南日报》。《广报》被查封后，为了逃避地方官员的继续封禁，原《广报》的一班人马将报馆搬到沙面一带，请英国商人必文出面办理，邝其照仍然是主办人，其报头为横排，下面印有“CHUNG HSI YBT PAO”字样，由巴都耶印务局刊印，报馆设在沙面东桥西路，发行代理处与《广报》大体一致。《中西日报》继承了《广报》的各项权益，其1892年的广告称：“各客年前所欠《广报》局账及《广报》局欠，各家账项，俱项与本局代收代还，业经于二月中旬登期告白交易清楚。如有欠到《广报》局账项者，请即惠赐本局。”[86] 但是，《中西日报》成立后的业务，与《广报》无涉，“本公司自招股份，开设中西日报局，所有各友经给有票部为据。日后生意兴隆，与广报局无涉”[87]。可见，《中西日报》是从《广报》脱胎而来。

《中西日报》在版式和内容上与《广报》颇为相似。但《中西日报》在正文之前，往往有两则告白性质的告示，如1892年7月2日的目录后，就登有两则告示，一则是征收闱姓规费的告示，另一则是出售邝其照所编写的华英书籍的广告。在新闻的编排上，头条一般是时评，或者是重大政治新闻。如1892年6月16日的头条是《补录壬辰科分甲同榜题名录》，刊出当年科举考试全部中榜进士的名单及籍贯。稍后的6月18日，便结合科举考试，刊登一篇《案元宜拔取真才论》。案元是府县科考第一名的别称，论者认为，选拔案元，要考察考生各方面的才能，杜绝各种人情关系和贿赂之风，“主试者固当杜绝弊端，使浮言无由而起，而应试诸士子，亦惟努力进取，毋侥幸于一试，而为奸人所愚哉”[88]。此类评述，往往能够切中时弊，具有较强的说服力。

《中西日报》的新闻，以广州为中心，也关注佛山、南海、肇庆等地的奇闻趣事，内容多为社会风俗、盗窃打斗、社会绯闻、赌博嫖娼、突发事件，等等。如1892年6月10日的新闻主要有：《论怪石》、《观射被伤》、《死有余荣》、《抢赌狡脱》、《盗窃频仍》、《加赏缉盗》、《戏谑肇祸》、《吞铁验方》、《税嘻致毙》、《上论电传》、《五月初一日钞报》、《都抚宪辕录报》、《西报译录》、《礼闱绪语》、《松江尺素》、《严禁拐贩》、《灵辆抵沪》、《苛例终行》、《各行告白》[89]，等等。每期刊发的文章数量较多，根据新闻本身的特色，确定篇幅的长短，短的新闻，仅几十字。如《戏院滋闹》一文云：“南关同乐戏院，月之初六晚，有数人不买座位凭票，硬入观剧，为门者所阻，因而角口遂至，滋闹用武。院中观剧者惊惶奔避，迨后院中人将两人殴获，解番禺县宪惩究提讯。供称为某营兵丁，因闻有匪徒在院观剧，故入院捕之，非图观剧也。其是与非，执想法者，自有定断也”[90]。提倡简约、生动，是《中西日报》新闻栏目的主要特色。新闻的趣味性，提高了传播效果，也符合报纸进行市场推广的需要。19世纪90年代的报纸，普遍注意民生新闻，与19世纪80年代出版的《述报》相比，在新闻内容和形式上，已经有了明显的区别，民生新闻所占比例较高。

《中西日报》与《岭南日报》为当时广州市场上两家颇有影响的报纸，且形式有相似之处。为了提高竞争力，两报都注意采写独家新闻，特别注意派记者深入街头了解民众生活动态，采写一些突发新闻事件，拉近与普通读者之间的“阅读”距离。与《申报》等全国性大报不同，两家报纸主要面向广东地区，部分发行到香港、澳门和东南亚，许多海外华人读者具有岭南文化背景，这使报纸进一步突出地域特色，以地方新闻获取读者的注意力，提高发行量。当然，两家报纸也注意转载国际国内新闻，但此类新闻在传播效果上，显然不如本地新闻。

《中西日报》的广告内容，与《岭南日报》基本上没有重复。在广告类别上，它涉及面更广，如书院课榜、道观告白、招生广告、书籍广告、迁铺广告、欠款声明、戏院广告、租房广告、商品拍卖广告、茶楼酒楼广告等等，涉及文教、商业、餐饮、娱乐业等各个行业，其广告涉及面之广、内容之多，大大超过《岭南日报》。其中相当部分广告，为其他报纸所罕见。如茶楼酒楼广告，之前很少在报纸上见到。但是到了19世纪90年代初，一些茶楼酒楼受香港、澳门饮食业刊登广告的启发，在茶楼酒楼竞争加剧的状况下，通过报纸广告提高知名度、招徕生意。与传统的招牌广告比较，报纸广告传播范围、速度都有明显优势。如经常在《中西日报》上刊登广告的天元茶楼，通过“证伪”达到提高知名度的目的。其广告称：“本店专办奇雅蜜饯糖果，及龙凤礼饼、中秋月饼，皆务求其真价必算其实。已蒙远近光顾者时向赞赏，谓粤省中糖果茶饼以小店为最。所以开张以来，日月虽浅，而遐迩驰名。香港各庄着办糖果不下数千之多矣。不料近有垄断者流或假冒本店，伪称本店分枝（支），遍向香港各庄接货，以搀渔利，此等影射，无耻实甚”〔91〕。针对这种假冒盛行的局面，茶楼为了维护自己的声誉，必须采取积极的应对措施，防止恶意侵犯造成的负面影响继续扩大。针对一些投机分子假冒天元茶楼的图章骗取顾客的信任的行为，天元茶楼采取了两项措施：第一，加强直销，希望顾客不要通过中介机构订货，“嗣后贵客光顾，欲在本店定办糖果礼饼等物，请函知第八甫本店照办。”这样，可以直接将所订货物送到顾客手中，或者顾客亲自前来取货，以免鱼目混珠。第二，针对一些投机分子假制天元茶楼图章的行为，店家告知顾客不要轻易相信，“务要着伴送到本店账房内盖回图章，方不致有误。”这样，使天元的特色品种不至于被大量仿制而失去市场和顾客的信赖。这说明清末的一些茶楼在维护自身权益和加强与消费者之间的沟通方面，积累了相当丰富的经验。

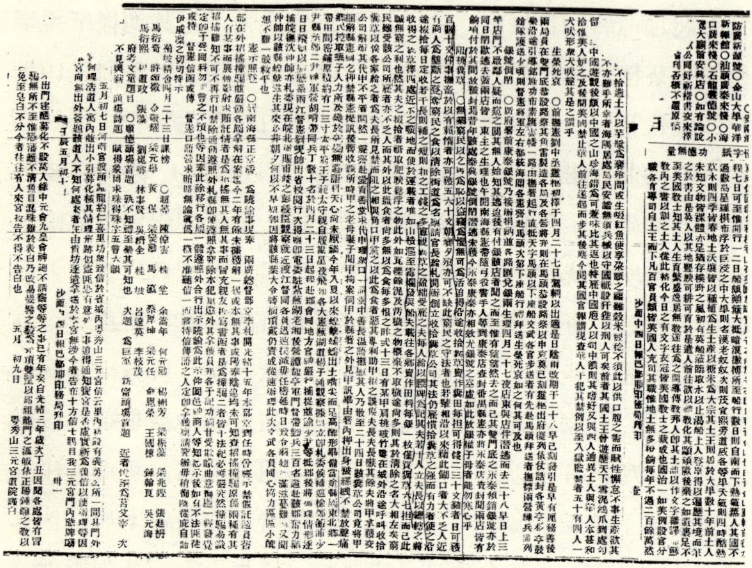

《中西日报》，1892年6月12日。

随着清末广州工商业的发达，各式酒楼纷纷设立，一些酒楼为了招徕生意，也在发行量较大的《中西日报》上进行广告宣传。如当时著名的怡珍酒馆，“开设已有数十年”，历经变故，“今仍在故址重建”，利用开业之机，刊登广告云：“楼上厅房布置甚佳，已于本年四月十五日开张。大小满汉，而外有堂小酌。山珍备蓄，海错纷陈。酒旨肴嘉，咸擅易牙之技；价廉货美，洵称适口之宜。故凡仕官绅商到滋欢叙者，无不意悦情怡。”[92]这是广州报纸广告中较早涉及的酒楼广告，它注意突出其烹调方面的特长，为后来的酒楼广告提供了一个“样本”。

值得注意的是，《中西日报》曾以《中西报》之名发行。1895年6月3日的《中西报》，其版式与《中西日报》相同，且其英文译名与《中西日报》一致，注明中西日报馆刊印，说明是同一日报。但报馆设在羊城西门内将军署前朝天街，报馆地址已发生变动，发行处也发生较大变化，许多为新设立的代理处，其新闻编排也有所区别，在头条论说篇之后，以“本省新闻”为栏目报道省内新闻，而翻译西报的文章则较为少见，报纸立足省内的定位较为明确。

《中西日报》在传播新思想方面亦有贡献，在维新运动中，其论说切中时弊，具有一定影响。1900年，该报因登载义和团获胜，八国联军败绩事，被帝国主义迫粤当道查禁[93]。同年，《中西日报》改名为《越峤纪闻》，继续出版了一段时间。

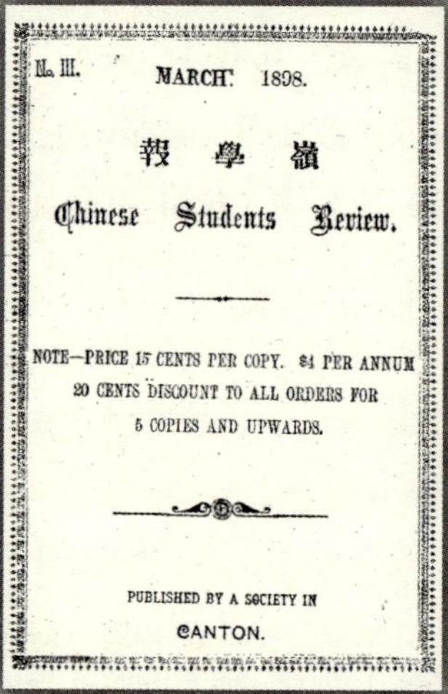
No. III. MARCH. 1898.

嶺學報

Chinese Students Review.

NOTE—PRICE 15 CENTS PER COPY. $4 PER ANNUM
20 CENTS DISCOUNT TO ALL ORDERS FOR
5 COPIES AND UPWARDS.

PUBLISHED BY A SOCIETY IN
CANTON.

第四章 维新之际

自中日甲午海战后，中国的内忧外患更为严重。许多有识之士认识到，仅仅引进西方先进技术，开展“洋务运动”，并不能使中国强大起来。中国与西方的差距，不仅表现在工业化水平的低下，更表现为制度和意识形态上的落后。要改变中国积贫积弱的局面，必须在现有的制度框架内，依靠统治者的强力支持，进行自上而下的政治改良，并借鉴西方先进经验，扭转落后挨打的局面，这是康有为、梁启超等维新领袖的强烈愿望。广东是康梁的故乡，对外开放时间最长，受西方思想影响最深，广州则是引进和传播西方思潮的桥头堡，历来为岭南文化的中心，是康梁早期传播西学的基地，也是近代中国革命的策源地，在创办报刊、组织团体、开展变法等方面，表现极为活跃，在1898年前后的维新运动中，表现尤为瞩目。

在康梁发动维新运动前后，广州的开明人士对于报刊的传播作用非常重视。广州报业经过70多年的发展，形成了较为鲜明的地域特色。在维新运动中，维新派充分利用报纸的喉舌作用，以开启文明之风，推广西方见闻、传播西方文化。在维新派的大力倡导下，一些开明官绅、商人也纷纷加入到办报的行列中。在维新思想的影响下，这一时期广州地区共创办了《岭学报》、《岭海报》、《博闻报》、《广智报》等报刊。这些报刊在形式和内容上与原来的“新闻纸”有着很大不同，在宣传救国救民思想、传播西学、表达政治主张方面的倾向比较强烈，这些报刊具有浓厚的政治色彩，体现了新兴民族资产阶级的时代要求。而原来广州报刊所倡导的地方新闻，则退居其次，这类具有浓重时代背景的报刊，在广州报刊业发展史上占有重要地位。

但是，维新运动毕竟只持续了三个多月，1898年以后，具有进步思想的报刊受到官方的严厉审查，一些报刊为了生存，不得不更改栏目，远离政治话题。报刊为了在商业社会生存，必须回归市场，通过扩大发行量、适应民众的阅读趣味来提高竞争力。维新运动中所持有的独立精神，很快被商业文化环境所融化。如《安雅书局世说编》等报纸，虽一度倾向进步，追求改良，但在后来的办报方针中，逐步变得稳健，不再强调政治风格，各类评论较为谨慎，对于休闲消遣的小说、风月故事、小品、粤讴却颇有兴趣，在传播通俗文化、反映民众生活方面，与19世纪80年代的报纸比较，有着明显区别。

1.《岭学报》

No. III. MARCH 1898.

嶺學報

Chinese Students Review.

NOTE—PRICE 15 CENTS PER COPY. $4 PER ANNUM
20 CENTS DISCOUNT TO ALL ORDERS FOR
5 COPIES AND UPWARDS.

PUBLISHED BY A SOCIETY IN
CANTON.

《岭学报》，1898年第3期。

《岭学报》创刊于1898年2月10日，时值维新变法运动风起云涌之际，其主笔为朱菉荪、康伟奇、谭汝俭等人。《岭学报》每月一期，报头附印英文（CHINESE STUDENTS REVIEW），下方标注出版者（PUBLISHED BY A SOCIETY IN CANTON）。《岭学报》得到了一些广东籍官绅的大力支持，这些人深受维新思想的影响，主张变法图新，与康梁在北京的宣传活动遥相呼应。《岭学报》创立之时，得到28位官绅的捐款资助，总额达到银1.2万两，其中，“黎国廉……捐银伍仟两；潘衍桐……捐银壹仟两；龙裕光……捐银一仟两；区赞森……捐银伍百两……”[94] 正是这些官绅的无偿援助，使《岭学报》获得了充裕的经费，为岭南知识界送上了一份养料丰富的文化大餐。

《岭学报》的倡导者潘衍桐，为同治七年（1868年）进士，官至翰林院侍讲学士，对当时政治黑暗颇有体会。他晚年虽归隐南海，对维新思想却异常敏感，为响应维新运动，他首倡在广州创办一份专门介绍西学、评论时政的专业刊物。这一想法得到广东学政张百熙的大力支持，并很快在上层知识分子中产生共鸣。与当时一般维新报纸不同，《岭学报》是一份专业性的学术刊物，在报刊界独辟蹊径，其阅读对象以知识分子为主。内容主要分为国政、邦交、文教、武备、史学、民事等栏目，对于西方政治、经济、文化等各个方面，加以详细介绍，在传播西学的同时，注意结合国情进行精辟的分析、对比和归纳，总结中国落后的一些内在根源，颇有见地。

《岭学报》由于得到了广东学政张百熙的支持，创刊之初，广东学政司要求广东各级学堂和教育机关必须订阅，以至偏远州县，都有《岭学报》传阅，其传播的空间，比起先前的商业性报纸，更为广阔。该报刊登的文章注重考证，对西方社会的社会制度和民主政治尤为关注，主笔者善于旁征博引，以理服人，尤为学界所欢迎。特别是对那些边远地区的士子，产

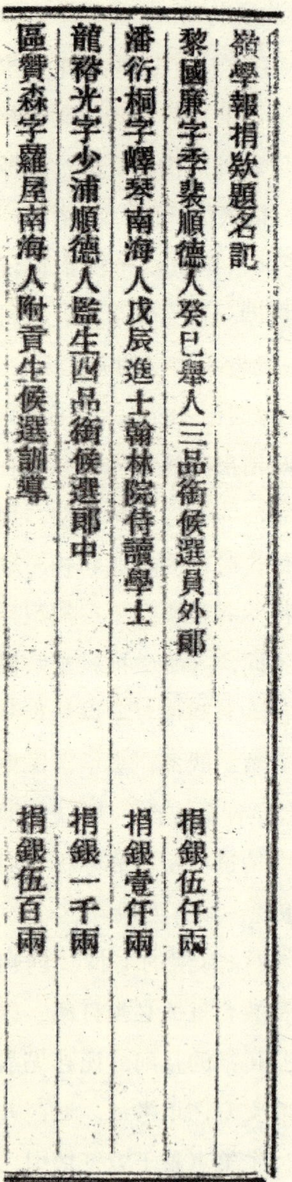
嶺學報捐欵題名記

黎國廉字季裴順德人癸巳舉人三品銜候選員外郎 捐銀伍仟兩

潘衍桐字嶧琴南海人戊辰進士翰林院侍讀學士 捐銀壹仟兩

龍裕光字少浦順德人監生四品銜候選郎中 捐銀一千兩

區贊森字蘿屋南海人附貢生候選訓導 捐銀伍百兩

《岭学报》，1898年第3期。

生了强大的震撼力，极大地开启了民智。

《岭学报》分类评述，专业分工细致。如“国政篇”，主要介绍西方政治制度，特别是对英国君主立宪制度，德国法律制度的介绍，较为深入，然后结合中国历史上变法成败，就如何引进西方先进政治制度，改变执政方式，作出了全面分析。“邦交篇”则就当时几个主要资本主义国家与中国的关系进行分析，认为西方国家在侵略中国这一问题上，有着相同的利益诉求，但是，西方国家之间在瓜分中国利益时，也会存在许多矛盾和冲突。对于中国而言，要想摆脱西方国家的欺凌，唯一的出路就是变法图强，提高国家实力。“文教篇”主张废除科举制度，大力引用西方先进教育制度，开设自然科学方面的课程，倡导学习西方科技、文化知识，废除各级旧式学堂，广泛设立中小学堂，大力培养各类适应时代需要的优秀人才。“武备篇”对于中日甲午海战的失败教训进行了总结，揭露了旧式军队的种种弊病。认为国防建设。要从长久计，平时要做好备战工作，对士兵要训练有素，要及时更新装备等，同时要注意学习西方军事知识。《英国水军源流考》、《德国陆军考》、《战船述谈》等文章都提出要大力加强武备的观点。

《岭学报》注意翻译西方各国报章，在《西文译篇》栏目中，每册都有新颖而流畅的译文，涉及西方社会政治、经济、文化的各个方面，如反映技术进步的《电车》、《新制樟脑》、《量脑志》等，反映重大新闻事件的《英军败耗》、《印度北界战事》等，也有西报对中国的评论文章，如《论中国当自强》、《中国不宜瓜分》、《论东亚时局》等。这些译文，从不同角度，反映了西方媒介的最新动态，对于扩大受众的知识面、了解时局变化，有着重要意义。

《岭学报》虽为广州官绅倡办的进步刊物，但它具有开阔的视野和强烈的忧患意识。其立论往往以国家的兴亡为根本，对于广东时政要闻往往不予以重视。它的受众对象以广东地区的知识分子为主，但也在上海、香港等地设立分售处。该报以维新、救国作为办报宗旨，与一般意义上的“新闻纸”有着很大区别。它强调通过了解西方、研究西方达到振兴中华民族的目的，其政治性尤为突出。从这个意义上看，它虽然在广州创办，其受众对象多为国内知识界的进步人士，影响范围也大大超出了广东地区，成为当时国内的一大特色刊物。

2.《岭海报》

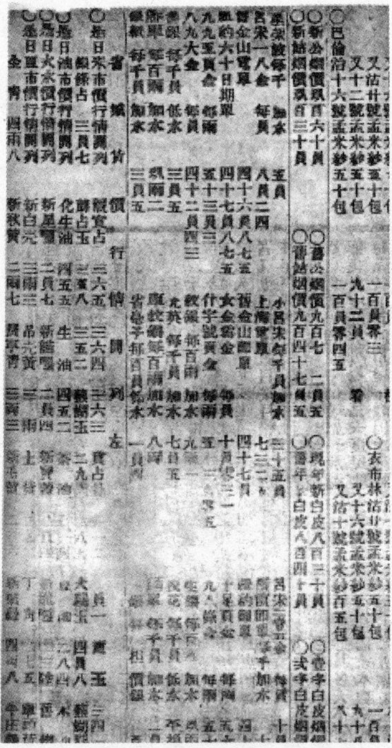

《岭海报》，1901年6月20日。

《岭海报》是《岭学报》附设的日报，创刊于1898年3月。《岭学报》为学术性期刊，对于传播国内外新闻有较大局限。而《岭学报》资金雄厚，又有官方背景。为了及时报道维新变法的新闻，需要另外设立以新闻为主体的日报，弥补《岭学报》新闻宣传之不足。《岭海报》每日八开八版，内容较为丰富，主要介绍维新变法的消息和国内外其他新闻，分为论说、邸报恭录、宫门抄、督抚宪辕报、藩宪牌示、京都新闻、各省新闻、羊城新闻、外洋新闻、告白、省城货价行情、各船开行日期等栏目。从栏目设置上看，该报高度关注官方的最新动态，特别是各级政府发布的命令和公告，都及时予以刊登，以便民众了解在维新变法方面的新举措。在新闻方面，该报对来自北京的消息特别留心，开辟专栏予以报道，以弥补官方消息之不足。而各省新闻，也注重报道新事物、新气象，以配合变法宣传。外洋新闻多译自西方报纸，以介绍西方政治、军事、经济活动为重点。羊城新闻后来改称粤省新闻，与以前介绍社会生活为主的报道也有较大区别，它重点关注当地知识界和地方政府在维新活动中的所作所为。

在百日维新失败后，《岭海报》仍然坚持为康梁辩护，受到官方威胁，被迫改为《德商岭海报》，以德国商人的名义出版，以免受到官府的追查。由于受到时局的影响，加上纸价全面上升，《岭海报》不得不缩小版面，以节约经费。1900年，《岭海报》因为刊登义和团战胜八国联军的消息，被广东官方查禁。后由苏域寰接办，延胡衍鸿（汉民）任主笔。胡汉民赴日本留学后，报务由其兄胡衍鄂主持。言论追随康、梁[95]。后来，该报未能顺应时代，继续鼓吹君主立宪，反对革命排满，受到广州革命志士的批判，销路受到很大影响。

后期的《岭海报》注意市场行情的报道，从光绪二十七年（1901年）的报纸看，每期报纸有一个整版是金银价格行情、省城货价行情、各船开行日期等方面的内容，比较全面地反映了广州市场动态，为读者提供了大量资讯，颇受欢迎。如对金银价格的报道，涉及到英、法、美、日等多种外币的兑换价格，以及上海等地的交易价格，全面地反映外汇市场的信息，具有较高的投资参考价值。在货价行情方面，比《广报》的同类栏目，有很大改观，增加了许多新的货物品种，如火水（煤油）、油类价格，涉及到各类日常生活用品，信息更为全面。如煤油在19世纪80年代还很少被普通民众使用，但是到了20世纪前夕，则成为许多家庭照明的必需品，该报及时反映煤油价格，适应了民众日常消费的需要。如农历一九〇一年四月二十四日的每罐煤油价格为："新星 2.68元，新猫 2.48元，新宝盖2.46元，新龙 2.36元，旧罐2.36元。"[96] 这对于普通民众而言，仍然是较高的价格，一般家庭只能节约用油。

《岭海报》每天公布货价行情，为分析某些商品的价格变动趋势，提供了宝贵的第一手资料。如1901年4月到8月的米价，可以通过表格反映出来：

表4－1 光绪二十七年（1901年）

部分日期（农历）广州米价行情单位：石/元

品种	四月二十日	六月九日	七月十日	八月十日
靓宣占	3.46/3.44/3.44	3.53/3.51/3.5	3.65/3.64/3.63	3.64/3.6/3.58
银条占	3.7	3.7	3.7	3.76
贡占朴	3.12/3.1	3.12/3.1	3.12/3.1	3.12/3.1
更　玉	3.36/3.37	3.41/3.4	3.41/3.4	3.41/3.4
麻占玉	3.62/3.56	3.58/3.52	3.58/3.52	3.58/3.52
芜湖玉	2.92/2.86	2.9/2.87	2.96/2.87	2.96/2.82
芜湖糯	3.68	3.65	4.65	4.65
大糯玉		4.8	4.8	4.8

资料来源：《岭海报》光绪二十七年（1901年）四月二十日、六月九日、七月十日、八月十日《省城货价行情》。

从表中所列的价格来看，从1901年4月到8月米价基本保持稳定，一些品种有较为微小的价格波动。对米价的整体变化影响不大，但是芜湖糯在该年7月猛涨了1元，价格波动很大，另外一种大糯玉的价格一直居高不下，对糯米价格的整体上扬有一定的拉动作用。但是同期的植物油价格却有一定波动：

表4－2　光绪二十七年（1901年）

部分日期（农历）广州油类价格单位：石/元

品种	四月二十二日	七月十日	八月十日
花生油	4.33	4.55	4.35
生油	4.3	4.52	4.32
茶油	3.8	4.18	3.96
豆油	2.8	2.88	2.92
木油	2.6	2.64	2.82

资料来源：根据《岭海报》光绪二十七年（1901年）四月二十二日、七月十日、八月十日油价行情计算而得。

油类的价格是经常变动的，1901年部分月份的油类价格基本保持在小幅的变化之中。这说明油价受供求关系的影响更为明显。

《岭海报》对于广州的交通状况也颇为关注，当时广州来往于外洋和国内各大港口城市的船只较多。为了便于读者了解轮船开行时间，它特在每天的货价行情之后，刊登各船开行日期，便于读者提前了解往来于国内外城市的船只到港和出发时间，为读者旅行和商务活动，提供了极大的方便。这类航行信息，19世纪20年代澳门出版的《蜜蜂华报》也曾刊登，但后来广州人的自办报纸中，很少有相关信息披露。《岭海报》及时报道交通信息，顺应了当时交通业发展的客观需要。

3.《安雅书局世说编》

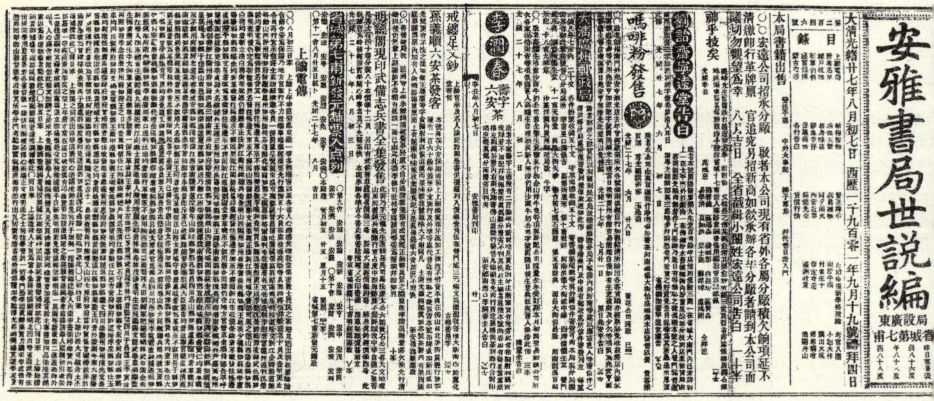
安雅書局世說編
大清光緒廿七年八月初七日 西歷一千九百零一年九月十九號禮拜四日

《安雅书局世说编》，1901年9月19日。

《安雅书局世说编》创刊于光绪二十六年（1900年），是安雅书局附设的日报，主笔有朱鹤、谭荔垣、詹菊慈、黎诗佩等人。早期的《安雅书局世说编》思想上还倾向进步，倡导维新变法，对传播西学，推广新学颇为热衷。但报纸的论调较为温和，一般不轻易得罪某个派别。时人评论该报以稳健著称，对革命党和保皇党都敬而远之，故能躲过各种检查而安全运营。

安雅书局作为当时广州一家有名的出版机构，对于清末广州出版市场有着充分了解。其附设的报纸，与一般官绅赞助出版的政治性报纸有着较大区别，体现民营企业的特色，其倡办者梁伯尹为安雅书局大股东，目的是利用好安雅书局的人力、物力和设备，最大限度地降低报纸运作成本，通过市场化运作，获取更多的经济利益。安雅书局位于西关第七甫，这里从19世纪后期以来，一直是广州商贸中心。该报充分运用附近的商业资源，不断向商业性报纸转型，提高商业广告的版面比重，突出传递商业信息的功能，这在1901年以后出版的报纸中表现得更为明显。

《安雅书局世说编》报头为竖排，第一栏为目录，第一、二版显要位置为广告，第三、四版为新闻，第五、六版为各行告白，基本上是各行业的广告。从内容上看，广告占到三分之二左右的篇幅，这在1904年以后的版面中，表现尤为明显。其新闻栏目首先是官方发布的公文、法令，其次是本省纪闻，该栏目又分为商务、民情两个二级栏目，再次是中外纪闻，分为要电、官事、商务、民情等四个二级栏目。在新闻内容中，商务新闻占有相当大的比重，说明该报将经济新闻列为报道的重点，以经济信息为特色产品吸引受众的注意。如1901年11月27日的目录主要为:《上论电传》、《辕报恭录》、《论各省宜设工艺局》、《论饬义学》、《示论募勇》、《小考监员》、《护盗请奖》、《押解巨盗》、《催交凶犯》、《购求丝业》、《委勘矿山》、《夜入人家》、《乡局备盗》、《落花上枝》、《抢火起贼》、《太不近情》、《法拟贷款》、《美国市情》、《于理不合》、《时事汇志》、《内阁奖单》、《洋兵秘使》、《拟抵公债》、《日置戍兵》、《日俄辑睦》、《中国关税新章》、《廿六年梧州口华洋贸易情形略续稿》、《各行告白》、《货价行情》[97]。上

安雅書局世說編

光緒三十年 正月初七日 新聞第二張

宮門鈔

邸鈔恭錄

專件

直隸師範學堂學生添設武備編制暫行條規

《安雅书局世说编》，光绪三十年（1904年）一月七日。

述条目中，有关经济方面的新闻和论述达到六条，这在19世纪90年代的其他报纸上是难以见到的。

在1901年10月31日的《鞋行停工》一文中，作者简单报道了广州鞋行行规："省垣鞋行、东家行曰敦和堂，西家行曰合义堂，东西两行向有行规，互相遵守。近来西家行合义堂陡议新章，谓学徒须随师四年，方准入行，且有招牌字号方准收教。又每号四年方准入行一人。此等新例，东家行深为不便，曾由敦合堂联出长红，逐层驳斥。兹西家行合义堂又悬红，通知该行长，准期九月十九日一律停工，入行徒弟皆同，如有犯例，永远出行云云。同业相难，是亦不可已乎。"[98] 这篇关于广州鞋行罢工的报道，体现了当时行会之间的矛盾，以及对学徒的严厉制约，说明了行会制度存在着严重的缺陷。而鞋工联合罢工一事，不仅仅是行会的问题，而是当时一大社会新闻，反映了手工业者在维权方面走出了重要一步。同时，该报还注意国际商务新闻的报道，1901年9月5日报道两则国际商务新闻为《运米赴会》、《巴西招工》，内容较为简练。如《运米赴会》一文云："意大利之麦巴市，十月间开万国米产大博览会。日本农商务省刻已集本邦产米多种，前往该会比较矣。"[99]

除了商业新闻之外，该报也注意社会新闻的报道，如1902年1月15日的本省新闻中，主要有《赌徒毙勇》、《茶饷酌减》、《计甑定饷》、《起获军火》、《抢摊站笼》、《潮阳斗案》、《城西劫案》等十多则新闻。在广州本地新闻之外，一些偏远地区发生的重大事件，该报也注意及时报道。由于新闻条目较多，而篇幅又有严格限制，《安雅书局世说编》的新闻报道，非常注重简约性。除了抄录政府公文、法令的固定栏目外，自编的新闻，一般控制在三行字以内，字数一般不超过100字，以报道事实为宗旨，不随意加以评论。这种消息型新闻，覆盖面较广，为读者提供的信息量很大，该报每天提供的各类新闻一般都超过25条，有时达到35条以上。这在之前的其他报刊中是较为少见的。

《安雅书局世说编》对社会阴暗面揭露较多。20世纪初期，广州赌博风愈演愈烈。赌为盗之源，盗贼对赌场情况非常清楚，往往将赌场作为抢劫的对象。该报就报道了广州一些赌场被劫之事："城西杨仁里，近有蟀猎一所，游荡少年有斗蟀癖者，无不□集其间。月初九日，下午时候，该猎正阔少满座，被匪徒十余名蜂拥而至，出枪指吓，将诸人怀间银两，尽掠而去"〔100〕。又有报道云："某甲怀银纸数十员（元）……即持银纸下场一博，连获巨彩，诸赌徒斥为膺虚……尽夺其身中所用，逐之而去"〔101〕。至于匪徒抢劫，与赌徒斗殴，伤害人命之事，也时有报道。

《安雅书局世说编》注意评述国内国际商务动态。如《上海通商以来情形考》一文，考察了上海通商开放的历程，指出进出口贸易结构变化的态势，"通商之初，洋人贸易以洋药为大宗，进口之项尚属微少。至今市面大开，商务林立，各西洋货纷至竞进。近十年来，各项进口洋货之销数，数十倍从前……洋货之中，以布为大宗"。然后列举了近年进出口货物的状况，丝、茶受国际国内市场的影响，出口明显减少。但是，近年来，"商务似有转机，所有新设之各厂，购买机器，意在鼎力整顿。如纺纱厂，华洋各商现有

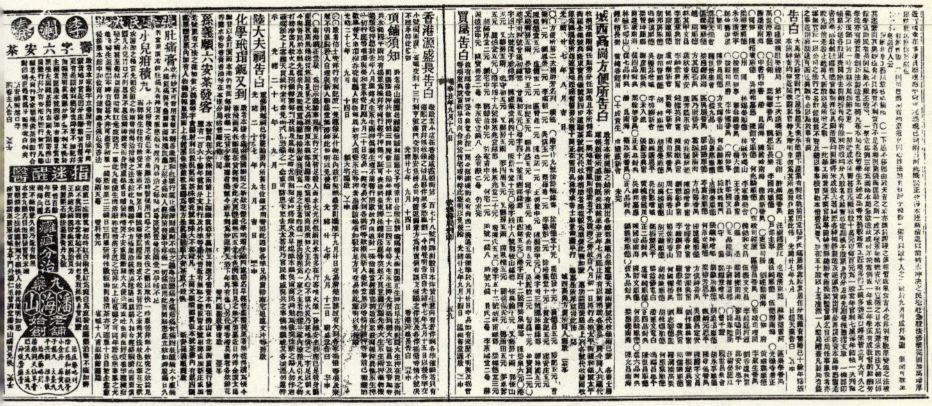

《安雅书局世说编》，光绪二十七年（1901年）九月十八日。

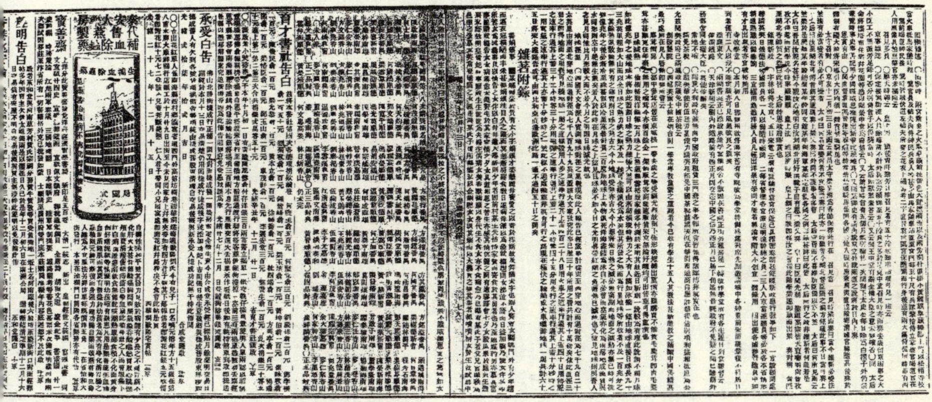

《安雅书局世说编》，光绪二十七年（1901年）十二月二十三日。

十余家，其铤（锭）子共计三十一万五千六百余支，每日可出纱七百九十包。缫丝厂华洋两商现有二十余家，丝车共有四千架，一年约可出丝一万三千担。统计利益，却不为少。故近数年来，输进输出，统额常在四亿五万元以上。较之往年，有增无减。商务渐兴，于此可见”[102]。可见，工业对于振兴商务有着重要作用。此类经济评论，需要掌握大量数据，对于读者掌握国内外商贸动态，有一定借鉴作用。

《安雅书局世说编》的广告类型，体现了广州工商业发展的新态势。除了传统的医药、书籍、茶店、拍卖等广告外，房地产、保险、学堂招生、招工、洋货、邮政、彩票等各类广告，都经常在报纸上出现，它充分反映出商业性报纸在服务工商业方面的强大功能。报纸广告种类的大量增加，表明当时新兴行业在不断开拓广州市场，在品牌营销、产品推广、信息传播等方面，各行业都非常注重报纸广告的特殊功效。如1901年11月28日第1、2版广告主要有：“大清广州邮

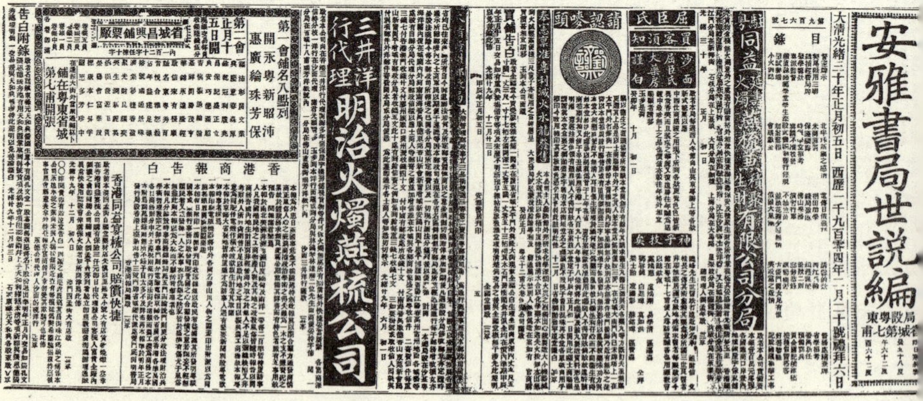
安雅書局世説編
大清光緒三十年正月初五日 西歷一千九百零四年二月二十號禮拜六日
三井洋行代理
明治火燭燕梳公司
同益火燭燕梳有限公司分局
香港商報告白

《安雅书局世说编》，1904年2月20日。

政局、大西洋澳门彩票改开大彩、吗啡粉发售、德厚祥记告白、买屋告白、育才书社告白、书社聚会、鸿济公司阶砖发客、广东全省彩票、卖屋告白、礼耀堂买屋地续告”[103]，其中包括房地产广告4则，彩票广告3则。

在房地产广告中，一般涉及到买卖过程中相关权益人的责权划分，对房屋产权问题的声明，以及对相关典当、按揭纠纷的处理等等，而对于房地产本身价格行情却很少涉及。如一则《买屋须知》写道：“启者，李植生、李惠乡于光绪廿五年（1899年）六月十二日揭到黎起善堂本银五千两正，连息共银六千余两，将宝华正中约大屋红契作按，订用六个月本息清还。业已过期，屡催弗恤，实属有意图挞。如有人买受此屋，祈将黎起善堂该款如数扣足，方可交易。特此声明，以免后论。”[104]这则由抵押权人出钱刊登的广告，显然是对抵押人权利的约束，并通过报纸向社会公布抵押人所欠债务状况，引起有意向交易者的注意，以免惹出更多的纠纷。又如另外一则《买屋告白》云：“兹有西关蓬莱街东约坐东向西吉屋一间，原日系黎干臣之业……今经顺过堂买受，卜吉本月卅日交易清楚。如有重复典按镠辖等情，祈即标明，以免后论。”[105]这则广告是买受方对此房屋产权移交之前所作的声明，目的是明晰房屋的产权，避免以后产生相关诉讼问题。这类房地产广告的刊登者，具有一定的法律知识，对于当时典当、按揭和抵押问题所带来的债务纠纷有清晰的认识。通过刊登广告，事先预防产权纠纷，是较为明智的选择。这类广告是商业化发展的一个缩影，反映了当时房屋租赁、抵押、买卖业务较多。

彩票广告堂而皇之地刊登在报纸的显著位置，说明当时赌博活动已公开化。一些彩票公司千方百计扩大宣传，提高知名度和营销水平，利用报纸和其他传播手段扩大影响，使更多的赌民参与其中，以获取更多的利润。如广州中和、巨益等彩票公司，多次在《安雅书局世说编》上进行彩票宣传。中和公司的广告称："本公司奏办广东彩票业务以来，开彩一秉至公……士商赐顾，久已遐迩盛行矣。"将每期中奖彩银数在报纸上公布，如1901年11月20日公布的中奖金额为："第一名头票得彩银一万五千元，第二名二票得彩银三千元，第三名三票得彩银一千五百元，第四名四票得彩银八百元，有四条票每条得彩银二百元，有十条票每条得彩银一百元……"〔106〕而澳门恒和公司开出的彩票更具吸引力，其第三会大票的中式彩数，"第一名得彩银五万大员（元），第二名得彩银一万五千员（元），第三名得彩银五千大员（元）"〔107〕。这种高额的彩金，对赌民具有巨大的诱惑力，在广告营销方面，抓住了赌民的暴富心理，赌民的消费期望大为提高，其消费上的拉动效应非常明显。此类广告以高额彩金为诱饵，传播效果较为明显，对推动赌博社会化起着极坏的影响。可见，在刊登广告方面，当时并无法律上的具体规定，而报纸经营者唯利是图，对于社会公德全然不顾。

另外，学堂招生和企业招工广告，也常出现在该报上。维新变法之后，广州大兴新学之风，各类新式学堂纷纷设立，这些新式学堂大多为私立，需要通过广告扩大招生，如中西学堂就多次在《安雅书局世说编》上刊登广告云："本年七月廿三日收下半年学生，敬延北洋大学堂毕业生区清泉先生沃信……教习英文、算学、格致、化学、天文、地舆等，学堂规课程重订妥善，有志肄业，来堂挂号，内有住房。”[108] 澳门、香港的一些学堂也在该报刊登招生广告，如澳门荷兰格致书院专门招收有英文基础的学生，其广告称：“有已经习过英文多少者，请到双门底圣教书楼取阅章程，合章挂号，依期来院”[109]。而香港某公司在广州招收劳工，更反映了两地之间往来之密切。如香港英属至般岛一地，“欲招华工贰百名，此等工人，非系立合同受人拘束者。其人必壮而有力。王家可包每人每月至少得工银九员（元）。”[110] 这一薪酬水平，是当时广州一般工人薪酬两倍左右，对那些低级劳动力具有很大的吸引力。

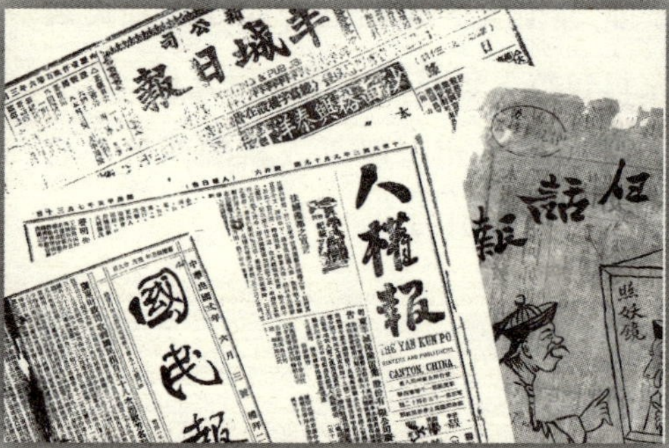
羊城日報
人權報
THE YAN KUN PO
CANTON, CHINA.
國民報
白話報
照妖鏡

报界旧闻

第五章

群报争艳

BAOJIE JIUWEN

20世纪初期的广州报刊业，主要是指从1901年到1911年广州先后创办的近百种报刊。这一时期的画报、官报和休闲报纸，将在后面章节进行论述。

20世纪初期广州报刊业的发达，与广州地方经济文化的发展有着密切联系。这一时期广州消费型工业的兴起为报刊业特别是报纸广告的发展提供了强大的动力。据不完全统计，1895—1913年珠江三角洲兴建机器船舶修造厂10余家，水电厂4家，机器磨粉业6家，建筑材料砖瓦、水泥、玻璃厂4家，火柴厂5家，卷烟厂2家，印刷造纸等厂3家，缫丝厂50余家，织染厂5家，机器织布厂10余家〔111〕。据1912年农商部统计，当时广东有2426家工厂，其中有2212家开设于1911年以前，使用动力的有136家，共拥有动力4566马力。广东无论“工厂数”或“使用动力数”都居全国首位〔112〕。当时广东的机器工业主要集中在广州地区，特别是与城市居民生活密切相关的轻工业、交通运输业、修理业都集中在广州。1910年，广州新设重要机器厂矿15家，资本总额达到578.1万元〔113〕。其中大部分为民办的轻工业，其产品主要是居民日用消费品，特别是小型机器企业基本上从事日用工业品的生产。广州之制造厂，“凡用外国机器制造者曰袜、曰丝辫线、曰胶灰，其出货俱称大宗；此外用机器制造之货尚络绎不绝……此该地商务所以日见发达也”〔114〕。张之洞督粤期间，对广州工人制造机器的才能深为赞许：“粤工多习洋艺，习见机器，于造枪、造弹、造药、造雷皆知门径。”〔115〕至于一般的工业产品，则更为熟练。“粤东取材宏富，其人与西人相习，其制造与西人相似，至于工匠灵敏，制作坚固，即西人亦赞许之”〔116〕。20世纪初期，广州在工业化过程中，主要依赖本地民间资本，其发展方向以满足居民的日常消费的工业品为主。这与洋务运动期间的军需工业有了很大的区别。清末广州工业，正如曾仲谋所认为的那样：“是以消费工业即与衣食住有关的工业为主体……主张推进祖国社会的发展，非要振兴解决生活的现代工业不可，于是中国现代工业之一部的广东工业的消费工业，便随着其现代军需工业而振兴了。又因为当时国人不知道自我独立的解决生活问题的重心，并不只在于消费工业，而实在于主要的以生产工业为基础的现代工业经济的生产工业与消费工业，所以只振兴上述的消费工业，以为那就可以解决自身的生活问题了”[117]。

广东农业讲习所化验室，见《广东教育官报》，1910年第13期。

位于广州沙面的粤海关宿舍，俗称红楼，1910年摄。

消费型工业的兴起，为机器制造业发展提供了广阔的市场。《农工商报》就曾对洋商从事机器贸易业务评论道：“洋货中以买机器一项，为生财捷径，而我国有志实业者，苦无问津，殊可慨也”[118]。其实，广州的消费型工业，基本上是依赖进口机器而发展起来的。即便是较为简易的火柴业，“土制虽有太和、平洲、义和、佛山巧明、三眼桥崇昌、清远老怡和公司，除盒片外，其余柴枝、赤磷、盐酸等资料，全靠外国运入”[119]。可见广州制造业的技术创新能力很低。虽然有能工巧匠，但缺乏基本的科技知识，只是简单的模仿，并受到原料和技术的限制，未能取得技术上哪怕很小的革新。清末，广州一些地方官员开始关注技术进步，如有新闻报道，针对民间能人仿制显微镜的活动，官方表示公开支持，认为“裨益教育，杜塞漏邑”。由此可以看出某些地方官员对振兴民族制造业还是有所期待的。除了机器工业外，广州的手工业仍然保持着较为稳定的发展态势。1912年统计，广东不用动力的工厂有2290家[120]。其中以广州为中心的珠江三角洲地区是手工业工厂最为集中的地带。这些企业涉及到织造、器具、饮食、药品等各种行业，成为城市经济发展的重要力量。

清末广州城市经济的发展，还体现在航运、铁路运输、邮政、金融业等方面。19世纪六七十年代，外国轮船公司在广州开办了数家轮船公司，其中旗昌轮船公司、省港口轮船公司、太古及怡和公司在广州都设立了航运机构，经营广州到香港、澳门、上海等地的航线。广州商人设立的小轮船公司也逐步发展起来，如光绪十五年（1889年）创办的民营平安轮船公司经营广州一带的内河航运，其他如广州侨轮公司、侨办新南海公司等也相继设立。“1882年航行于香港、澳门间的河轮，每周载运来往的中国旅客约为2204人次”[121]，而到了1902年，“由轮船往来省城、香港、澳门者，一来一往，各约50万人。又由省城来往西江各口之客，年多一年，本年扯计一来一往各约1.2万人”[122]。清末广州至珠江三角洲周围城市的铁路开通，大大加强了地区之间人员和商品的流动。广州至三水铁路，仅1904年12月，“每日搭客扯计7273人……市上所出之物，亦多由载客火车转运。1907年，广三铁路载客约为3191524人，其中外国人2108人”[123]。广州邮政业务也在清末得到较大发展，1910年，“广州邮界现有局所941处，另有本城及各乡信柜代办处，计563所。本年收发邮件，已过420万件”[124]。交通运输和邮政业的发展，改变了城乡之间的传统联络方式，使人员往来和商品流通更为方便快捷，节约了运输成本，加快了信息的传播。

消费型工业的兴起，金融、交通、保险等新兴行业的发展，推动了城市经济的快速发展，为近代广州报业的发展提供了有利的环境。报馆的开设，不仅需要社会各方面的资金投入，更需要进行独立的产业化运作。除了少数官报之外，私人性质的报纸，必须有明确的社会定位，从社会寻找受众，寻找经济资源和文化资源。报纸要获取更多的利润，就必须充分利用经济手段，进行市场化运作。这样，各类企业、店铺与报纸之间的关系变得极为密切。企业通过报纸广告推广产品，提高知名度，报纸则从各类广告客户那里获取源源不断的资金，不断进行市场扩张。没有发达的市场，就不可能有繁荣的报刊业。

报刊业的发展与政治环境的变化有着密切联系。20世纪初，各种政治势力纷纷登场，他们从传统的政治争论，转向成熟的整体对抗，特别是政治主张上的针锋相对。各派别面对的社会形势，与19世纪末也有明显区别，清政府在社会公共领域缺乏足够的控制权。广州这样一个具有革命传统，开放而相对自由的城市，为各种政治派别提供了对话和争论的空间。作为近代第一份中文报刊的诞生地，广州的传媒事业有着很好的文化根基，各种政治派别自然对报纸传媒非常看重，并视为扩大社会影响的有效途径。除了利用19世纪末原有的报纸进行政治宣传外，创立属于本派别的报刊，成为各派别立足广州社会的重要前提，并以此作为向对方进攻的有效“武器”。20世纪初广州新创办的报纸，大部分都有明确的政治主张，在受众看来，政治倾向的差异意味着对某种报纸的取舍。政治性报纸，代表着不同政治集团的对立，也为受众的意识形态划分了一条明显的界限。

戊戌变法失败后，新思潮在广州的传播更为迅速，新兴的民族资产阶级和进步知识分子对于君主立宪深感失望。孙中山早年经常在广州从事革命宣传活动，并培养了一批革命信徒。在孙中山革命排满思想的影响下，许多革命志士充分利用报纸媒介揭露清政府的腐败无能，宣传民主革命思想，主张以

位于广州沙面的粤海关宿舍，1910年摄。

广东优质师范学堂，见《广东教育官报》，1910年第1期。

暴力革命推翻清政府的统治，建立民主共和国家。在20世纪初期，民主革命派创办了许多报纸，如《群报》、《人民报》、《南越报》、《国权报》、《平民报》、《天民报》、《齐民报》、《震旦日报》等等，这些报纸，言辞颇为激烈，威胁到清政府的统治基础，出版后遭到地方当局的多方查禁，存续时间不长，寿命最短的《天民报》，仅出版两天，就被地方巡警取消。

一些革命党人所创办的报纸，在版面形式上进行了创新。为了更多地传播革命道理，突出新式报纸的独特个性。一些报纸划分为庄、谐两部，庄部刊登论说、电讯、新闻等，谐部则以副刊的形式出现，专门刊登粤讴、歌谣、南音、班本、小说、野史等等，内容通俗易懂，形式多样，许多作品来源于日常生活，多方面表现了市井文化，同时，在叙事中夹带议论，对封建落后思想进行批判和讽刺，深受读者喜爱。

同时，广州城内还存在一些守旧和鼓吹君主立宪思想的报纸。这些报纸大多与地方政府有着一定的联系，利用官方资源，获取一些独家报道，以博得名声，如《羊城日报》、《国事报》等。这些报纸迎合清政府假意维新、预备立宪的需要，故意装出为民请命的架势，利用民众对贪官的仇恨心理，揭露一些地方小官吏的不法行径，以博得读者嘉许，而对地方大员，则丝毫不敢得罪。由于保守派多为地方士绅，经济实力雄厚，善于察言观色，对于时势有较为深入的研究，其创办的报刊销路颇广。

针对当时革命派和保守派的论争，一些商业社团保持了中立的态度。20世纪初期，广州的民族工业企业得到了快速发展，商品交易十分活跃，在巨大的市场容量背后，蕴藏着许多商机。一些商业团体和大商人，特别关注经济利益，对于政治上的纷争则避而远之。他们充分利用广州商贸发展的良机，注意到商业报纸在传播商业信息方面的独特作用，善于拓展商业市场，寻求与工商企业的合作。如《七十二行商报》、《商权报》、《总商会报》、《人权报》、《农工商报》等，这些报纸不涉及党派、不参与政治争鸣，以传播商业行情、获取利润为主要目的。

1.《羊城日报》

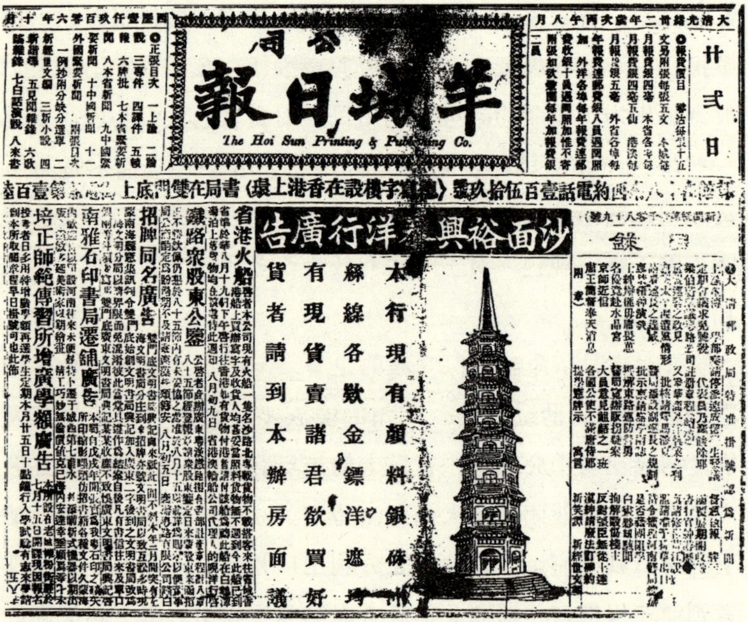

《羊城日报》，1906年10月9日。

《羊城日报》创办于光绪二十八年（1902年）正月中旬，报馆设在西关十八甫西约，为开新公司所属的日报，报头有“开新公司”四个大字。该报属于保皇派的报纸，与地方当局保持着密切联系。其目录前特地注明：“大清邮政局特准挂号认为新闻纸类”，以表明其受到官方的认可。《羊城日报》实力雄厚，在香港上环设立总写字楼。其代理处本城有25处，外埠达52处。海外华侨聚集之地如旧金山、檀香山、菲律宾，日本之长崎、横滨、神户，安南之海防、河内、西贡，南洋之新加坡、庇能等地都设有代理，广为推销。这样，《羊城日报》的销数就占着广州报纸的第一位〔125〕。之后10年该报都是广州销量第一的大报。《羊城日报》的定价较低，“零沽每张十五文，另附张每张五文，本城每月报费银四毫，本省各埠每月报费银四毫五仙，港澳每月报费银五毫，外省各埠每年报费连邮费银八员（元），遇闰照加。外洋各埠每年报费连邮费收银十员（元），遇闰月照加，惟不寄附张，如欲兼阅，每年加报费银二员（元）”〔126〕。由于拥有大量的海外读者，《羊城日报》海外发行量一度超过国内，发行价格总体上适应了国内外市场行情。

《羊城日报》公开宣称为官方批准的新闻纸，并以独家新闻著称。这与其创办者的特殊背景有着密切关系。该报的主办者钟宰荃，为文澜书院绅士。文澜书院对清政府预备立宪之事，颇为热心，曾联合七十二行总商会和九大善堂，设立自治研究社，以《羊城日报》作为舆论阵地，得到官方的大力支持，也受到地方绅士、商人和善堂组织的欢迎。该报主编莫伯伊和谭荔垣都是十分乖巧之人，善于与地方官员打交道。岑春煊在担任两广总督期间，常以整顿吏治为政绩。莫、谭等人对于当局的意图心领神会，常刊登一些小官吏的腐败事件，并大加批判，获得下层百姓的好感，借以提高声誉。同时，莫伯伊充分利用自治研究会的活动范围，以报界工会代表资格，插足于豪绅、巨贾、善董之林，由是穿插官衙。莫伯伊凭借这些优越地位，向官衙刺探军政消息，每晚必在十时后坐轿返回报馆。字房须得其亲写头条重要政闻毕，然后拼版。因此，《羊城日报》每日第一则的要闻专稿消息，都非别家报纸所能有[127]。莫伯伊还利用把持报界公会的机会，获取许多新闻稿件。《羊城日报》由于有了各种信息传播渠道，受到读者的青睐。

《羊城日报》的新闻栏目一般占到四个版以上，其新闻涉及国内外最新动态，新闻文章内容多样，不拘泥于对新闻事实的报道。新闻标题很有创意，与以前广州报纸新闻一律用四个字作标题的新闻有明显不同，该报的新闻标题以陈述新闻事实，表达新闻事件的核心内容，反映重要社会事件为特色。一些新闻标题多达十余字，以四字命名的标题很少见到。如1906年3月29日的目录主要有：《第二回参观东京农商务省述略》、《特别日本访函》、《督宪辕报》、《牌示照登》、《禀复岑帅照会之决议》、《香帅电复粤省路事》、《洋庄商会献议禀复照会稿》、《沈皋未必甘为学界公敌》、《国民义务公所提振拒约》、《咨催铸造银币》、《松永君勉励学生之理论》、《咨行学堂所章程》、《剿匪奖案咨行到粤》、《派部回讯筑地界》、《扰办潮嘉师范简易科章程》、《新会半夜学堂发达》、《嘉应学界开欢迎会》、《又一段警兵风流公案》、《穿军衣者入烟馆被执》、《陆养述并无私铸》、《饬定分别夜押新章》、《四会种茶之获利》、《税务司张示设柜》、《饬查盐埠新商》、《母丧可娶妻耶》、《梁使调查美人增兵复电》、《十一国约期撤退戍兵》、《江西教案之近情》、《美使对于南昌教案之公论》、《俄使要索相当权利》、《俄人擅收厘税之交涉》、《美关员又屡被华人控告》、《俄国在新疆要求租界》、《办理国民捐近闻》[128]，等等。这份目录，反映出该报的新闻特色，其新闻来源之广泛，论述问题之多、涉及面之广，远超过当时广州的其他报刊。

由于发行量较大，《羊城日报》在海内外有较大影响。许多工商企业和洋行都愿意到该报刊登广告，其广告业务颇为兴隆。该报广告类型较多，涉及到商业、交通、金融、工业、房地产、教育等行业。《羊城日报》每期的第一版，全部为各类广告。以1906年10月9日的第一版广告为例，主要广告为：“沙面裕兴泰洋行广告、省港火船、铁路众股东公鉴、招牌同名广告、南雅石印书局迁铺广告、培正师范传习所增广学额广告”[129]。值得

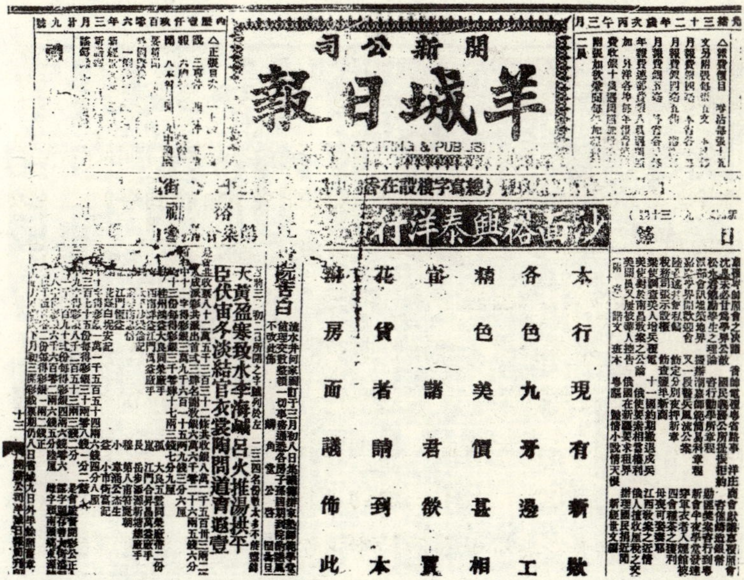
開新公司
羊城日報
總寫字樓設在
沙面裕興泰洋行
本行現有新欵
各色九芽邊工
精色美價甚相
宜諸君欲買
花貨者請到本
房面議佈此
日錄

《羊城日报》，1906年3月29日。

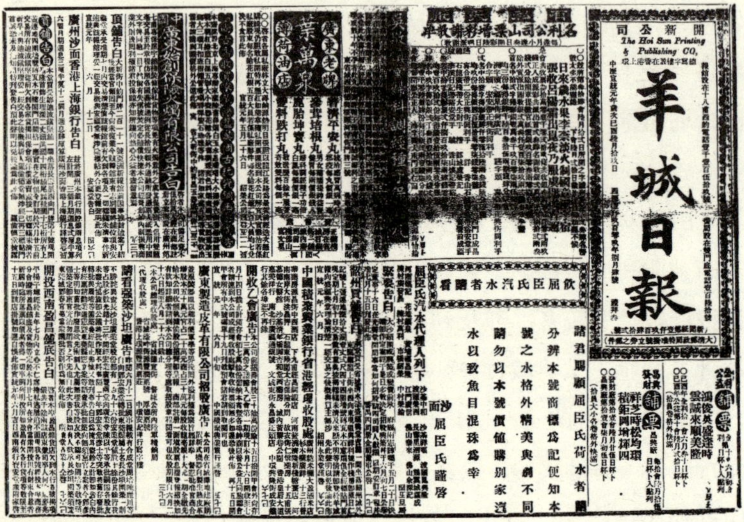
開新公司
The Hoi Sun Printing & Publishing Co.
羊城日報
飲屈臣氏汽水者請看
請君賜顧屈臣氏荷水者分辨本號商標爲記便知本號之水格外精美與别不同請勿以本號價值賤別家汽水以致魚目混珠爲幸
沙面屈臣氏謹啓
屈臣氏汽水代理人列下
廣東製造皮革有限公司招股廣告
廣州沙面香港上海銀行告白
開投西南富昌舖底告白

《羊城日报》，1909年8月4日。

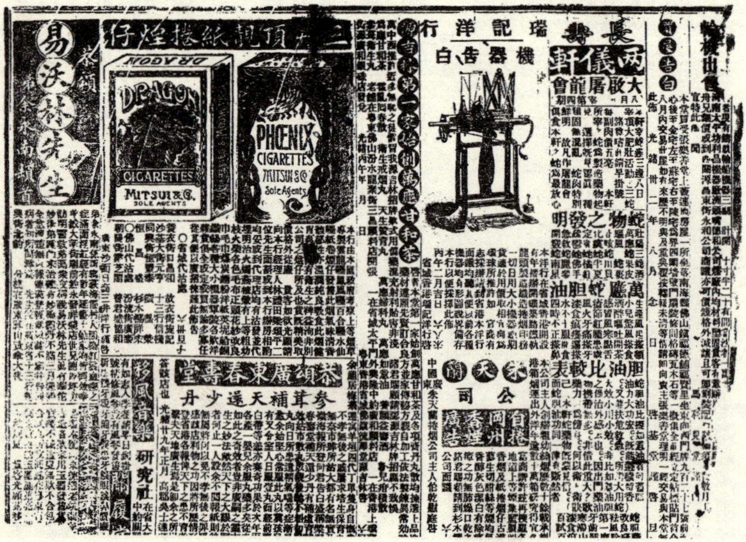
三炮台頂靚紙捲烟仔
DRAGON CIGARETTES MITSUI & CO. SOLE AGENTS
PHOENIX CIGARETTES MITSUI & CO. Sole Agents
瑞記洋行 機器告白
長壽兩儀軒
萬應蛇膽油
肥蛇油比較表
南天公司
廣東春壽堂
參茸補天遙少丹

《羊城日报》，1906年10月20日。

注意的是，此前广州报纸广告所用名称一般为告白，“广告”一词在当时还颇为时髦[130]。而“广告”一词一般出现在第一版，而其他的版面广告仍然以“告白”称之。

此外，清末广州机器工业迅速发展，各类工业企业不断改进技术，使用机器提高效率，进口机器在广州市场上颇有销路，如采矿、织布、制衣等方面的机器，就颇受欢迎，一些洋行便刊登广告，为其新型号机器寻找销路。这些机器广告，还配有背景图片，并对机器的功效大加赞赏，以引起读者的高度关注。

《羊城日报》凭借其雄厚的实力，雄踞广州各报之首。随着知名度的提高，它不断利用其新闻舆论工具，为官方和利益集团服务，并公开宣扬自己的政治主张。特别是在1909年的禁赌风潮中，它倒行逆施，公开支持开赌，受到社会各界的强烈批评。其间，广东谘议局成立，莫伯伊当选为议员，接受赌商苏大阔的贿赂，与其他受贿议员公然表示反对禁赌，并利用《羊城日报》大造舆论，列举开赌的种种好处，并发表反革命的言论，受到社会各界的强烈指责，读者对《羊城日报》大失所望，读者数量迅速下降，销量一落千丈，从此一蹶不振，但一直延续到1923年才停刊。从存续年限上看，《羊城日报》超过了以前所有的报纸。

2.《广东七十二行商报》

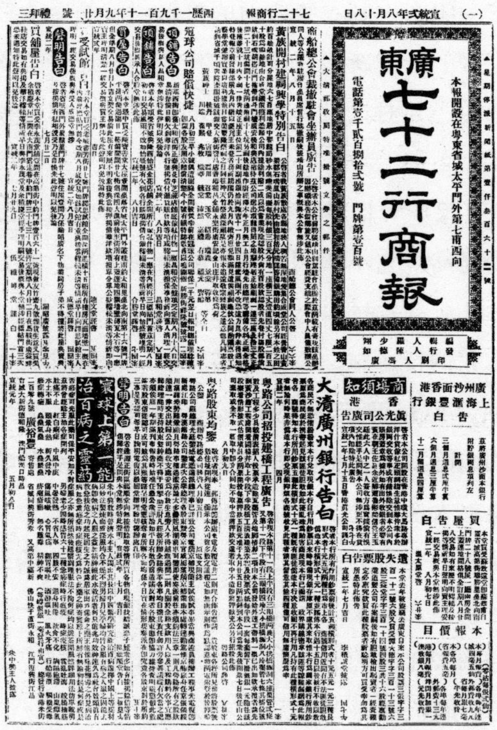
(一) 宣統弍年八月十八日 七十二行商報 西歷一千九百一十年九月廿日 禮拜三

廣東七十二行商報

本報開設在粵東省城太平門外第七甫西向

電話第壹千貳百捌拾弍號 門牌第壹百號

商船總公會裁撤駐會坐辦員廣告

黃族開村建祠興學特別告白

寰球公司賠償快捷

大清廣州銀行告白

粵路公司招投建橋工程廣告

粵路股東均鑒

寰球上第一能治百病之靈藥

《广东七十二行商报》，1910年9月20日。

在清末，广州商业有“七十二行”之称，其实大行业不下百余行，大行下面还分小行，“七十二行”则成为广州商界的代称。《广东七十二行商报》是广州商界的喉舌，该报于1907

年8月4日开始发行，当天的报纸有一篇长达数千字的发刊词。发刊词对广东商业的发展以及粤商在国内外的影响充满自豪感："各行省无不有粤商行店，五大洲无不有粤人足迹，其民轻巧活泼，好冒险习劳，最合营业之性质。由是观之，我粤省于历史、地理、物产、民俗上均占商界优胜之点，似非他省所及，谓为天然商国，谁曰不宜？"〔131〕

《广东七十二行商报》报馆设在广州太平门外第七甫西向，主办人为黄景棠，总司理兼发行人罗啸璈，总编辑陈罗生，副编辑陈宝尊，撰述冯智慧、钟履崔〔132〕。在1910年9月21日的报头上，注明编辑人罗少翱，发行人陈德如，印刷人冯广，说明其主要办报人员已有变动。《广东七十二行商报》直到1937年才停刊，存续30余年，是近代广州办报时间最长的报纸。

《广东七十二行商报》的发行，与广州商人势力的上升有着很大关系。在传统农业社会，商人居于四民之末。但是，在清末广州社会，商人成为社会中上层的中坚力量，并主导着城市经济的发展，同时，对地方政治产生深刻影响，特别是商人社团通过组织化运行，在民间社会发挥着巨大作用。《广东七十二行商报》是商人势力的代表，诚如其发刊词所强调的那样，要发挥广东商人团体在国际"商战"中的作用；提倡诚信经商以增强广东商品在国外市场的竞争力；号召发展商学以提高广东商人的整体素质；对清政府统治下缺乏经商的法制环境、社会治安混乱，以及官吏对商人的横征暴敛，提出尖锐的批评。发刊词宣称，这份报纸"既有监督商人之责任，亦有监督政府之义务"，最后还表示，要向西方国家的商界学习，

“以爱国之热诚，为强国之基本”，达到“商业兴而国势振”的目标[133]。

与一般新闻报纸不同，《广东七十二行商报》体现了商业性报纸的特色。第一、二、五、六、八版都是广告，其中第三版上半部分也刊登广告。广告内容占全部版面的三分之二以上。其新闻栏目主要有：“论说、本报特电、本省特别新闻、本省新闻、京省新闻、海外要闻、专件、译丛、辕报、牌示”，等等。与一般报纸重视时政新闻不同，该报尤为注重经济新闻，为商界经营提供重要的资讯。以1910年9月21日的本省特别要闻为例，主要经济类文章有：《电灯公司赎回自办后之近况》、《咨行筹议收回旧铸各币办法原折》、《咨行复陈各省现办农林工艺情形辕折》、《报效只奖衔封仍应交部饭照费》、《咨查粤省各关抽税细数》、《防城农务分会奉准立案》……[134]经济类新闻占到该栏目三分之二以上。可见，为读者提供经济信息，成为新闻栏目的重要任务。如《电灯公司赎回自办后之近况》，就以详细的数字，说明电灯公司经营状况。其报道称：“省城电灯公司，前系英商旗昌洋行承办，频年以来，获利颇丰。昨岁当道以利益外溢，决计赎回自办。当由运库、官银钱局、劝业公所凑拨官款五十万元，并招集商股一百万元，共一百五十万元，官商合办。以港纸银一百三十三万元，连补纸水银伸合毫银一百四十四万余元，购回该洋行所办省城电灯公司获利，及承顶及机器房屋等物，尚余股本银五万余两，作为开办经费及添机扩充之用。接办以来，月收灯费二万余元，除煤炭及各项开销，约赢一万余元。足敷八厘本息以外。昨公司总会办将赎回后一切办理情形，详请督宪咨部立案。现准部覆，已准予立案，仍令随时设法推广营业，毋消虚糜云”〔135〕。这则消息，并非单纯的事实报道，而是通过列举数据，向读者证实电灯公司是具有很好发展前景的企业，暗示投资者可以选择入股。对那些对此项目有兴趣的读者而言，这则消息显得非常重要。

(一) 大中華民國弍年 七十二行商報 六月二日

廣東七十二行商報

本報開設在粵東省城太平門外第七甫西向

電話第壹千貳百捌拾貳號 門牌九拾九號

買鋪告白

退股告白

開投金鋪廣告

開投鋪底廣告

開派攤款

展期開投鋪業鋪底

承頂告白

買貨倉廣告

開投大糖產業股票廣告

祖傳易沃林恒和堂唯一恒和丸

本報價目

《广东七十二行商报》，1913年6月2日。

《广东七十二行商报》的论说栏目，涉及面较广，重大时政评论和经济政策方面的文章较多，如《达赖出亡始末记》、《移步换形之国会》等等。本省新闻栏目，则主要报道广州及其邻近地区的新闻，其中涉及工商业动态的新闻也占相当数量。如1914年6月2日的《本省要闻》中，有《收账客须知》、《勒追士敏土厂会办欠款》、《矿宜干涉》、《借钱须定还钱法》[136]等数篇经济类文章，占到一半以上的篇幅。这类报道，与一般报纸注重社会轰动效果不太一样，提供工商动态是其重要特色。其他如《京省要闻》、《海外要闻》栏目，内容多为摘录，只是在编排上注意突出主题而已。

《广东七十二行商报》的创办人黄景棠、编辑人黄少翱都为文澜书院绅士。黄景棠为拔贡出身，以江西候补知府用，在官场、商界都颇为活跃。黄以维护广州商人集团利益为己任，发挥商人社团的作用，在1906年的保路运动中，代表绅商把持粤汉铁路的利益，并利用《广东七十二行商报》开展舆论宣传。由于该报与官方有着特殊关系，自然倾向于维持旧制度，反对民主革命，对君主立宪颇为热衷，属于当时较为保守的报纸之一。

《广东七十二行商报》能够坚持办下去，与其经营方式有一定关系。它始终坚持以大篇幅刊登广告，以谋求利益最大化。该报所刊登的广告种类、数量都雄踞当时广州报业之首。它的商业化定位，为广州日益繁荣的商业市场提供了很好的广告机会。除了商人们对报纸的认同外，长期的广告经营，已使该报的广告传播效果不断提高，成为厂商扩大影响、推销商品的重要载体。《广东七十二行商报》的广告，与其“七十二

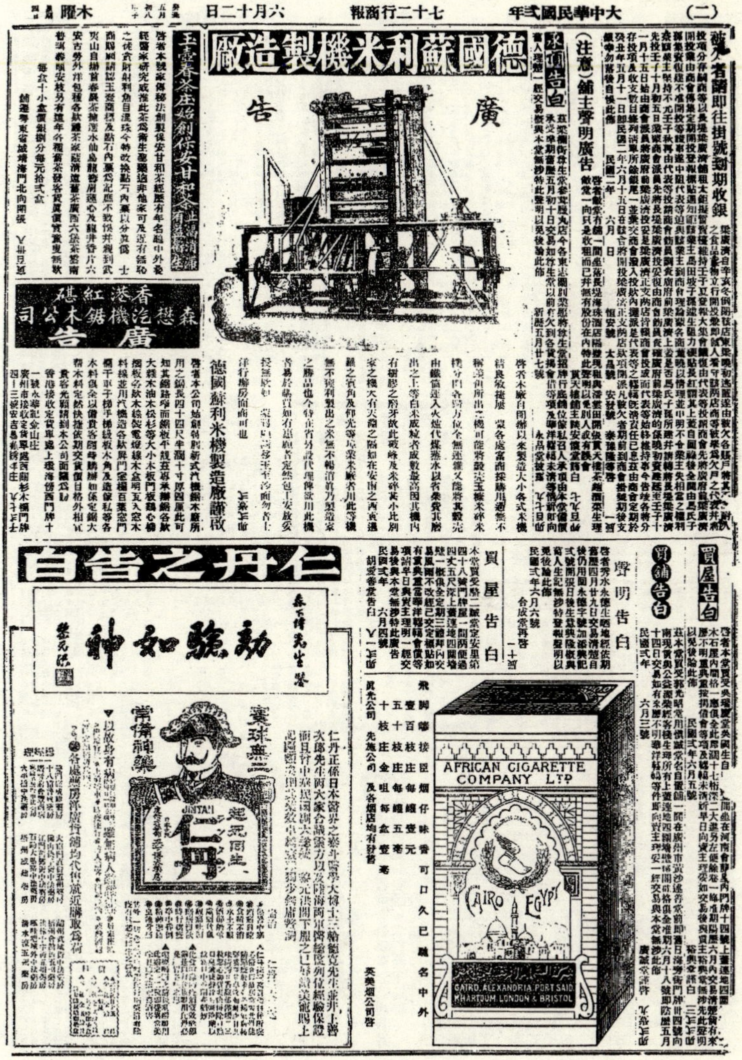
(二) 大中華民國弍年 七十二行商報 六月十二日 木曜

德國蘇利米機製造廠

廣告

王壹春茶庄始創保安甘和茶

香港紅磡汽機鋸木公司

森懋

廣告

德國蘇利米機製造廠謹啓

仁丹之告白

勳驗如神

買屋告白

聲明告白

買鋪告白

英美烟公司啓

《广东七十二行商报》，1913年6月12日。

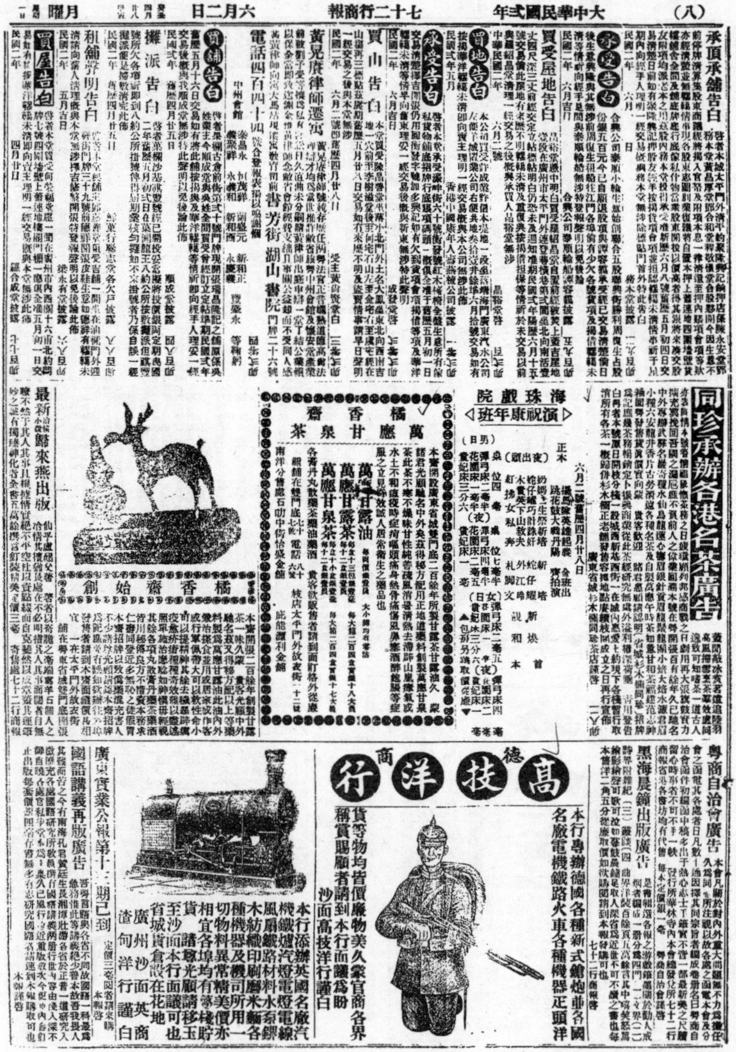
（八） 大中華民國弍年 七十二行商報 六月二日 月曜

承頂承舖告白

同珍承辦各港名茶廣告

海珠戲院

演祝康年班

承受告白

買受屋地告白

買地告白

承受告白

買山告白

黃晃庭律師遷寓

買舖告白

攤派告白

租舖聲明告白

買屋告白

橘香齋

萬應甘泉茶

萬應甘露油

萬應甘露茶

萬應甘泉茶

橘香齋始創

最新歸來燕出版

粵商自治會廣告

黑海晨鐘出版廣告

德商 高枝洋行

本行專辦德國各種新式鎗炮並各國名廠電機鐵路火車各種機器疋頭洋貨等物均皆價廉物美久蒙官商各界稱賞賜顧者請到本行面議為盼 沙面高枝洋行謹白

廣東實業公報第十二期已到

國語講義再版廣告

《广东七十二行商报》，1913年6月2日。

行”相称，广告范围涉及到当时几乎所有商业领域，从商品广告的种类分析，医药广告仍然占有较大比重，如在广州素有名声的潘人和号、两宜轩、梁同济、朱芳兰等老字号都经常在该报刊登广告。除了商品广告之外，其他新兴行业的广告也占有较大比重，如银行广告、保险公司广告、公司招股扩股广告、房地产广告等。这些广告反映了清末广州金融业、轻工业和房地产业的繁荣。上海汇丰银行、大清广州银行、上海华通水火保险公司、冠球联保火险有限公司、普华保险有限公司、香港福安保险公司、中国华安人寿保险有限公司等数家金融保险机构，常年在该报刊登广告。这些机构资金雄厚，在拓广业务时，自然将重点放在具有投资偏好和较强经济实力的商人身上，从而选择在商业性报纸上进行推销。由于商人铺面的需求量较大，当时房地产广告的内容以铺面转让和买卖为主，每天相关广告多达十多条乃至数十条，多冠以买铺告白、顶铺告白、声明告白等名称，各类商铺转让广告，反映了清末广州商业经济的繁荣。

3.《国事报》

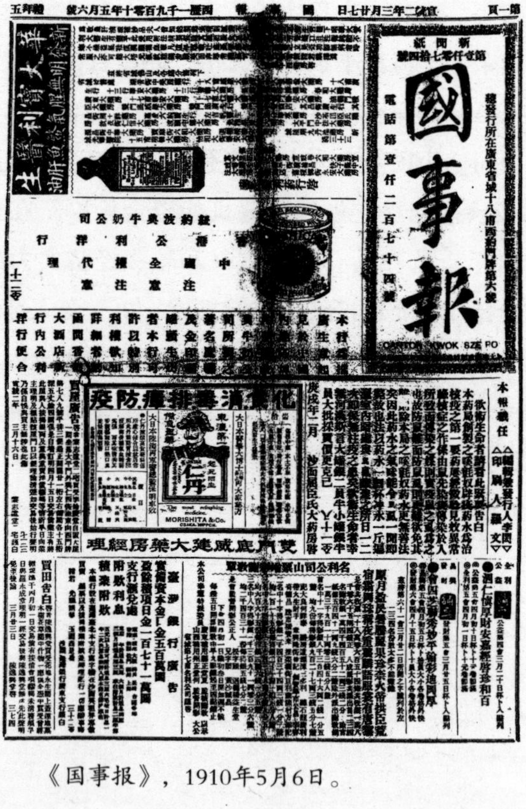

第一頁 宣統二年三月廿七日 國事報 西曆一千九百零十年五月六號 禮拜五

新聞紙 第壹仟零七拾四號

國事報

總發行所在廣東省城十八甫西約門牌第六號

電話第壹仟二百七十四號

CANTON KWOK SZE PO

化學消毒排瘴防疫

仁丹

MORISHITA & Co.

黃門鹿威建大藥房經理

《国事报》，1910年5月6日。

《国事报》创刊于1906年9月18日，总发行所在十八甫西岳门牌第六号[137]。主办人为徐勤，主笔黎砚彝、李雍斯、伍博典等，1910年的编辑兼发行人为李闳，印刷人罗文。《国事报》为保皇党的报纸，经常发表鼓吹君主立宪的文章。其成立之日，便遭到革命党和其他进步报纸的批判。如《香港东方报》在9月18日（农历八月初一）刊登《看看国事报出游之怪现象》云：“《国事报》定期本日出版，先于廿八日出游。所有狮子飘色顶马，如建醮奉神出游一般。所最奇者，办（扮）一华盛顿顶马、拿破仑顶马，依然将显绣戏服装束。姑无论用意如何，而西人确无此装束也。又有装束如学生者，鼓吹军乐随行。呜呼，粤东所有教育之学生，使来如此用法……”〔138〕《国事报》借创刊号发行之机，开展形象宣传，但其不伦不类的做法，显然有哗众取宠的嫌疑，被香港报纸所批判，也在情理之中。

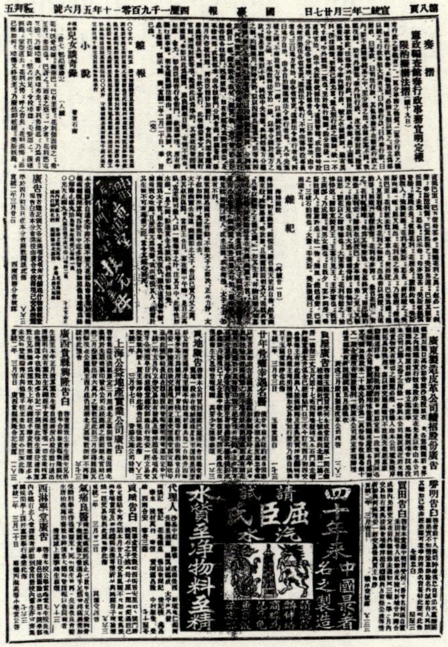
第八頁　宣統二年三月廿七日　國事報　西曆一千九百一十年五月六號　禮拜五

《国事报》，1910年5月6日。

顾名思义，《国事报》应以畅谈国家大事，关心国家前途命运为要务。然而，这份报纸在定位上以维护腐朽的满清政权、反对革命为宗旨。其所谈国事自然离不开对君主立宪制度的歌颂，其内容分为论说、上谕、本馆特电、本省要闻、京省要闻、海外要闻、奏折、辕报、小说、杂记等。1910年的《国事报》分为八页两大张，第一、二、三、四页为广告，第五、六、七、八页为正文内容，其中第七、八两页有部分广告。《国事报》忠实于清政府和地方当局，对于官方出台的重大政

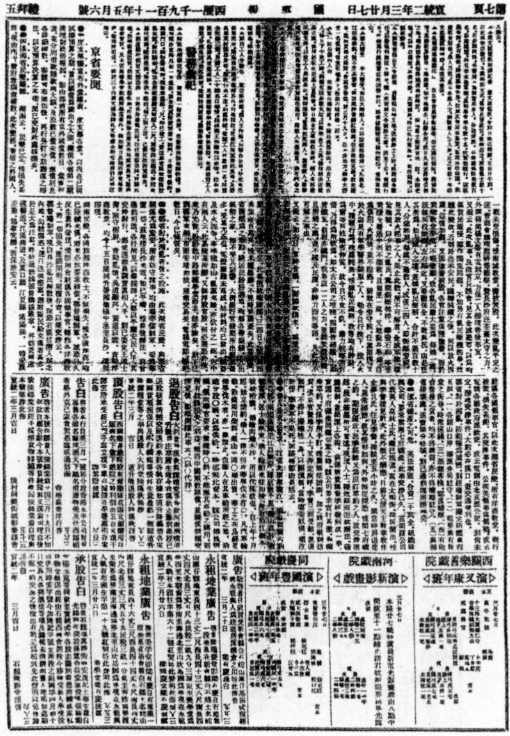
第七頁 宣統二年三月廿七日 國事報 西曆一千九百一十年五月六號 禮拜五

京省要聞

《国事报》，1910年5月6日。

策，往往会及时刊登或转载，并配合论说栏目，评论时事。该报在本省要闻中，以较多的新闻条目反映全省社会新闻，内容较为简单，但报道面较广。如《戴文诚灵柩回禅纪盛》一文，记载广东地方官戴文诚死后，灵柩经由各处，有官兵护卫，官绅沿途致哀的情形。《札县勘地建癫狂医院》一文，则介绍南海县改良会会员李衡皋等人，筹建癫狂医院，所需土地，已获批准，勘察工作，加紧进行云云。

《国事报》的广告内容繁多，但是医药、保健品广告占到所有广告数量的三分之二以上。特别是保健品广告，占据了报纸头版显著位置。如《华大宝利医生新发明无腥气鳖鱼肝油》为头版第一条广告，系香港中西药房发布，将鱼肝油吹嘘得神乎其神，第二条广告为推销纽约波典牛奶公司的牛奶广告，第三条是威建大药房推销的仁丹广告。这三则广告内容均系保健品，而在此以前，保健品广告在其他报纸上尚不多见。与《广东七十二行商报》相比，《国事报》很少刊登金融保险业、房地产业广告，就报纸的发行量和影响力而言，《国事报》比《广东七十二行商报》要逊色得多。

4.《国民报》

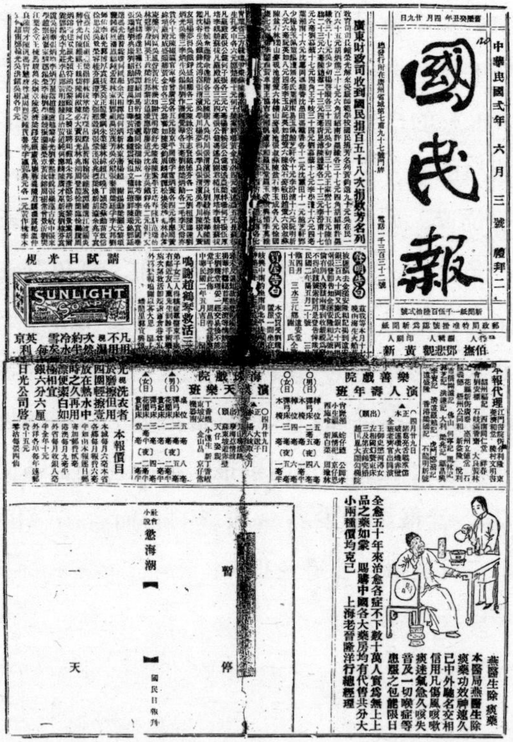
中華民國弍年 六月 三號 禮拜二
國民報
廣東財政司收到國民捐百五十八次捐款芳名列
請試日光梘
SUNLIGHT SOAP
本報價目
演樂善戲院
演海珠戲院
暫停
慈海潮

《国民报》，1913年6月3日。

《国民报》创刊于1906年11月，馆址原在第八甫，主办兼编辑为卢谔生，撰述有邓子彭、李孟哲、冯百厉等人。民国元年（1912年），该报发行人李伯抚、编辑人邓悲观、印刷人舒俊达，总发行所在西关第七甫九十七号门牌[139]。“初办时只在营业，不带政治色彩。但不久后，因主干编辑人李少廷加入了同盟会，言论为之一变，趋向革命”[140]。该报在辛亥革命前夕为广州地区的革命机关报，其宗旨如一则告白所云：“本报以唤醒国民精神，而发起其爱国思想为主义。宗旨坚定，言论切实。”[141]

《国民报》内容分为庄、谐两部，1912年初，将谐部移往附张。创设附张，成为清末报纸的一大特色，当时《南越报》、《光华报》等报纸都设立了附张，附张内容以杂、博、趣为特色，采用各类文体写作。如1914年该报曾在附张长期连载长篇社会小说《欲海潮》，其他还有《落花梦》、《新趣语》、《伟人迹》、《话剧曲》、《实业谈》等栏目。庄部内容主要有论著、本报特电、粤事、时评、中国新闻、外国新闻等等。《论著》一栏，以时政大事为对象，以推进改革，提倡革命为主要立场，颇有说服力。如《公务司拆城办法大纲之评议》一文，对拆除旧城墙的行动，大加赞赏。其文云：“拆城之举，前亡清之谘议局议员，已有倡此议者。无如昔日腐败官吏恃城垣为护符，蔽于私见，其议遂中梗而不行。今广东光复，建设方新，则此腐败无用之城垣，宜及去。以免为交通上之障碍。盖拆城之举，利益甚大，绝无可反对之理由也。虽然，沿城一带，民房商店，其密如栉，一旦拆城，则所蒙之损失必不免。政府非担任赔偿不可。而赔偿之法，亦必须办理尽善，两得其平……”[142]然后，作者对于公务司的赔偿方案提出质疑和批评，认为没有维护好拆迁居民的切身利益，要求公务司三思而行。这类对公共

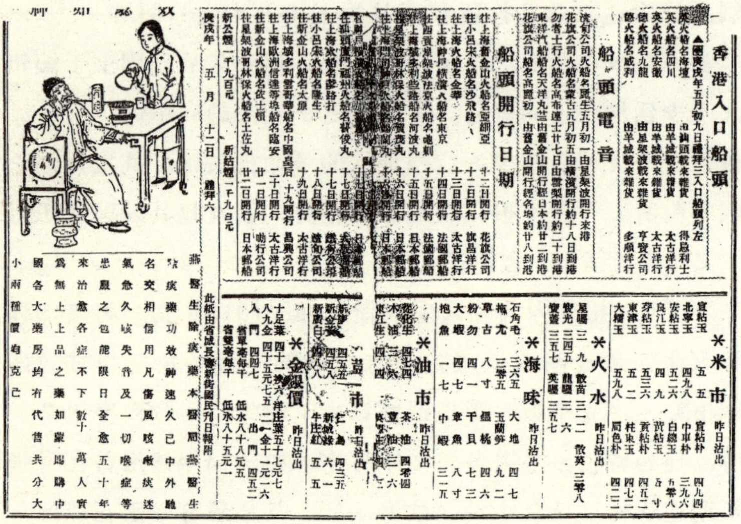

香港入口船頭

▲國庚戌年五月初九日禮拜三入口船頭列左

英火船名海壇 由汕頭載來雜貨 得忌利士

英火船名四川 由羊城載來雜貨 太古洋行

英火船名安徽 由羊城載來雜貨 太古洋行

德火船名九龍 由星架波載來雜貨 亨寶公司

德火船名威利 由羊城載來雜貨 多順洋行

船頭電音

渣甸公司火船名麗生五月初一由星架波開行來港

花旗公司火船名蒙古五月初五由橫濱開行約十八日到港

勿者士行火船名高布連士廿七日由雪梨開行約二十日到港

東洋汽船名天洋丸三日由舊金山開行經日本約廿二到港

花旗公司船名高麗初一由舊金山開行經各埠約廿八到港

船頭開行日期

米市 昨日沽出

火水 昨日沽出

海味 昨日沽出

油市 昨日沽出

荳市 昨日沽出

金銀價 昨日沽出

此紙由省城長壽新街國民刊日報附

庚戌年 五月 十二日 禮拜六

燕醫生除痰藥本醫局燕醫生

《国民报》，1910年7月15日。

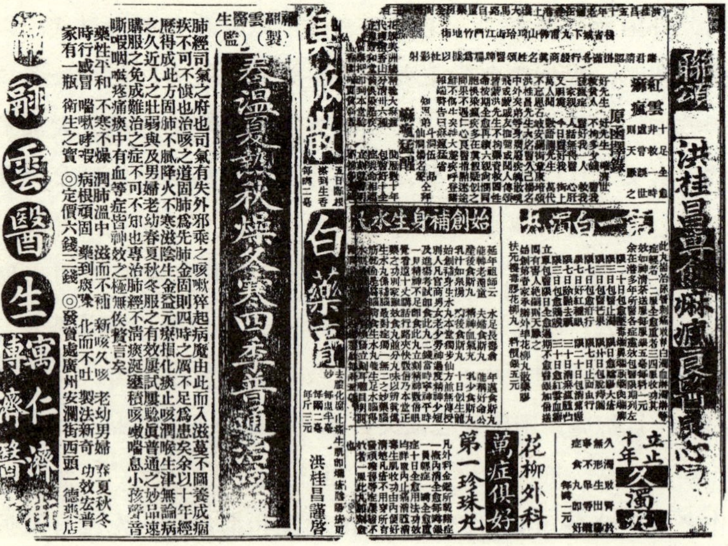

洪桂昌專治痳瘋良醫良心

萬症俱好

花柳外科

第一珍珠丸

白藥膏

真服散

始創補身生水丸

春溫夏熱秋燥冬寒四季普通諸症

羅雲醫生

寓仁濟博濟醫

《国民报》，1910年10月5日。

事务的议论，关系到普通民众的切身利益，受到读者的欢迎。

《国民报》的《本报特电》栏目，内容简洁，为外地记者发回的紧要电报，有助于了解国内外最新动态。如民国元年（1912年）二月二十八日的特电有如下内容：“唐绍仪见袁世凯，劝来宁就任，袁已允肯；荷人虐待华侨极为惨酷，华侨已将情电告新政府，尚无切实复答；长庚联同甘肃谘议局抗拒共和，袁世凯电责长庚，谓如再抗拒，则不解协……”[143]此类报道，言简意赅，信息量大，可读性强。

《国民报》关注交通信息和物价行情，每天刊登香港入口船头、船头开行日期、船头电音栏目，介绍往来于上海、香港等地的航班，其物价行情栏目包括米市、火水、海味、油市、豆市、金银价等等。其中火水行情，以前报纸很少刊登。在清末民初，煤油已经普遍使用，民众对其价格亦颇为留心，阅读报纸能够了解煤油价格行情。如1910年6月19日的火水行情（每罐）为：“新星3.9元，散苗3.12元或3.1元，散英3.08元或3.05元，宝盖3.57元或3.55元，龙3.6元，宝光3.45元或3.42元，英3.57元或3.56元。”[144]

5.《南越报》

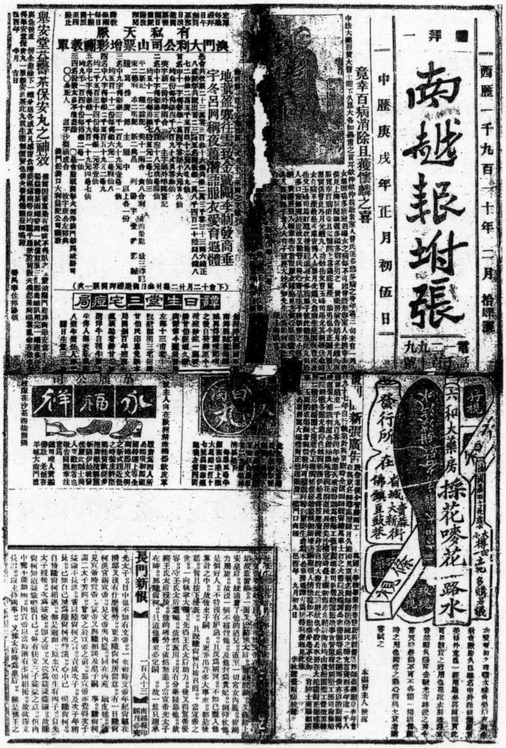
西歷一千九百一十年二月拾肆號

南越報附張

中歷庚戌年正月初伍日

竟幸百病消除且獲懷麟之喜

《南越报附张》，1910年2月14日。

《南越报》创刊于1909年6月8日，报馆设在第七甫，是广东同盟会的秘密机关报，主编为苏棱风、卢博浪、李孟哲、杨计白等人。该报分庄、谐两部，庄部有论说、时事，谐部有题词、文界、冷评、说部、笑话、剧本、粤讴等。《南越报》还设立附张，主要刊登广告、小说等等。如1910年2月14日的附张第一版刊登医药广告，并连载长篇小说《长门新娘》，注明“《南越报》印，翻刊必究”[145]字样。这说明该报有一定的版权意识。

《南越报》是革命党人宣传革命思想的喉舌。为了宣扬革命道理，深入影响广州社会各界，该报在风格上浅显易懂，特意采用了大量粤语方言，以满足广东读者的阅读需要。《南越报》的创刊宗旨，就是反对君主立宪，揭露清政府的腐败统治，“欲在沧海之横流，勉作疾风之劲草。皆准时势以立言。庄谐并进，实作文明之先导。警劝交谏，无不痛下针砭”[146]。以敢言著称的《南越报》，在当时青年学生和进步人士中有很大影响力。

《南越报》的《文界》栏目，一般一日一文，文章大多为革命党人所写，以批判社会丑恶现象，推动社会文明为主要目的。如《三月三赋》一文，描写清明时节，各处乡村宴饮、祭神、演戏、烧花炮等活动，颇为盛行。作者评论道：“如斯陋习未免蛮。此等浇风，诚囿吾粤，曷若兴逸神怡……而乃神最是信，胜意徒贪，作无益之妄动，为大雅所羞谈……”[147]又如《拟羊城奶妈联行简章（并序）》一文，对奶妈充满同情，认为奶妈“惟是散处四方，莫能一致，素无团体，绝少聚头。既乏联络之方，又失合群之利，言念及此，心切何堪”。为此，应该成立奶妈联合组织，对会员有较明确的行业纪律和行业标准。其章程称：“一、（命名）奶妈理行。二、（宗旨）我荐你，你引我，我条你扯，你皮我条。三、（会所）择干净温地，咪区，捞净水前面。四、（公款）入城标会抽一半，跟二奶去睇戏，抽七成。五、（资格）分上中下三等，（上等）十八、廿二，靓到勾魂，专服侍少爷少奶，做近身者为上等；（中等）年纪半老，都有的丰韵，养得几个妹仔，执得几份大会，做得几个大媒人为中等；（下等）五六十岁，周身姣气，好死唔死，走去大住家，奶小少爷为下等。六、（装束）黑绸衫裤，通心髻，过水磨脚踭，通天油遮，乌纸扇。”[148] 可见，对于当时社会地位极低的奶妈工作，其行业要求也是非常严格的，奶妈的年龄、长相、穿着对其收入有很大影响。其工资外的收入部分，还必须上交行会。即便如此，在城里谋求一份低收入的工作也非常不易。

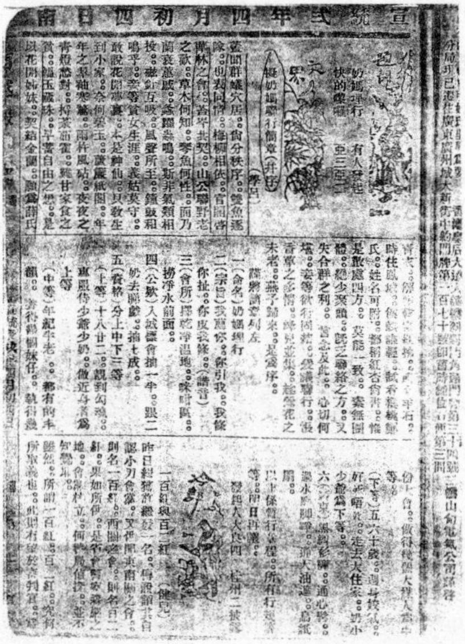
宣統弍年四月初四日

《南越报》，宣统二年（1910年）四月四日。

《禁赌耶、承赌耶》一文则揭露了无耻之徒李世桂劣迹的：“曾经因欠饷潜逃两次，鼠窜回粤两次。乃大吏海量汪涵，宽其既往而咎之。更信其有禁赌之热心，欲准其承盐抵赌。吁，以赌觅食，罪恶实盈之。”作者进而揭露道：“今则承盐之事，为社会所疾视，为舆论之公敌，业已风流云散矣。殊知禁赌果非李世桂所为，而最近新承番摊赌饷之潮流又活现，是所谓以禁赌之人承赌，因见承赌，更见其目前之并非有心禁赌。”作者对于承赌提出批评和质疑，认为：“盖李世桂，赌鬼也、赌匪也。朝夕必以赌为事，故以赌为始者，必以赌终。禁之者，由彼握内权而援其类；承之者，由彼握内饷而延其命。始终不离一赌字。”[149]可见，揭露社会黑暗，批评时政，是《文界》栏目的重要目的。

《南越报》的广告，多刊登补脑汁、爱理士红衣补丸、人造自来血等补品。许多补品广告刊登一整版，如中法大药房发布的《人造自来血》广告，声称“一国之盛衰在于民气，而一身之强弱在于血气”[150]。将补品与国家兴盛联系起来，颇为夸张。但是，这些补品价格很贵，如艾罗医生补脑汁，每大瓶银二元，每打二十元[151]。这些神乎其神的补品，往往带有严重的虚假欺骗的成分，即使是在具有高度正义感的《南越报》上刊登，也没有受到应有的“审查”。另外，《南越报》的谐部还刊登轮船及其货物行情，以及股票和汇价等等，商业气息颇浓。

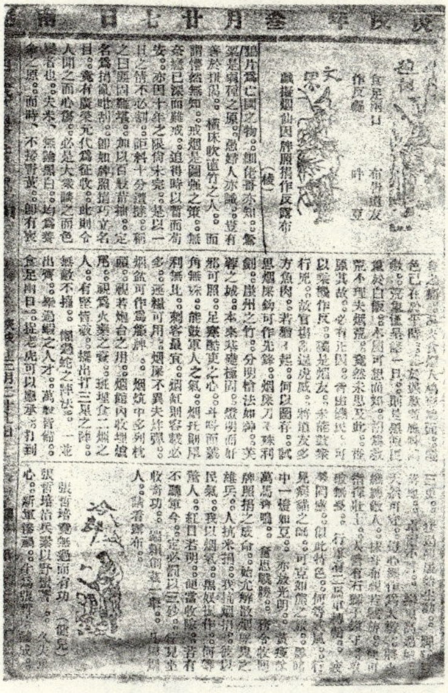

《南越报》，宣统二年（1910年）三月二十七日。

6.《广东白话报》

《广东白话报》，1907年第1期。

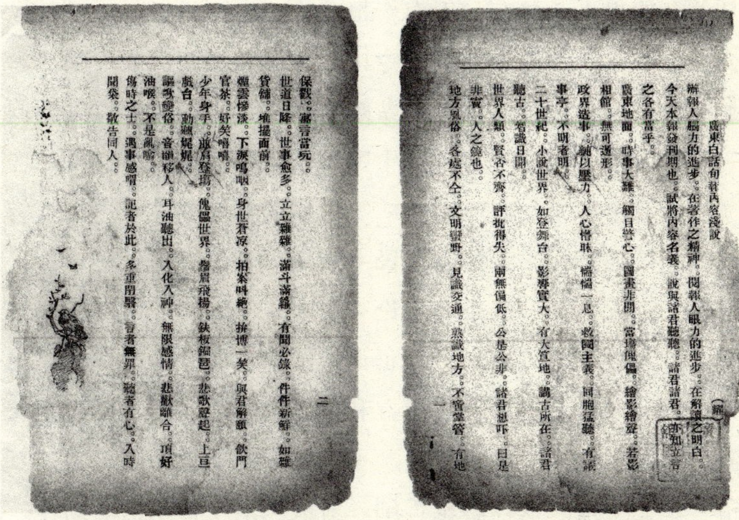

廣東白話旬報內容淺說 （羅

辦報人腦力的進步。在著作之精神。閱報人眼力的進步。在解讀之明白。今天本報發刊期也。試將內容名義。說與諸君聽聽。諸君諸君。亦知立言之各有當乎。

廣東地面。時事大雜。觸目警心。圖畫非閒。當場傀儡。繪影繪聲。若影相館。無可遁形。

政界造事。純以壓力。人心懵昧。惴惴一息。救國主義。同胞猛聽。有議事亭。不明者明。

二十世紀。小說世界。如登舞台。影響實大。有大宣地。講古所在。諸君聽古。智識日開。

世界人類。賢否不齊。評批得失。兩無偏低。公是公非。諸君想吓。曰是非實。人之鏡也。

地方風俗。各處不仝。文明蠻野。見識交通。熟識地方。不嘗堂管。有地

一

保戲。寓言當玩。

世道日降。世事愈多。立立雜雜。滿斗滿籮。有聞必錄。件件新鮮。如雜貨舖。堆擺面前。

煙雲慘淡。下淚嗚咽。身世蒼涼。拍案叫絕。拚博一笑。與君解頤。飲門官茶。好笑嘻嘻。

少年身手。滿肩登場。傀儡世界。鬚眉飛揚。鉄板銅琶。悲歌聲起。上亘戲台。動聽娓娓。

謳歌變俗。音韻移人。耳油聽出。入化入神。無限感情。悲歡離合。頂好油喉。不是亂噏。

傷時之士。遇事感喟。記者於此。多重閒醫。言者無罪。聽者有心。入時閒袋。敬告同人。

二

《广东白话报》，1907年第1期。

《广东白话报》创刊于1907年5月31日，总发行处在靖海门外迎祥街，其第五期《迁铺预启》云："本报总代理处七月十五日迁往德辅中环街市对面一百零五号二楼。"〔152〕其第一期送阅，"阅者挂号，否分收回"〔153〕。售报价格，"一月三册，贰毫五仙，零售每册壹毫，外埠邮费酌加，一律按月取费，二十册以上九折，三十册以上八折"〔154〕。但是，第五期的报价有变化，"一月四册，三毫五仙"〔155〕。此说明一段时期以后，该报每月出版4期，并非旬刊。

《广东白话报》的主要撰述人有黄世仲、欧博鸣、易侠等，主编黄世仲为一位具有传奇色彩的人物。黄世仲（1872—1913），番禺大桥乡人，资产阶级革命家、宣传家、小说家。黄世仲于1905年加入同盟会，参加过大量的革命实际工作，

是著名的报人，曾在《天南新报》、《中国日报》、《世界公益报》、《香港少年报》等10多种革命报刊担任主编或参加编辑工作。黄世仲是一位勤勉的报人，从1903年春开始的三年时间里，先后参与了《中国日报》、《世界公益报》、《广东日报》、《有所谓报》等有名的资产阶级革命报纸的编辑、撰述工作，热情宣传民主革命思想，抨击保皇谬论。他先于章太炎的《驳康有为论革命书》，发表了洋洋三万言的《辨康有为政见书》，义正词严地指出康有为的文章“绝无宗旨，忽而言道德，忽而言利害，忽而言名分，忽而言无演，忽而言气术；不明种界，不识民族，不识公理，千差万错”，完全是“欲以唇枪舌剑，对敌风潮，借胡清之剑印，以诛尽汉族之头颅”。这般论述，气势磅礴、情感丰沛、义理通透，表现出他的革命视野和高昂澎湃的革命情怀。自1905年10月加入中国同盟会后，黄世仲又先后创办《少年报》、《广东白话报》、《中外小说林》等报刊，同时还参与《社会公报》、《南越报》的编辑和撰述工作〔156〕。

清末白话报刊颇为流行。白话报刊是在部分文言报刊中孕育起来的。它文字浅显，适合于社会下层人员阅读。诞生后也不过是星星之火，经过戊戌维新、辛亥革命两个时期以后，才逐步形成燎原之势〔157〕。粤语为广东通用语言，但广州报刊，一般采用文言文，对于粤方言，只是在《粤讴》等少数栏目中使用。与上海等地相比，广州的白话报刊出现较晚。粤方言发音较为复杂，一些土语用汉字表示较为困难，如果不懂粤语，阅读广东白话报纸会觉得较为吃力，但对于本地人而言，白话比较真实地反映了本地语言和文化习俗，读来颇为亲切。

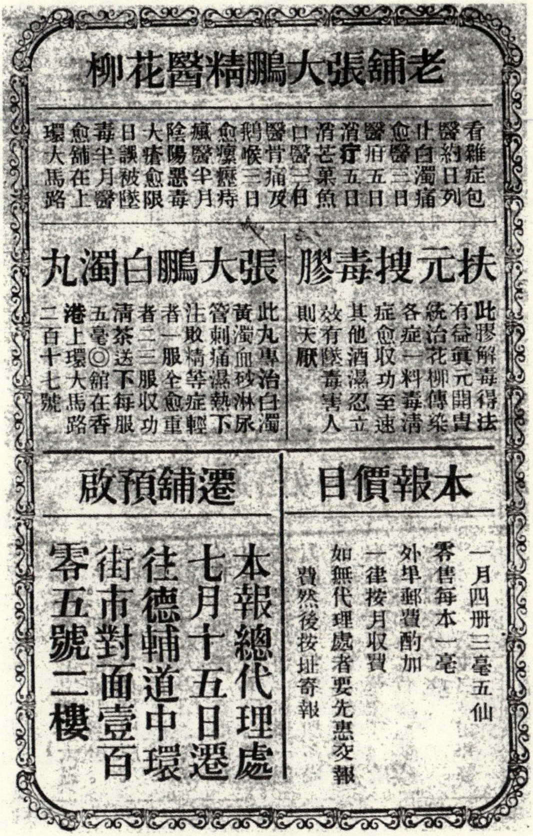
老舖張大鵬精醫花柳

看雜症包醫約日列廿白濁痛愈醫三日醫疳五日消疔五日消苦菓魚口醫二白醫背痛及鵝喉三日愈瘰癧痔瘋醫半月陰陽罨毒大豬愈限日談被隧毒半月醫愈舖在上環大馬路

張大鵬白濁丸

此丸專治白濁黃濁血砂淋尿管刺痛濕熱下注敗精等症輕者一服全愈重者二三服收功清茶送下每服五毫◎館在香港上環大馬路二百十七號

扶元搜毒膠

此膠解毒得法有益眞元開胃統治花柳傳染各症一料毒清症愈收功至速其他酒濕忍立效有隧毒害人則天厭

遷舖預啟

本報總代理處七月十五日遷往德輔道中環街市對面壹百零五號二樓

本報價目

一月四册三毫五仙
零售每本一毫
外埠郵費酌加
一律按月收費
如無代理處者要先惠交報費然後按址寄報

《广东白话报》，1907年第5期。

《广东白话报》第一期封面为一幅讽刺画，画中一名官员面对镜子，看到自己的影子竟然是一张狗脸，大为惊怒。镜子上写着“照妖镜”三个大字，对腐败官员的丑态大加嘲讽。该报在封面上揭示官场腐败，反映出它不畏强权、敢于批判的精神。其办报宗旨，在第一期的《广东白话旬报内容浅说》得到充分体现：“办报人脑力的进步，在著作之精神；阅报人眼力

喂逗貨囉播 好朋友

我地呢個報。。係三幾個熱心好朋友。。解荷包鼎力出嚟辦嘅乍。。幷非集有好大資本嘿。。故此要逐個月收銀。。然後至頂得順。。唔係就唔嚟頑嘅噃。。現在已經出阻第六期咁耐咯。。照例要收銀喇。。喂。。睇白話報嘅好朋友。。我而家派個彩記粘張花邊掛角圖章收條嚟逗貨囉播。。各位咪嫌瑣碎。。預便個筆銀等佢嚟就俾佢。。等我地得嚟週轉。。眞係多德各位唔少咯。。

改良過好得多

本報向來十日出一期。。太過吊癮。。而今自第七期起。。改過逢禮拜日依期出版。。一來不至日子長吊癮。。二來禮拜日人人得閒。。各家又有新聞紙派。。有番我本白話報嚟消閒頂癮。。各位想必越加歡迎。。但係一個月出多期。。每期又加多幾篇。。手指唔做得㨂擺。。逼住每月要收三毫半子。。有多啲野睇。。各位諒想都唔志在個幾分銀嘅。。

廣東白話旬報啓

《广东白话报》，1907年第7期。

的进步，在解读之明白。今天本报发刊期也，试将北容名义，说与诸君听听。诸君诸君，亦知言之各有当乎。广东地面，时事大难，触目惊心。图画非明，当场傀儡，绘影绘声，若《影相馆》，无可遁形。政界造事，纯以压力，人心懵昧。惴惴一息。救国主义，同胞猛听，有《议事亭》，不明者明。二十世纪，小说世界，如登舞台，影响实大。有《大篁地》，讲古所在，诸君听古，智识日开。世界人类，贤否不齐，评批得失，两无偏低，公是公非，诸君想吓，曰《是非窦》。人之镜也。地方风俗，各有不同，文明蛮野，见识交通……世道日降，世事愈多，立立杂杂，满斗满箩，有闻必录，件件新鲜……烟云惨淡，下泪呜咽，拍案叫绝，拼博一笑，与君解颐……少年身手，并肩登场……讴歌变俗，音韵移人……伤时之士，遇事感喟……”[158] 发刊词从十个方面，简介了该报的论述范围及其栏目，栏目名称分为《议事亭》、《影相馆》、《大笪地》、《是非窦》、《地保戮》、《杂货铺》、《门宫茶》、《亘戏台》、《好油头》、《时间袋》等。其内容丰富，言辞激烈，为当时广东报刊的一面旗帜。

7.《农工商报》

三版

光緒三十三年九月廿四日

農工商報

第壹期

（光緒三十三年五月十一日發行）

總則及特色

論說

籌商工旬報之好處

羊城市面改良與商務之關係

新聞

粵路始末 河橋公司 辦自來水

禁煙實行 清理街道 填築馬路

新法

防止發霉 布疋改良 生油煉淨

鞋膏製法

學理

商工人考究學理總論

商工人當考究處理

政治

商勳章程補助商人將行商標

農工商局示飭設商會

講古存

陶朱公至富來歷記

講道德

論信用之緊要

《农工商报》，1907年第1期。

《农工商报》创办于1907年6月，馆设广州光雅里，本城代理处有藩司前萃渡书社、双门底上街点石斋、双门底下街圣教书楼等10处，在佛山有重要兴街中西药局、正埠周霖记等4处，另外在香港、澳门、石龙、东莞、顺德、陈村、江门、新会等地有十多个发行点。该报每月出3本，每册20页，售价“本城每本一毫，本省、国内一毫二仙，全年三十六本，本城一元，本省国内一元二毫。港澳每本一毫六仙，全年一毫七毛半”[159]。

《农工商报》是一份专业性刊物，顾名思义，它主要介绍农业、工业、商业三大经济领域的新闻动态，内容主要分为论说、新闻、新法、学理、讲古仔、讲道德、新笑谈栏目，特别注重对创办各类实业的报道，如新发明、新工艺、新技术的使用和传播，各行业的情况调查，以及相关的章程、条例等等，使读者了解到国内外经济发展的基本情况，掌握一些工艺实用技术，积累一些初步的专业知识，以振兴实业、开启民智，是面向普通民众的通俗性、科普性、知识性报刊。

该报《论说》栏目主要是有关经济方面问题的评述，如1907年第13期的论说题目是《论奢俭》，1907年第7期的《因广东土性以择合宜之耕种论》一文云：“美哉，我广东之地势，美哉，我广东之土质……耕种以何为要，以分别土性为要。虽极好之树木，种于不相宜之地土，不能生也。因天然之泥土，种以适宜之树木，无不生也。地上土质，分为四大类，曰淡质、曰酸质、曰咸质、曰炭质。广东地势低下，故其土以咸质、炭质为最多，则其所种植，合于咸质、炭质，而不甚合于淡质、酸质，不待言也……”[160]作者在介绍广东土质后，以较为平实的语言，介绍了土壤方面的知识，颇有新意。又如1907年第2期的论说题目为《羊城市面改良与商务之关系》，纵论西方市场，视野比较开阔，其文云：“查外国盛大之市场，必划出市域设有专官管理，如身使臂使指一切。当兴之时，纲举目张，次第整饬；当理之讼，随到随办，立刻裁判。故事无拥积而商务可兴焉。羊城市面不可不划出地段直隶属制台，不受南番管辖，即设市长以司之。市域之内，分为数区长以司之。受市长之指挥，理寻常之案件，其神即专其事。斯此举此定则也分区之大小，一当按商务之旺淡，二当按地面之广狭……”[161] 这里所评论的专业市场，已经含有政府职能划分和公共管理改革的意味。对于工业，《农工商报》也常加以评论，如对于购买机器，有评论认为：“洋货中以买机器一项，为生财捷径，而我国有志实业者，苦无问津，殊可慨也。”[162]

《农工商报》的新闻，倾向于报道创办实业方面的内容，如政府相关政策、法令，各地实业发展情况等等。其中本省新闻中，对最新工商业的动态尤为注重。如1907年第13期报道了一则《自制显微镜批准奖励》的新闻，对于民间发明颇为重视，认为“裨益教育，杜塞漏邑”。其奖励条例规定“每月所出值二千元以上者，为甲等，千元以上者，为乙等”[163]。对于工矿业的最新进展，该报也及时报道，如对当时广州较大的企业省城电灯公司、广东士敏土厂等，多次加以报道。1907年第6期就报道了士敏土厂从国外运机器一事：“托德国洋行代向德国两个厂订造，计分三种，一造土机器，二造桶机器，三造砖机器，曾已运到机器一幅……”[164] 而外洋机器的具体价格，该报也常有披露。如《舂米机器》一文介绍：“舂米机器一架，银一百八十元，运动之火油机一架一马力者，银四百一十六元”。接着，作者介绍这一新式机器的好处：“舂米出卖为销路之大宗。用人工每人每日以三石计，若用机器做至三十六石，用两人更替，一人可敌六人之工夫，一日可当十二人之工夫，每月约省人工食用银一百元，半年可得机器之价矣。”[165]此类新闻，具有明显的说服功能，对于机器的高效率，也常见诸新闻报道之中，这对于推广机器工业，引进西方工艺，起着一定的舆论导向作用。

在新法栏目中，对各类工艺技术多有介绍。如《电传照相法》报道：“此机器一千九百零三年发明，当时所传之照片甚为模糊，今年此机复大加改良，能从于一千余英里外，电传照相，异常清楚。其电传时刻约十二分钟……其器甚简易，所费约英金一百镑，目下法国报馆已采用者，为《一星期图画报》。”[166]此类新技术，令读者打开眼界。该报还介绍一些实用技术和生活常识，如在《生晒圆肉要法》一文中，认为制干桂圆，不宜用火烤，而应生晒。“将圆眼连枝摘下除叶，在太阳内晒，则极易干，而水无腐烂，且香味格外不同。生晒荔枝，亦照此法，可得佳品云”[167]。又如《衣服的利用》一文，介绍穿着衣服的常识，“近肤的衣服，用法兰绒最好，冬天能防身上的热度不散，夏天能收汗。至于衣服多用白色为宜，黑色最易收放热度，所以夏天穿黑衣服比白衣更热。冬天穿白衣比黑衣更凉。大概衣服的颜色越淡，令人格外精神”[168]。

1911年11月，《农工商报》在《震旦日报》上刊登广告云：“《农工商报》改名《光汉日报》，廿三日迁往第八甫”[169]。同月16日的《光汉日报》也刊登告示云：“本报原名《农工商报》，今改名《光汉报》”，并提出了办报宗旨：“本报以光复汉族，及提倡民权、民生三大主义为宗旨。并以监督政府，指导国民为天职”[170]。可见，改名后的《光汉日报》，在办报旨趣上，与《农工商报》有很大区别。

8.《震旦日报》

總發行所在廣州第七甫門牌七十七號

震旦日報

本報主任

發行人 康仲犖

編輯人 陳援庵

印刷人 梁勤

電話第一千五百零二號

必得勝丹

家家常備人人常用之寶物

含化一粒滿口芳香

兩廣牙科研究所

六和大藥房

一服全愈 百發百中

長寒發冷丸

梁培基

補腦丸

《震旦日报》，1911年11月20日。

《震旦日报》创办于1910年10月，发行人为康仲荦，编辑人为陈援庵（陈垣），印刷人为梁勤，总发行所在第七甫门牌第七十七号，发行价格，“零沽每张三仙，本城每月报费银五毫，本省各乡每月五毫半，邮费另加。港澳每月八毫半，外省各埠每年连邮费九元，遇闰照加，外洋各埠每年连邮资给三元，遇闰照加”[171]。值得注意的是，一般报纸的海外定价要高于国内，但是，《震旦日报》的海外销售价格仅为广东省外的三分之一，显然，该报对于海外市场，不求获取利润，而以扩大社会影响为重要目的。该报每日八页，第一、四、六、七页为广告，第二页为本馆论说、广告，第三页为新闻，第五页为鸡鸣录，为该报副刊，主要内容分为掌故、杂录、杂志等，第八页为京省要闻。

沈琼楼认为：“《震旦报》原为石室天主教神父巍畅茂所创办。目的本在文化侵略，断非赞助革命。但由于有法帝国主义作为掩护，革命志士廖平庵和杨匏安亦替该报撰写社论，借该报为宣传工具，使该报带上一点革命色彩。”[172]这大体上反映了《震旦日报》早期的情形。但是，在辛亥革命爆发之后，该报的革命倾向是非常明显的。查阅该报1911年10月至12月的《论说》、《新闻》、《鸡鸣录》等栏目，内容多与革命有关，直接代表革命党的政治倾向。如《本馆论说》中有《问胡都督》一文，对时局评论颇为大胆，直接质问广东都督胡汉民：“中国之革命也，满清不足畏，所畏者在外人之干涉，党人曾之熟矣。即胡都督当《民报》主笔时，亦讨论之。彼时言论，以为革命断不致令外人干涉者，谓外人断无节外生枝，无可干涉而不干涉乎？……呜呼，今几何时，西江一带，既有戕害英国商人之事，又有戕害德国教民之事。呜呼，外交急矣，粤人有冒昧至此，胡都督何不知拾东至此。”[173]保护外国人利益，成为辛亥革命前后革命党人的基本立场，体现了资产阶级民主革命的软弱性。当日新闻还评论道："我军政府日中所办之事，皆属内政问题，而于外交重要之事，全然不讲，若一旦由我广东酿出国际，则我广东人何以对全国也。"[174]可见，保护外国人利益，避免外交纠纷，是当时广东革命党人的重要使命。

《震旦日报》十分关注广东时政，在广东军政府成立后，该报曾发布紧要布告云："自今始，凡属新政府之种种进行方法，当与诸君子而监督之，我同胞之公意，本报无不极力发挥……"[175]该报对广东军政府的公文布告及时在新闻栏目中刊登，如《罢酒捐、屠捐、猪捐告示》、《都督胡为出示安民示》、《胡都督为出示晓谕事》、《约法七条》、《民军参谋部布告》、《司法部通告》等等，及时反映广东军政府的最新政策，为宣传革命形势的重要渠道。同时，该报也十分关注辛亥革命后广州社会形势的变化，在新闻栏目中常常报道社会新气象，如《李登同禁赌韵示》报道福字营统领李登同在街头张贴告示，严厉禁赌。告示云："赌之为害，人尽能明，前时禁绝，煞费经营。中华民国，大功告成，青天白日，讵任现形……手足兄弟，洗心革面，速速收兵，倘仍不改，勿怪无情"[176]。又如《强剪人辫者当敛迹矣》一文，对于强迫剪辫一事，提出批评，认为"此种无理举动，若不即行严禁，诚恐徒增人民恶感而已"[177]。

对于社会新闻，该报从社会新潮的角度加以披露，揭示辛亥革命对社会各界的影响。如《维持公安演说社》一文云："昨广仁善堂，以现在各属警报纷至，人心疑虑，虽新政府送经示谕，仍恐各处商民，未能悉数领会，经初六会议，附设演说社，分派演说员多人前往各属繁盛地方，明白演说，以维公安，鼓吹捐助军饷为宗旨。”〔178〕此外，民间社团在宣传革命思想，维护社会秩序，推动社会革新等方面的作用，也经常见诸报端。如1911年底捐助军饷一事，该报曾多次报道，对社会各界踊跃捐款，进行多方面的宣传和鼓励。如报道一些妓院经营者发起本寨妓女进行捐款，其中万鸿楼妓院谭某，干脆将本妓院所得收入，“自初九日起，十九晚止，除米饭外，一概报效军饷。”另载瑞鸿妓院，有寮口婆金润，主动在妓院内游说，“连晚劝各妓女捐助军饷，极为踊跃，现经捐得百余元云”〔179〕。

《震旦日报》，1911年11月14日。

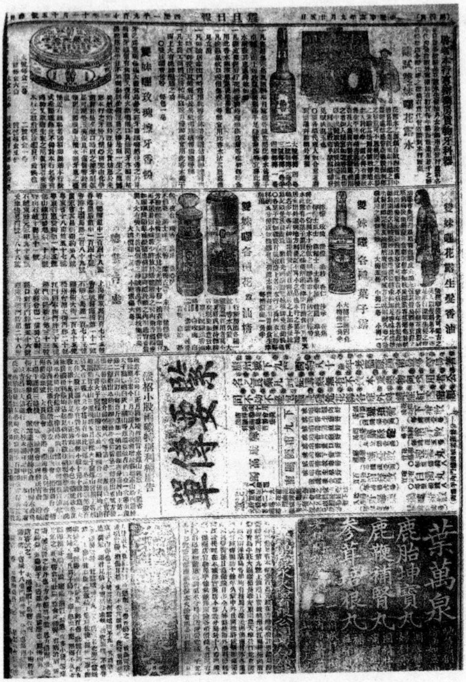

《震旦日报》，1911年11月15日。

《鸡鸣录》栏目，是该报的副刊，主要刊登消遣性文章，有杂文、专件、传记、小说、班本、南音等，文字浅易，趣味性强，以反映民主革命思想为宗旨，特别注意刊登一些时事杂文，借以鼓吹革命思想。在最后的《京省新闻》中，以报道全国各地的革命动态为主。如1911年12月8日的《京省新闻》栏目的主要文章有《关于武汉之血电》、《武汉失守之疑问》、《认贼作父者之结果》、《共和军感化满人》、《各省不相联合之弊如此》等等，可见，该栏目重点是选择与革命形势有关的各地新闻，以广读者见闻。

《震旦日报》的广告，所占版面较多。其中第一版大多为医药保健品广告，如必得胜大药店仁丹广告，两广牙科研究所镶牙广告，梁培基补脑丸广告，两宜轩茶叶、药酒广告等等。值得注意的是，这些广告的发布者，基本上是广州本地店铺和企业，与前几年西医广告的流行有较大区别。在其他版面，药品、保健品广告占绝对优势。该报第二页刊登一些社团的公益广告，如光汉社、广东自治研究会、粤东红十字会等社会团体的一些告示，同时，对于军政府各部门的公告，也在广告栏目刊登。除此之外，该报还刊登一些新潮广告。如《西装注意》广告，颇为时髦。这则由“于安那公司”发布的广告云：“本公司专造泰西男女衣服，统办各国尼绒、布匹及西式服装用品，价钱克己，货品超新。至装样之适合，缝纫之精良，谓非别家所可伦比。”[180]此类广告，在清末广州报纸上并不多见。

9.《人权报》

人權報

THE YAN KUN PO.

PRINTERS AND PUBLISHERS.

CANTON, CHINA.

法國遷都之宣言

聲明告白

粵東羊城保險置業股份有限公司廣告

恭頌廣告

廣州律師公會寓小馬站門牌十九號 電話二六五號

廣州律師同業一覽表

《人权报》，1914年9月19日。

《人权报》创立于1911年3月29日，报头下有英文名称THE YAN KUN PO，发行所在第八甫，民国初年，“发行人李文治，编辑人黄伯器，印刷胡惠”[181]。

《人权报》在辛亥革命前夕创立，但该报并非革命党之喉舌，除倡导人权，坚决反对满清政府之外，其政见与革命党并不一致。该报庄部内容分为《特别记载》、《论说》、《要件》、《专电》、《粤事》、《各属通信》、《天声人语》、《岭南月旦》、《大陆春秋》等，谐部内容有《文界》、《小说》、《谈丛》、《粤讴》、《班本》、《掩耳盗铃》等等。该报的头版头条，以特色栏目吸引读者注意，刊登国内外重大时事新闻。民国三年（1914年）九月十九日刊登的《法国迁都之宣言》，介绍法国内务部在9月2日发布的迁都公告，并全文翻译，以引起读者的关注。当时各革命报纸，主要关注国内革命动态，国际新闻方面一般摘录外电，创意不多。《人权报》对国际动态颇为关注，这是它在海外拥有较好销路的重要原因。因海外读者中广东侨眷较多，该报在《粤事》栏目中，注重广东时政新闻的报道。如民国三年（1914年）九月二十一日的《粤事》栏目中，主要报道广州新闻，题目为《分发新知事实地练习》、《花旦才被害之详报》、《仇杀案两志》、《大塘街火警》等，新闻内容详略得当，如对花旦才被害一文的报道，多达一千余字，详细介绍了花旦冯才被害的前因后果。而《各属通信》栏目，主要是省内其他城市的新闻，较为简单，一般一事一报，内容不超过100字。

《人权报》的《天声人语》栏目，亦有特色，该栏目以揭露官场腐败和社会黑暗而获得好评。如《口头上之整顿》一文，就批判官吏的不作为。其文云："中国官吏，动言整顿积弊，而积弊愈深。往往朝易一人，而腐败如故。何者，彼之所谓整顿，不过故事奉行而已矣。然则整顿以何者为准的，大抵

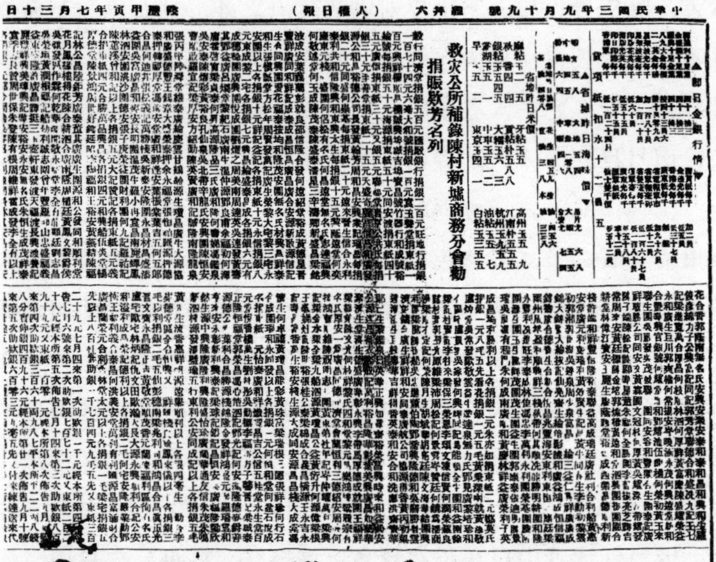
中華民國三年九月十九號 禮拜六 （人權日報） 陰曆甲寅年七月三十日

救灾公所補錄陳村新墟商務分會勸捐賑款芳名列

《人权报》，1914年9月21日。

有利于民者兴之，有害于民者除之。否则名存而实亡。日言整顿，微特不足以取信于民，抑或不足以取信于己矣。民国而后，能言者多，而能行者终鲜，谚所谓下笔虽有千言，胸中实无一策，得毋类此。”[182]

《人权报》的副刊栏目，与清末其他报纸相类似。所登文章，多为休闲消遣内容，其《小说》栏目，以刊登官场和艳情小说为主，《谈丛》栏目，取材颇广，如《巴尔干战局中之花》，是描绘战争动态的杂著，较为新奇。《掩耳盗铃》栏目，主要为读者来稿，大多为哲理小文，颇有见地。民国三年（1914年）九月二十六日的文章云：“处贫困地位，忽露谄媚之状，其人必面目可憎；处功高地位，忽露骄矜之状，此其人必面目可憎；处多金地位，忽露孤寒之状，此其人必面目可憎……”[183]此类小文，读来令人深思。

10.《光华报》

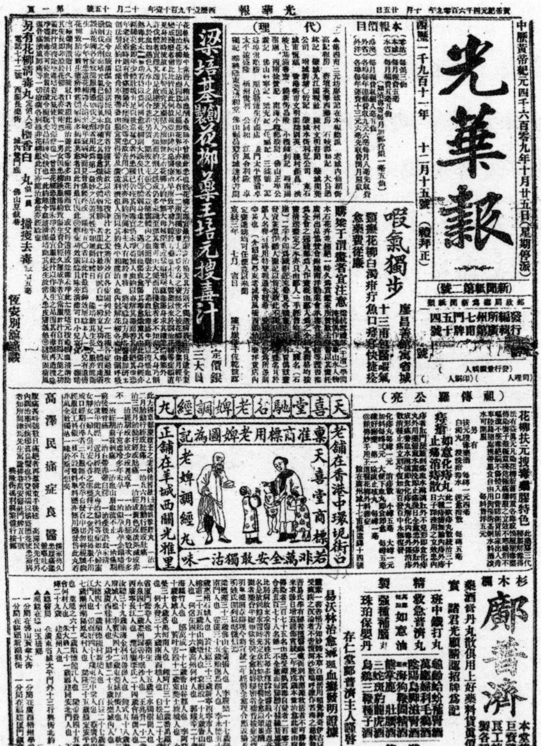

光華報

中曆黃帝紀元四千六百零九年十月廿五日（星期停派）

西曆一千九百十一年十二月十五號（禮拜五）

（新聞紙第二號）

發行編輯所廣州第七甫門牌五十四號

本報價目

《光华报》，1911年12月15日。

《光华报》创立于1911年12月14日，是在广东光复，辛亥革命取得成功之后的形势下创办的。其报名有光复中华之意，该报发行编辑所在第七甫门牌五十四号，代理处共有三十余处，除香港外，其余基本为省内代理处，该报创立初期的发行范围主要在广东省内。报纸价格，“零沽每份三仙，本城每月报费五毫，本省每月报费五毫五仙，如需专寄，每月加邮费一毫五仙。港澳，每月报费收银八毫五仙，外省各埠，每年速邮费收银九元六毫，每月八毫，先收费。外洋各埠，每年运费十三元六毫，先收费，闰月照收”〔184〕。其报费价格，本城与国外之间相差一倍以上，说明办报者注意经营成本。该报广告较多，第一、二页基本上是医药保健品广告，第二张的头版也是广告。现存《光华报》极少，其终于何年，亦不可考。

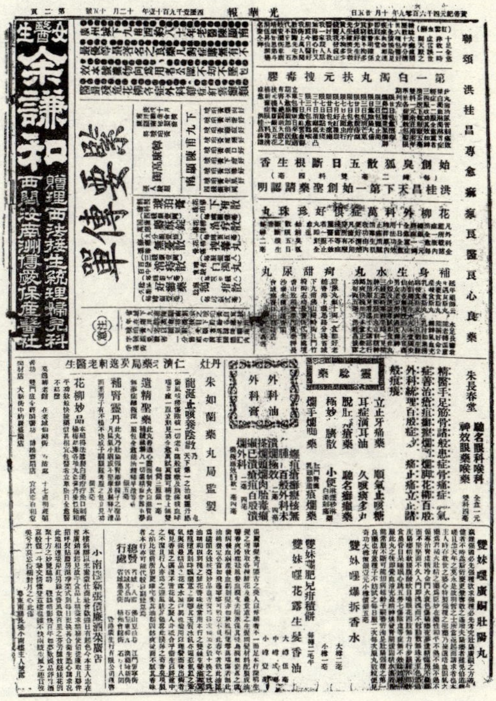

《光华报》，1911年12月15日。

11.《广粹旬报》

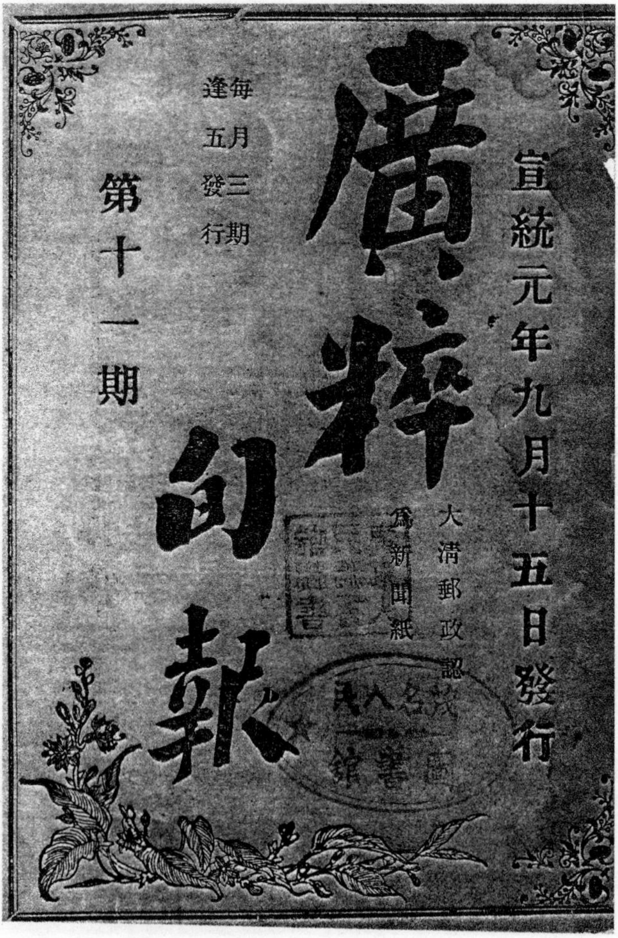

《广粹旬报》，1909年第11期。

《广粹旬报》创办于1909年，编辑人为邓悲观，发行人为宋慎公，印刷人为李海，发行所在雨帽街邓氏书室。该报每月出三期，逢五日出版，报费价目表，全年三十六册，三元六毫，每月三册，三毫，零沽，每册一毫二仙，另加邮费每册本省二分，外省四分，外洋八分[185]。

《广粹旬报》内容较为丰富，每期都有图片新闻，置于第1页，其后依次为朝论、论说、时评、外论、杂文、小说、班本、实业学理、文苑、专件、京电杂志、实业新闻、学务新闻、本省新闻、中国新闻、外国新闻，栏目多达17项，每栏内容较为精简，所占篇幅不多，带有新闻杂志的一些特征。

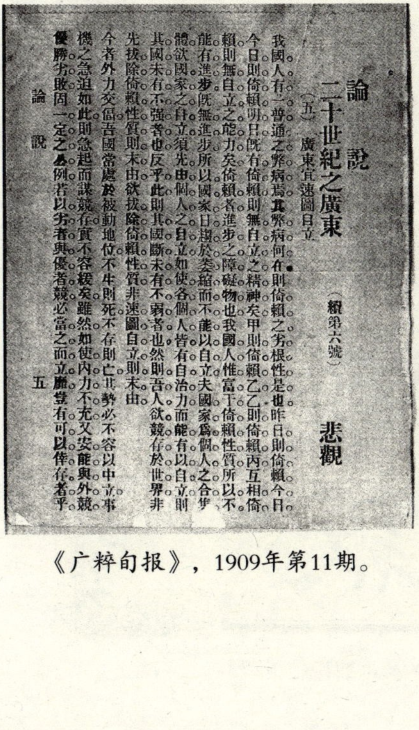

論說

二十世紀之廣東（續第六號） 悲觀

（五）廣東宜速圖自立

我國人有一普通之弊病焉其弊病何在則倚賴之劣根性是也昨日則倚賴今日今日則倚賴明日既有倚賴則無自立之精神矣甲則倚賴乙乙則倚賴丙互相倚賴則無自立之能力矣倚賴者進步之障礙物也我國人惟富于倚賴性質所以不能有進步既無進步所以國家日趨於萎縮而不能以自立夫國家爲個人之合集體欲國家之自立須先由個人之自立如使各個人皆有自治力而能有以自立則其國未有不強者也反乎此則其國斷未有不弱者也然則吾人欲競存於世界非先拔除倚賴性質則末由欲拔除倚賴性質非速圖自立則末由

今者外力交偪吾國常處於被動地位不生則死不存則亡其勢必不容以中立事機之急迫如此則急起而謀競存實不容緩矣雖然如使內力不充又安能與外競優勝劣敗固一定之公例若以劣者與優者競必當之而立靡豈有可以倖存者乎

論說 五

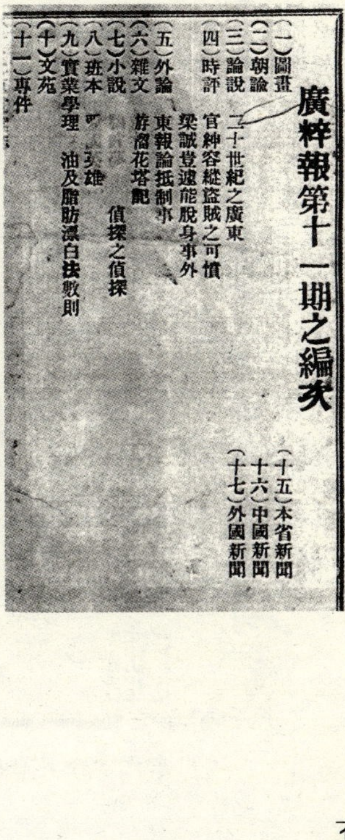

廣粹報第十一期之編次

（一）圖畫

（二）朝論

（三）論說 二十世紀之廣東

（四）時評 官紳容縱盜賊之可憤 梁誠豈遽能脫身事外

（五）外論 東報論抵制事

（六）雜文 游嶺花塔記

（七）小說 偵探之偵探

（八）班本 [illegible]雄

（九）實業學理 油及脂肪漂白法數則

（十）文苑

（十一）專件

（十五）本省新聞

（十六）中國新聞

（十七）外國新聞

《广粹旬报》，1909年第11期。

12.《广东化学会实业报》

《广东化学会实业报》，1910年第2期。

《广东化学会实业报》是广州较早出现的专业技术类报刊，具有一定的学术水准。该报创办于1910年，专门介绍化学知识，推广化学在工农业领域的运用，每期刊登十余篇专业文章，实为期刊。该报获得官绅的支持，广东按察使司、广东劝业道陈望曾担任名誉赞成员，并题写报名。商部考察外埠商务大臣张振勋、广西补用道罗乃馨也担任名誉赞成员，相当于名誉顾问，另外其他名誉撰写员有王宠佑、陈文等18人，相当于编委会人员。该报总理为利寅、罗碧昌，会计罗树勋、罗桂芳、王履康、罗碧昌，编撰员唐有恒、区锡恢、罗听余、利

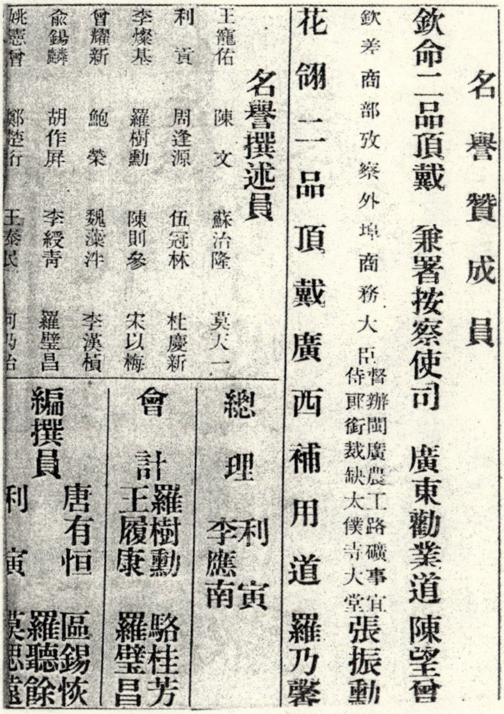
名譽贊成員

欽命二品頂戴 兼署按察使司 廣東勸業道 陳望曾

欽差商部攷察外埠商務大臣 督辦閩廣農工路礦事宜 侍郎銜裁缺太僕寺大堂 張振勳

花翎二品頂戴 廣西補用道 羅乃馨

名譽撰述員

王寵佑 陳文 蘇治隆 莫天一

利寅 周逢源 伍冠林 杜慶新

李燦基 羅樹勳 陳則參 宋以梅

曾耀新 鮑棨 魏藻泮 李漢楨

俞錫麟 胡作屏 李綬青 羅璧昌

姚憲曾 鄭楚衍 王泰民 何爲台

總理 利寅 李應南

會計 羅樹勳 王履康 駱桂芳 羅璧昌

編撰員 唐有恒 利寅 區錫恢 羅聽餘 [illegible]

《广东化学会实业报》，1910年第2期。

本報第二期細目

《广东化学会实业报》，1910年第2期。

寅、莫思远[186]。编撰员具有较好的化学知识，对于化学应用方面的业务也有一定的了解，如罗听余为英美两国大学工科毕业生，具有很深的专业功底，是该报的主要作者。其主要栏目有《论说》、《学理》、《应用》等等，第2期的主要文章及作者是：《化学与器世间之关系》，作者为莫思远；《说轻》，作者为利寅；《热化学》，作者为方印生；《农业化学求数法》，作者为利寅；《论用靛》、《染色要法》、《漂白法》，作者均为罗听余[187]。这些文章，有介绍化学理论方面的，也有化学应用方面的，在清末各类学堂逐步开设化学课程的同时，创办这样一份专业刊物，对于普及化学知识，推广化学应用技能，有一定的促进作用。

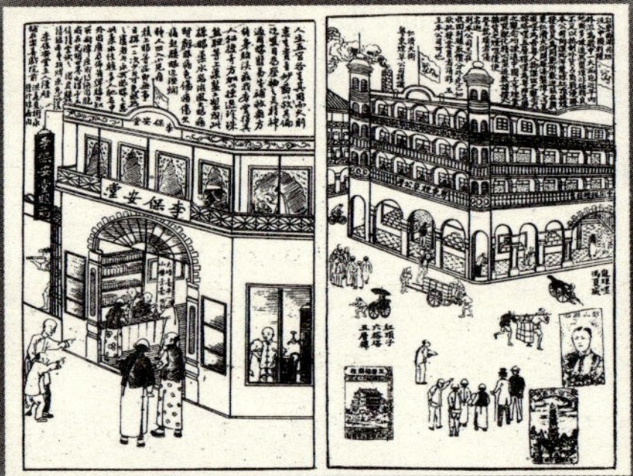

第六章 画报传讯

报界旧闻

BAOJIE JIUWEN

1．《时事画报》

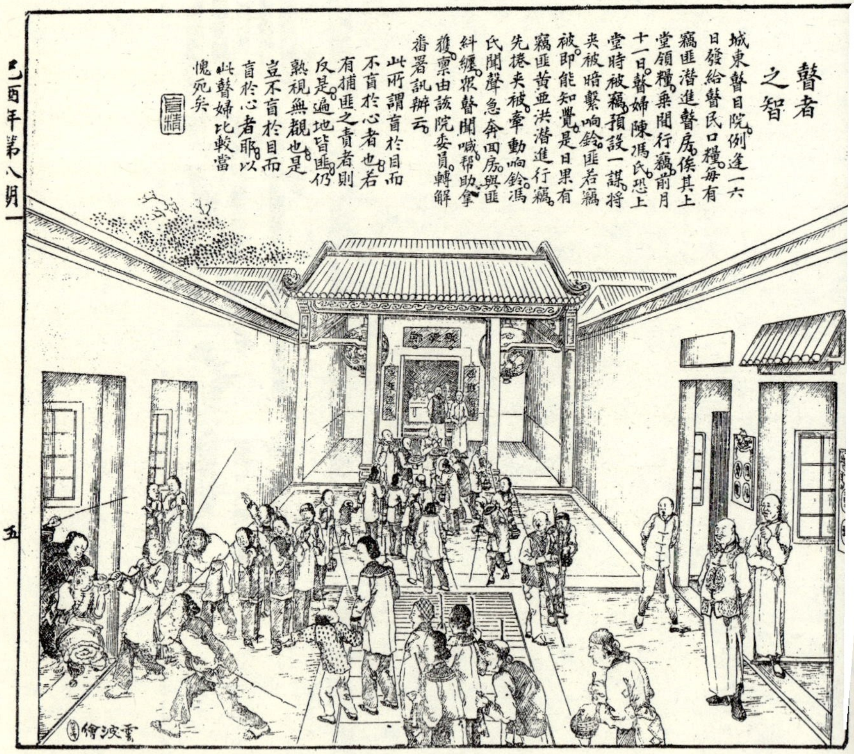

《时事画报》，1909年第8期。

《时事画报》于1905年9月创刊，为广州画报之嚆矢，馆址在广州十八甫，每十日出一期。1908年后，曾一度中断，1909年后重组，在香港出版，至1911年后，仍在广州印刷出版。发起人为高卓廷，编辑为潘达微、高剑父、何剑士、陈垣等人。顾名思义，《时事画报》以刊登时事新闻，反映社会动态为要旨。该报编辑高剑父等人系岭南画派的主要创始人，画技堪称一流。所绘制的各类图画，形象逼真，细致入微，深受读者喜爱。

《时事画报》模仿了《点石斋画报》的办刊形式。但《点石斋画报》为《申报》附报，在办报方针上受到制约。《时事画报》创立之时，正值广州抵制美约运动，该报注意反映广州社会动态，在开始的几期，大量刊登美国当局迫害华工情形及广州民众抵制美约的图片。如《华人受虐原因图说》、《西关抵制图》等等，并附文字进行评论，颇受欢迎。《时事画报》在思想上倾向进步，如编辑潘达微就是革命志士。该报对于清政府的腐败无能常有揭露，热情支持广州民主革命运动，及时报道革命形势，如《黄花岗起义》、《野火烧不尽　春风吹又生》等，热情地赞颂了革命志士的壮举，大胆批判保皇守旧势力，并对革命形势保持乐观态度。这些报道，对于宣传资产阶级民主革命，起到了一定推动作用。

《时事画报》注意深入民众生活，反映社会最新动态，在揭露社会弊病、鞭挞社会陋习、倡导文明之风等方面，作出了一定贡献。如1909年第6期刊登的《改良婚礼》一图，表现了当时广州社会文明结婚之风，并评述道：“吾国未能遽至结婚自由，亦当改良婚礼。以俗间通行者，多桀忤不经，大失古人精意。况世界既开明，有决不能墨守古昔者乎？黄君季熙尤之，于其妹绮芳于归之前二日，开会集戚友各抒所见，以改良婚礼为指归。于是先拟删去开叹情（粤俗如此），加笄后与戚友相见也，道达谢意。彩舆既至，从容以登，不作痛哭流涕状。一切繁文末节，见笑大雅者，概为删除。此盖可作社会之导师，而为粤俗放一光彩矣。”〔188〕作者虽然是从简化礼仪的角度进行评述的，但其结果无疑对节约婚礼开支有利。一些奢华婚礼受到开明人士的批评，婚姻陋习在清末维新运动中也逐步改革。如有人将反对婚姻陋习节约下来的开销，捐献给公益事业，颇为时人赞赏。《时事画报》又及时进行报道：“日前何某持银二十元，捐助南赞育接生社经费。据云，此银系反新娘之木鱼金。有某君谓反新娘系野蛮陋习，唱木鱼系靡财举动，不如将此银捐助善举，化无益为有益，各戚友亦赞助银十元，

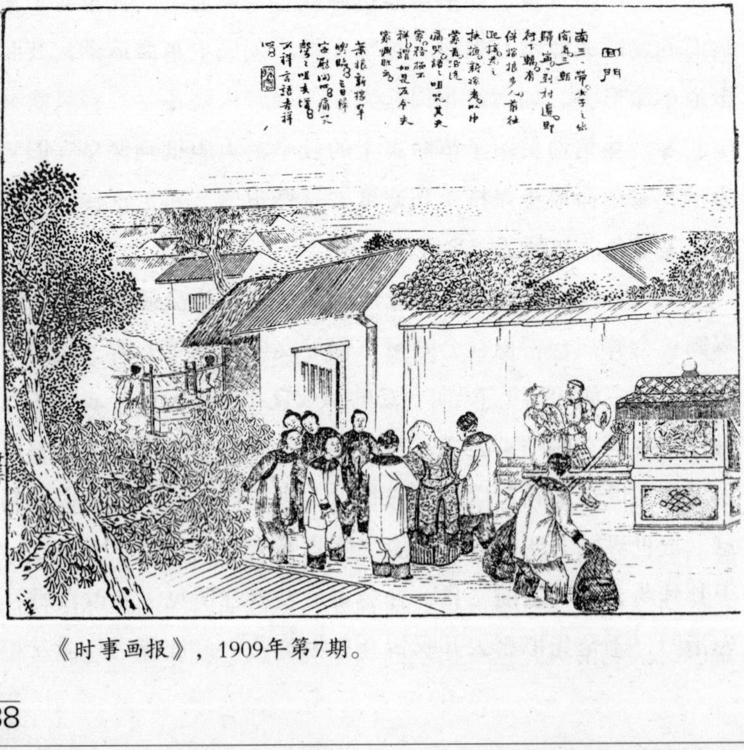

《时事画报》，1909年第7期。

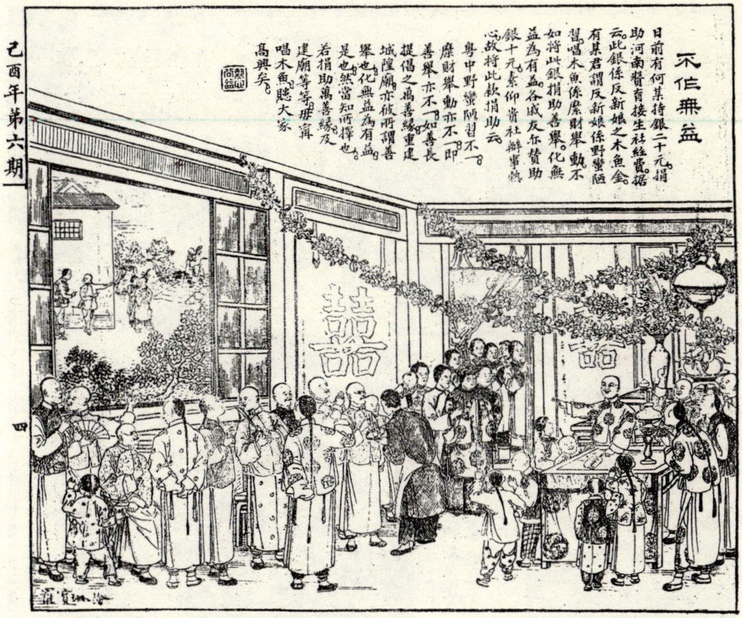

《时事画报》，1909年第6期。

素仰贵社办事热心，故将此款捐助云。”[189] 此类报道既倡导婚礼改革，又继承传统的热心公益的美德，起到了一定的宣传教育作用。

《时事画报》注意反映社会新潮，一些图画新闻，颇有趣味。如一则《清晨演说》报道云：“纽约女子平权会员十人，于某日早两点三十分钟，突弃笨车一辆，到新闻路，停于字林报门前演说，欲以女子平权之思想，灌入报界人之脑中。其时虽早，而听者亦颇觉不寂寞云。”[190] 又如清末广州休闲消费颇为盛行，旅行成为时髦话题，女性在外出游玩方面，有了更多的自主权，《时事画报》报道了一则外省女子在广州游玩的新闻：“日前有女士二人，到警局公所谒巡警王道，延之入，

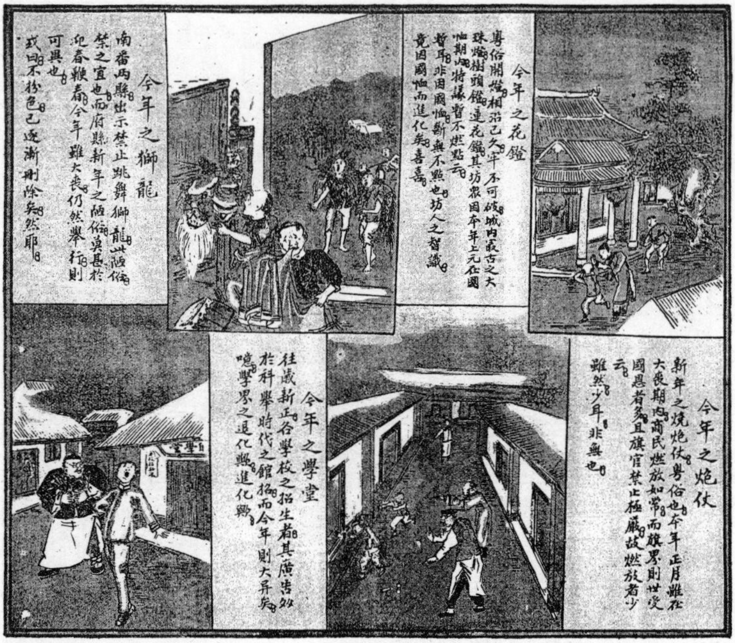

《时事画报》，1909年第1期。

女士自言四川富顺人，是两姑侄……由川游历到粤，以卖画作游历费，举止娴雅，谈论风生……”其后，作者便进一步评论道：“三步不出闺门，无才便是德，此中国桎梏女子之旧道德也。闺门且不出，曷言游历？字且不识，曷言书画？若两女士者，亦吾国女界所罕见也。”〔191〕作者对女子云游，大加赞赏，认为是背叛旧道德的创举，颇有见地。

《时事画报》常留意广州社会风尚，如在1909年第1期上，就介绍新年气象，因为该年新春光绪皇帝去世，故新春气氛大为不同。在《今年之华灯》、《今年之狮龙》、《今年之炮仗》、《今年之学堂》等文中，报道国恤期间广州节日气氛所受影响。又如1907年刊登的《禁食猫犬》一文云：“肉食之品，有益人生，西人喜食牛羊鹊鸟等物，以其所含涵养料甚多也，然亦少涵有炭养之毒……猫犬肉质中涵炭养之毒颇多，食之恐于人身有害。”[192] 然而许多酒楼为了牟利，对生态、环保和健康问题置若罔闻。“敢吃”为广州饮食消费的一大特征，但是过度地追求山珍海味，却不利于健康，这种反对“猫餐”、“犬餐”的议论，确为真知灼见。

对于新式工业品的使用，作者认为要有开放的心态，不能老是以抵制之名放弃。如在《何必言抵制》一文中，报道了广州城北化沙玻璃厂，有洋技师罗次廉，“所制玻璃灯罩等器，颇著成效。其质色驾于日货之上，而价值又廉。”对于此类物

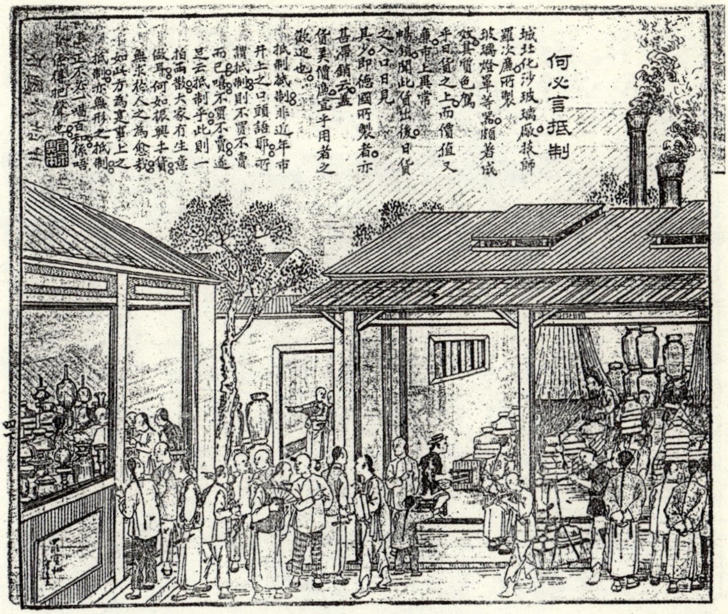

《时事画报》，1909年第3期。

美价廉的商品，作者表明了自己的态度："抵制、抵制，非近年市井之口头语耶。所谓抵制，不卖不买而已。嘻，不卖，遂足云抵制乎，此则一拍两散，大家 生意做耳，何如振兴土货？无求于人之为愈哉。如此方为实事上之抵制，亦无形之抵制，正不必一唱百和。"[193] 如此议论，与1905年所强调的抵制美货，态度大不相同。

《时事画报》用大量篇幅揭露当时烟、赌等丑恶现象，如《斗雀》、《烟膏滞销》、《烟精现形记》等。《斗雀》如实地反映了宠物作为赌博工具的重要性："伶人某某等，养有猪屎渣雀一头，视同拱碧，特雇满洲人为之豢养。近当春夏之交，乃恰可角斗之时。该伶约同某太史之公子，在卖麻街万寿

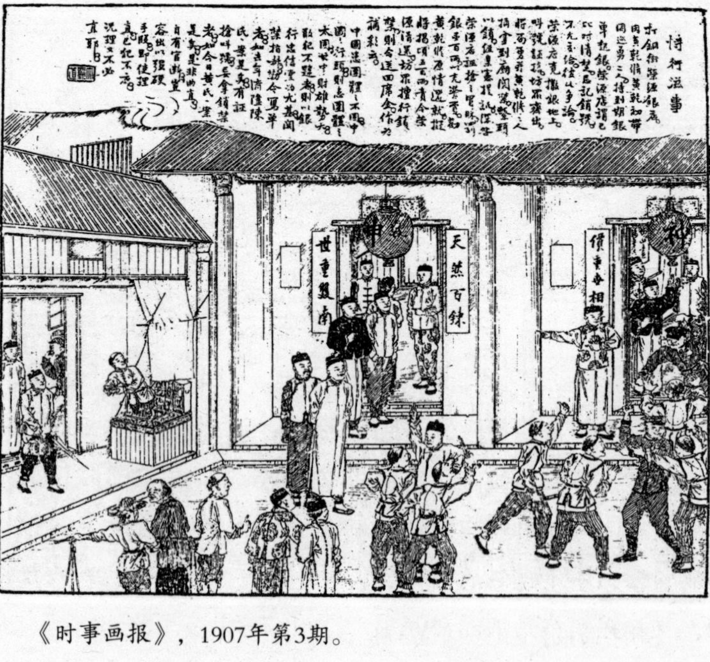

《时事画报》，1907年第3期。

《时事画报》，1906年第23期。

宫内，为斗雀之赌，约定赌彩千金。雀斗正正酣，忽来巡士多人，拘主斗者及雀以去。旋又复来，谓尚有一最矜贵之雀未能携去，四处搜寻不见，前后共搜七次，始在戏台梯下，将某伶之雀搜获，如获至宝。解赴道署询办”[194]，正是由于豢养宠物可能给主人带来暴利，在赌风甚炽的晚清广州社会，无物不可以作赌具。当一种动物被赌徒们充分认识到其赌博价值，逐步推行为一种赌具时，其价值与一般动物就有了明显区别。作为一种稀奇的商品，在赌徒们的消费竞争中，其价格偏离了市场法则，被赌徒们在特定的消费环境中极大地夸张，该报从不同角度揭示不正之风的社会危害，带有很强的警醒和教育作用。又如在实行禁烟的1906年，广州、佛山等地的烟店销量大为降低，《时事画报》及时进行报道：“并阅省佛各烟膏店，会计上月销货数，日约减往时三分之一。想芙蓉城中多有斩关而出者，拯同胞于苦海，从热志士，其功岂浅鲜哉。”〔195〕可见，只要政府下决心厉行禁烟，其效果还是非常明显。同时，民间力量的积极参与，对久食鸦片之人也是一种无形的压力。如一些烟民被拉上街头游行示众，有很好的宣传效果：“连夕十八甫一带道上，有童子数十人，或举标帜，或持牌灯。中有一人以数人扛之，其人面如死灰，两肩耸然，衣衫褴褛，手提烟枪，俯仰流涎，其装束有甚于乞丐。见者或惊或讶，追谛视其牌灯所书之字，始知烟精出游，该队小童所到之处，均获欢迎，不知黑籍中人，对此有无汗颜否。”〔196〕民间的禁烟活动，还采用文艺表演的方式，对烟鬼形象进行生动的再现，对吸食鸦片的危害，进行深刻的揭露，取得了较好的宣传效果。

清末娼妓业的状况，也为《时事画报》所关注。如《登欢喜地》、《大沙头挽联》、《风流随员》、《巡警之文明干涉》、《警察之文明干涉》等，多有披露。该报对色情业带来的社会后果，深感忧虑。如一些无耻僧人不顾佛门戒律，混迹于风月场所，该报有报道云：“近日有和尚之喜狭邪者，往往取乔扮西装，希图瞒饰日。昨日有寺僧某亦草帽革履，饮于陈塘南，适过相识某甲，戏嬲之曰：‘无论汝如何改头换面，终难瞒我目，但汝须知易此装束，亦不合道风月场中，汝不怕警察干涉耳。’僧笑曰：‘不解事，珠江情话，明明谓无辫（边同音）风月，可知风月闲缘，惟我辈无辫者始和消受，居君有辫者，乃不合耳。’”〔197〕僧人公然调侃清规戒律，社会道德败坏可见一斑。

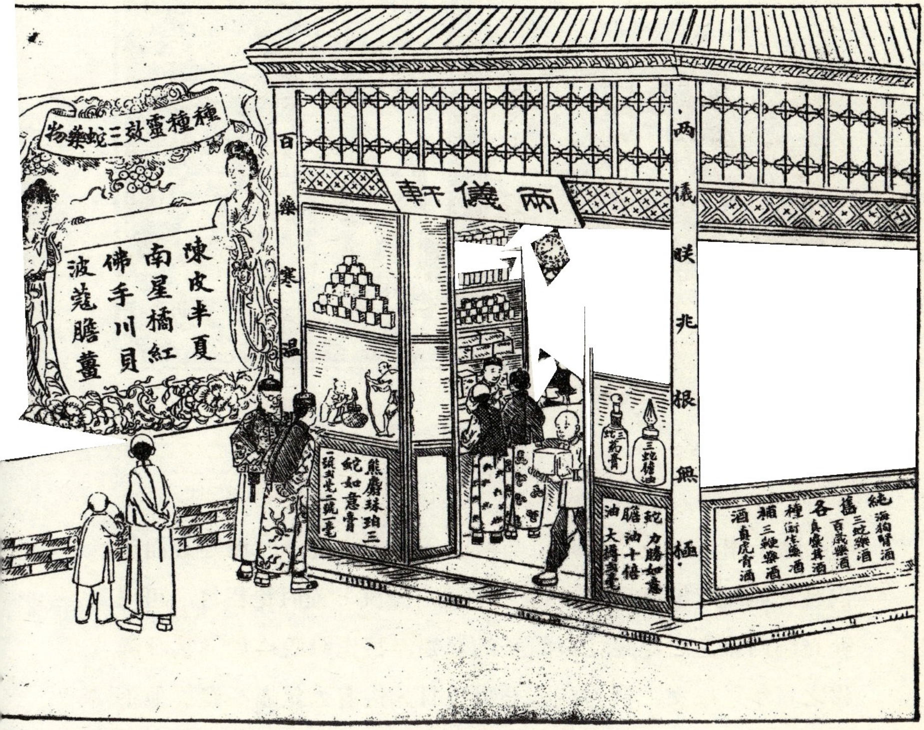

《时事画报》，1907年第3期。

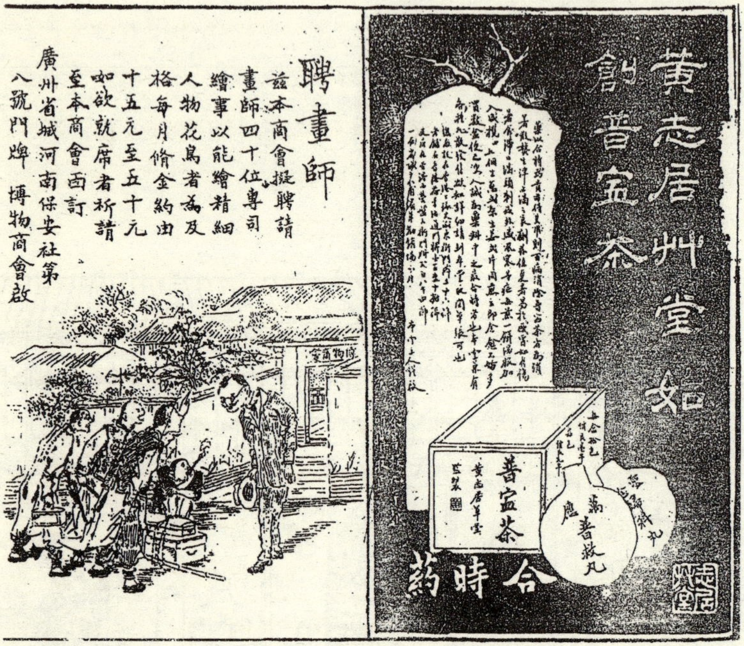

《时事画报》，1908年第27期。

除了图画之外，《时事画报》还刊登小说、时评等方面的内容，如1907年第7期曾刊登《色魔》一文。而时论栏目，可以补充图画报道之不足，以较长的篇幅，评论时政。如《呜呼奢侈之青年》一文，认为：“吾粤近日风俗有大足寒心者，他不具论，即以学界风尚之侈靡，亦已甚矣……以织丽为尚，靡然无复勇气，人格如是，而欲倚以进取，何可得乎。”[198] 作者对于奢靡之风非常忧虑，令人读来颇有启发。

《时事画报》的广告，所占篇幅不多，但颇为新潮。如一则《开演变法戏》的广告云：“本院定到环球第一变法戏，在空中楼阁随时开演。”其戏法变幻无穷，能够变出各种东西。如“以一粒官员所戴金顶，能变为白石、水晶、宝蓝、亮蓝、淡红、大红各色；以猪一双，用火烧之，能变为金猪；鸭一双，以火烧之，变为火鸭。鸡变为火鸡……”[199]。如此奇术，令对科技不太了解的市民不能不瞠目结舌。此类魔术，运用一些简单的道具，演出方式较为多变，与传统戏剧欣赏方式有很大不同，对一些习惯了盛大演出场面的戏迷而言，无疑具有很强的吸引力。又如《退龄馆》、《贞德女子学校招收新生广告》等招生广告，以图片展示学校的面貌，配以文字说明，效果较好。还有一则聘用画师的广告，为其他报纸所罕见。其文云：“兹本商会拟聘请画师四十位，专司绘事，以能绘精细人物、花鸟者为及格，每月脩金约由十五元至五十元，如欲就席者，祈请至本商会面订。”[200] 这则由广州博物商会发布的广告，在《时事画报》这样的专业性报纸上刊登，定位比较准确。

2.《赏奇画报》

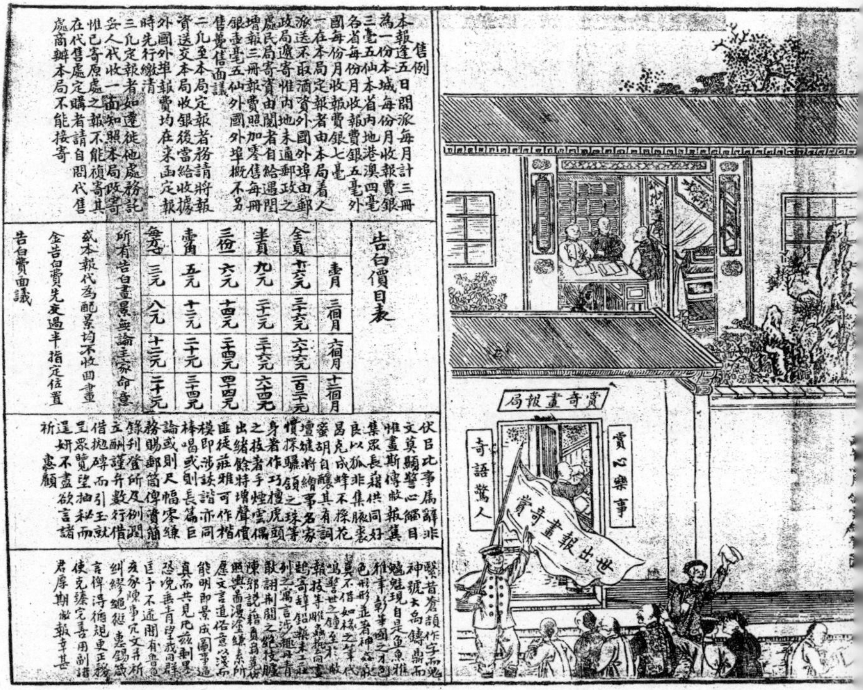

《赏奇画报》，1906年第1期。

《赏奇画报》是继《时事画报》后，广州出版的又一份画报。该报创立于1906年5月8日，在第1期的正文上，印有一幅广告画，并撰对联云：“赏心乐事，奇语惊人。”[201] 此联可视为其办报的宗旨。该报馆址设在广州故衣街27号。“逢五日开派，每月计三册为一份。本城每月收报费银三毫五仙，本省内地、港澳四毫，各省每份月收报费银七毫”[202]。港澳地区享受与省内一样的售价，这在当时报界尚不多见。

《赏奇画报》的创办者为杨杏帷、魏季郁等人，其办报目的是博采众报所长，雅俗共赏，开启民智。正如其释例所言：“本报程度，以合于普通社会为主，图说互用，务令同群一律领解。灌输新理，开辟性灵，非说不达，舍图弗明。曲喻旁通，语奇义正……本报专记旬日内时事，每月三册，仍兼采各报精腴，令阅者手一报而得各报之益……本报注重实业，如有新艺新学、实行发明，必为登录……”[203]语言平实，图画生动，反映社会动态，是《赏奇画报》的特色。

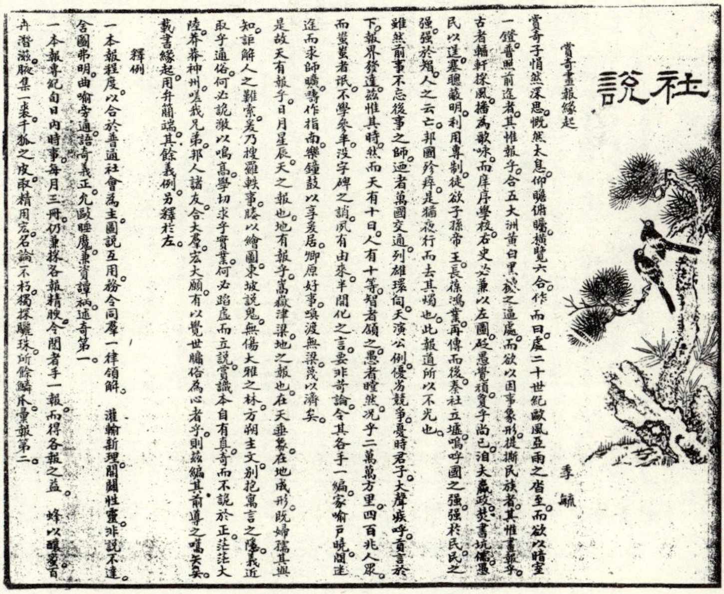

社說

賞奇畫報緣起

季龢

賞奇子悄然深思。慨然太息。仰瞻俯矚。横覽六合。作而曰。處二十世紀歐風亞雨之沓至。而欲以暗室一鐙。普照前途者。其惟報乎。合五大洲黃白黑棕之通處。而欲以因事象形。提撕民族者。其惟畫報乎。古者輶軒採風。播為歌咏。而庠序學校。右史必兼以左圖。旣愚覺頑。賛乎尚已。洎夫嬴政焚書坑儒。愚民以達塞聰蔽明。利用專制。徒欲子孫帝王。長祿鴻業。再傳而後。秦社立墟。嗚呼。國之強。強於民之強。強於智。人之云亡。邦國殄瘁。是猶夜行而去其燭也。此報道所以不光也。雖然。前事不忘。後事之師。迺者萬國交通。列雄環伺。天演公例。優劣競爭。憂時君子。大聲疾呼。首言於下。報界發達。茲惟其時。然而天有十日。人有十等。智者領之。愚者瞠然。況乎二萬萬方里。四百兆人衆。而蚩蚩者氓。不學奚年。沒字碑之誚。夙有由來。半開化之言。要非苛論。令其各手一編。家喻戶曉。迷途而求師曠。譬作指南。樂鐘鼓以享爰居。御原好事。嗅渡無梁。蔑以濟矣。是故天有報乎。日月星辰。天之報也。地有報乎。嵩嶽津梁。地之報也。在天垂象。在地成形。既婦孺其與知。詎解人之難索。爰乃搜羅軼事。縢以繪圖。東坡說鬼。無傷大雅之林。方朔主文。別抱寓言之隱。義近取乎通俗。何必說激以鳴高。學切求乎實業。何必蹈虛而立說。賞識本自有真。奇而不說於正。莽莽大陸。莽莽神州。嗟我兄弟。邦人諸友。合大群。宏大願。有以覺世牖俗為心者乎。則茲編其前導之嚆矢矣。載書緣起。用弁簡端。其餘義例。另釋於左。

釋例

一本報程度。以合於普通社會為主。圖說互用。務令同群一律領解。灌輸新理。開闢性靈。非說不達。含圖弗明。曲喻旁通。語奇義正。允歐睡魔。兼資譚柄。述奇第一。

一本報專紀旬日內時事。每月三冊。仍兼採各報精腴。令閱者手一報而得各報之益。蜂以釀蜜。百舟潛滋。腋集一裘。千狐之皮。取精用宏。名論不朽。獨採驪珠。所餘鱗爪。彙報第二。

《赏奇画报》，1906年第1期。

《赏奇画报》以报道新闻为主，对于社会风俗、时尚和趣闻关注较多。如《表面文明》、《特别丧仪》、《盗劫山寺》、《学界中之登徒》、《禁演淫戏》等文章，都以反映广州社会趣闻为主。清末广州西化色彩远胜于内地城市，西式消费成为文明和开放的象征，在传统氛围浓厚的茶楼，新的消费时尚与古老的饮食习惯往往融为一体。如《赏奇画报》报道：“有二人服西装，其一剪发矣，同在城隍庙前云来阁品茗”[204]，在众长袍装束中格外显眼，突然间警察将这两个洋洋得意的年轻人抓走，可见引领时尚者并非都是德行高尚的绅士。

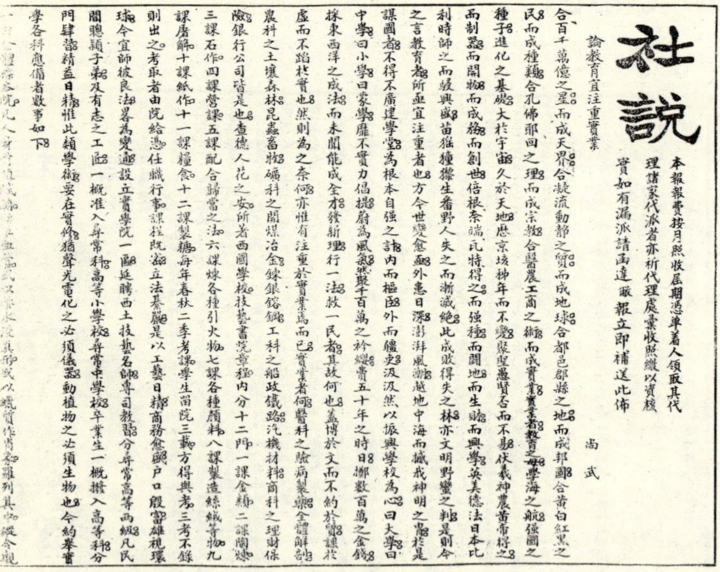

本報報費按月照收屆期憑單着人領取其代理諸家代派者亦祈代理處彙收照繳以資核實如有漏派請函達本報立即補送此佈

社說

論教育宜注重實業　尚武

合百千萬億之星。而成天界。合凝流動靜之質。而成地球。合都邑郡縣之地。而成邦國。合黃白紅黑之民。而成種類。合孔佛耶回之理。而成宗教。合醫農工商之術。而成實業。實業者。教育之母。學海之航。强國之種子。進化之基礎。大於宇宙。久於天地。歷京垓秭年而不變。聚聖愚賢否而不易。伏羲神農黃帝得之而制器。而開物。而成務。而創世。倍根、奈端、瓦特得之。而强種。而闢地。而生財。而興學。英美德法日本比利時師之而駿興盛。苗猺獞獠生番野人失之而漸滅絕。此成敗得失之林。亦文明野蠻之判。是則今之言教育者。所亟宜注重者也。方今世變愈亟。外患日深。澎湃風潮。越地中海而撼我神明之胄。於是謀國者。不得不廣建學堂。為根本自强之計。內而樞臣。外而疆吏。汲汲然以振興學校為心。曰大學。曰中學。曰小學。曰蒙學。靡不實力倡提。蔚為風氣。糜千百萬之衿纓。費五十年之時日。擲數百萬之金錢。採東西洋之成法。而未聞能成全才。發新理。行一法。救一民者。其故何也。蓋博於文而不約於實。謀於虛而不蹈於實也。然則為之奈何。亦惟有注重於實業焉而已。實業者何。醫科之驗病製藥。全體解剖。農科之土壤森林。昆蟲畜牧。礦科之開煤冶金。鍊銀鎔鐵。工科之船政鐵路。汽機材料。商科之理財保險。銀行公司皆是也。查德人花之安所著西國學校。技藝書院章程。內分十二門。一課金類。二課陶熔。三課石作。四課營課。五課配合歸當之法。六課煉各種引火物。七課各種顏料。八課製造絲絨等物。九課磨鮮。十課紙作。十一課糧食。十二課製糖。每年春秋二季考課。學生留院三載。方得與考。三考不錄則出之。考取者由院給憑。任職行事。課程既定。立法綦嚴。是以工藝日精。商務愈盛。戶口殷富。雄視環球。今宜師彼良法。略為變通。設立實業學院一區。延聘西土技藝名師。專司教習。分尋常高等兩級。凡民間聰穎子弟。及有志之工匠。一概准入尋常科。高等小學校。尋常中學校卒業生。一概撥入高等科。分門肄習。精益日精。惟此類學術。要在實修。猶聲光電化之必須儀器。動植物之必須生物也。今約舉實學各科應備者數事如下。

一曰全體解剖院。[illegible]

《赏奇画报》，1906年第4期。

清末奢靡之风盛行，《赏奇画报》报道了广州河南的一场特别丧仪：“李某以粪埠起家，积有余资。于前月中旬身故，其友关某代为运动，某氏书塾学生出而送殡，喇叭铜鼓，整队随行，先一夕招江天海月花舫，设宴以款之，共费银十三元，而后达此目的云。”[205] 此类对丧仪活动的盲目消费，导致丧礼的竞相奢华。

戏院是容易产生新闻的地方，《赏奇画报》也予以关注。如一些维持社会治安的巡警，竟然无视戏院规矩，不买门票，还在戏院内无理取闹。《巡官看戏滋闹》报道云：“西关乐善戏院于月之初二夜，开演祝华年班。十点钟时候，院中伙伴循例到弹弓床座位验票。有穿绒操衣，头戴军帽者，座位贴近二等女位，有穿黑羽纱军衣者，座位近路口，两人均无票。追问再四，一味不恤，伙伴詈之，穿羽纱军衣者，忽起向司事人云云，渠系五局巡官，不可妄动……痛骂司事并追殴之。”[206] 另外，在当时色情业较为发达的情况下，一些戏院迎合一些浪荡子弟的需求。雇佣戏班大演淫戏，以此获取暴利，造成很坏的社会影响，然而，一些名角以演淫戏见长，观众对淫戏亦颇为喜爱，淫戏具有较强的市场潜力，故屡禁不止。“各总理仍将《金莲裁衣》及《卖胭脂》等出，点令演唱……”[207] 对此下流风气，一些人士组织舆论进行抵制，并在报纸上进行宣讲。

娱乐新闻也是《赏奇画报》关注的内容。如《赛负轻生》一文，报道了洋人赛马输后，“即以洋枪自裁毙命……查西人以枪自毙，事所恒有，但因赛马大负而轻生，吾见罕矣”[208]。作者虽然对当时上流社会西人赛马活动有所观察，但对于娱乐活动导致自杀的结局，非常费解。这说明西方的一

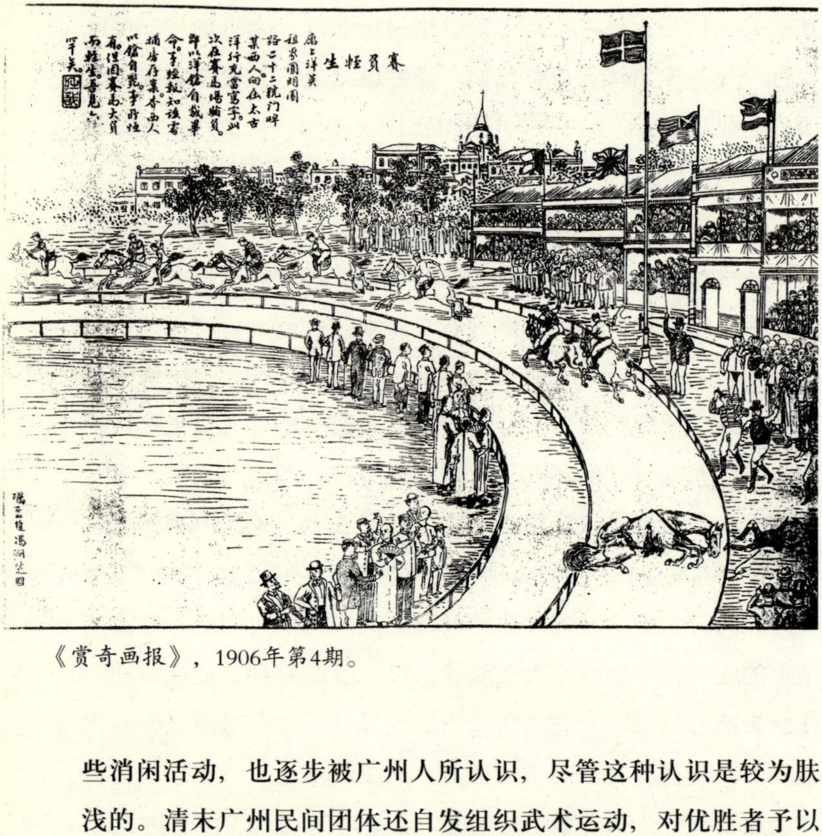

《赏奇画报》，1906年第4期。

些消闲活动，也逐步被广州人所认识，尽管这种认识是较为肤浅的。清末广州民间团体还自发组织武术运动，对优胜者予以奖励，吸引武术爱好者广泛参与，成为民间业余休闲的一大亮点。《赏奇画报》就报道了一次运动会名次之争，“日前尚武运动会举行后，分定首二三名，榜列于廿四日，在学务工所发给奖品，备见各报。惟岭南与进取乙队分数相等，遂执筹拈取乙队名誉旗，岭南拈得，惟是日，岭南率不受领云”[209]。可见，武术运动会除了给民众提供消遣之外，参与者之间竞争颇为激烈，对名次和名誉颇为重视。

《赏奇画报》还报道了1906年兴起的戒烟运动，描绘一些戒烟会人士，“顶马鼓乐，巡游街巷，将烟人情状形容尽致，使人触目惊心，并沿途分派劝人戒烟传单……”[210] 同时，该报还刊登一些文人撰写的戒烟诗词，劝民戒烟，有《劝戒烟》词云：“太惜年华似掷梭，横床直竹病中过。一灯滋味容稽懒，廿载光阴等墨磨。秋露弟兄离里尽，晨星朋友梦中多。茫茫孽海相思苦，慧剑慈航总奈何。”[211] 这首词对吸烟的危害进行了深刻揭露。

对于赌博活动及其社会危害，该报也予以披露。一些赌徒丧尽天良，在赌资输光之后，竟设法拐卖家人，以获得赌资。

《赏奇画报》，1906年第12期。

如1906年的一则报道称：“余某公寓仁安新街，向充赌役，嗜赌无行。赌败计诱拐幼妹，母恨其败类，潜服阿芙蓉毕命。坊人拟送官究治，余先逃去，邻右醵资棺殓其母。”〔212〕赌博使这些人丧失了做人的基本准则，传统伦理最强调的血缘关系都任意践踏，其卑劣的行为令人发指。

对于清末色情业，《赏奇画报》也常加以披露。如对1906年陈塘新填地一带发生的严重瘟疫，该报报道：“新填地各娼寮都均有疫症，除杏香、允香等寮外，则以怡红院为最。前数夕，有甲乙二人到该院呼妓侑酒，归家后发热起核，其家人细为调查，始知致病之由，在陈航、冯尾所开之怡红院染得者。该院连日毙妓七八口，死鼠亦多。龟鸨每于天黎明时，将妓棺

《赏奇画报》，1906年第12期。

《赏奇画报》，1906年第2期。

殓而出。各客皆在梦中，鲜有知者……”[213] 由于缺乏基本的疾病预防体系，在信息不对称的情况下，妓院经营者经常将严重的传染病隐瞒不报，嫖客与妓女之间，在金钱利益的驱动下，缺乏基本的道德观念，导致疫病的蔓延。而妓女一旦染上疫病，就是向死神靠拢，鸨母是不会认真地为妓女的健康考虑的。乃至死后，像处理牲口一样，抬出门外，怡红妓院处理高级妓女都是如此，毋庸说那些低级妓女了。

清末广州城内的女工数量较多，女工的生存状态，也为《赏奇画报》所关注。从1900年到1911年之间，受物价上涨的影响，广州其他行业的收入一般都得到了较大提高，但女工的工资还维持在原有的水平，这使她们的生活质量大幅度下降。

收入水平的降低，导致女工对雇主的强 烈不满，一些丝厂女工纷纷罢工，要求提高工资，改善生活待遇。《女工滋事》一文云：“迩来女工忽停工，要挟加价，连日纠众滋扰，凡同类有照常工作者，即行截殴。廿一日截广昌号，廿三日之截永昌成，尤为汹涌，歹类因而丛集，辄思乘间掠夺……”〔214〕女工停工，实为生活所迫，她们需要提高工资以维持基本的生活水准。这种自发性的罢工，在当时中国妇女界是较为少见的，还波及其他行业的女工，一些布业的女工也纷纷维护自己的权利，举行罢工。例如广州西南布行因违例克扣女工工资，“娘子军大愤。月之初二日，纠集数百人，群起与布店为难。各

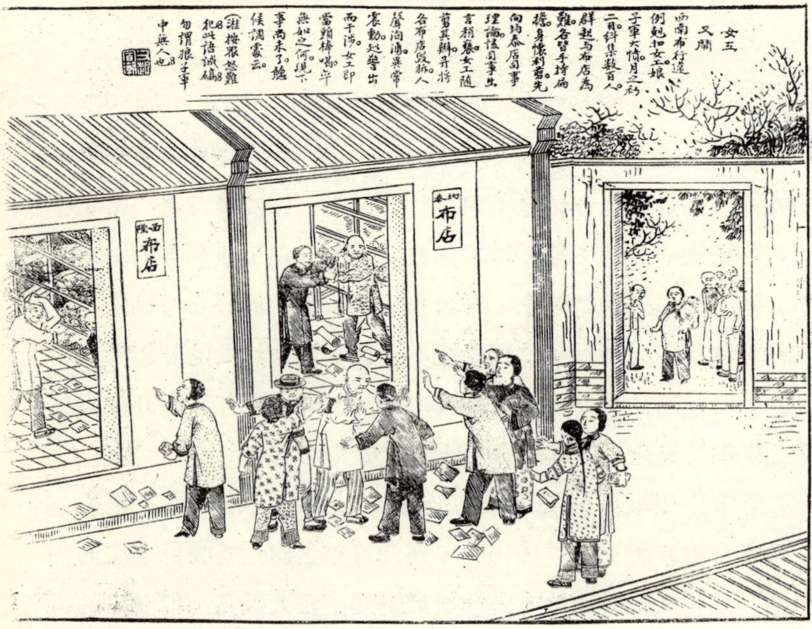

《赏奇画报》，1906年第19期。

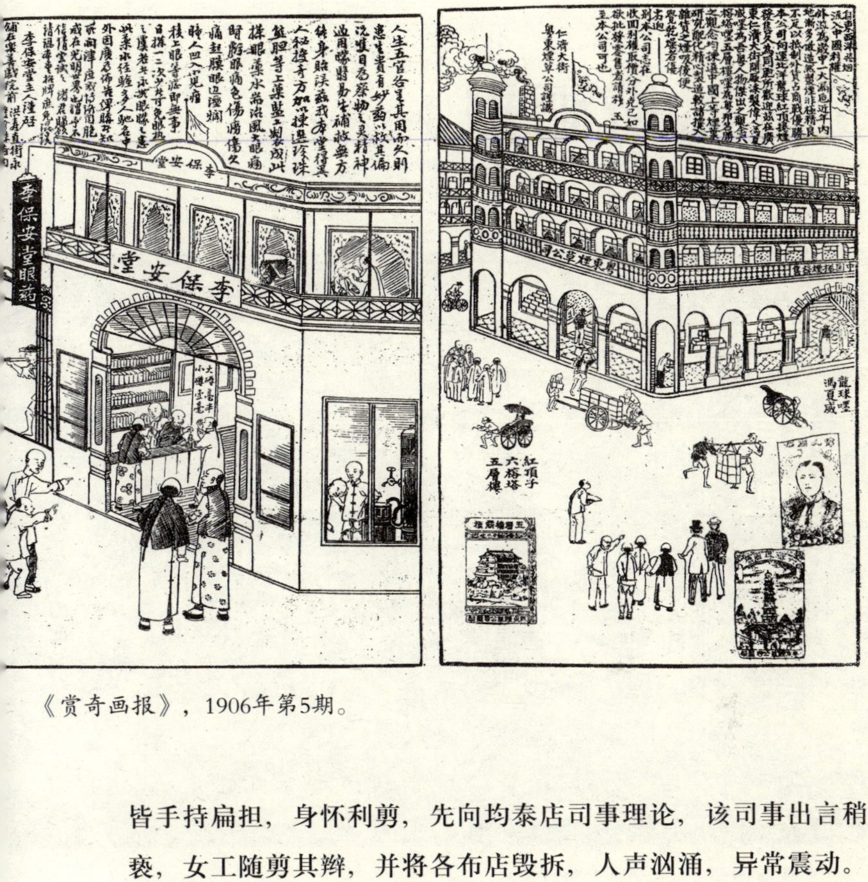

《赏奇画报》，1906年第5期。

皆手持扁担，身怀利剪，先向均泰店司事理论，该司事出言稍亵，女工随剪其辫，并将各布店毁拆，人声汹涌，异常震动。巡警出而干涉，女工即当头棒喝……”[215] 可见女工具有较强的组织能力和团队战斗精神，这也反映了当时女工生存的困境，连十分低微的工资都遭到克扣，使其基本消费得不到保障，不得不群起而反之，这种自主意识在封闭落后的封建社会是非常了不起的。

3.《时谐画报》

《时谐画报》，1907年第2期。

《时谐画报》于1907年创刊，其封面写道："一纸风行，最益阅报者。字字之热情，觇社会之进步。"〔216〕该报总代理处在十八甫六雅斋内，在广州、香港、佛山、东莞、大良等地有代理处。为32开本，每册18页，报价每册本城六仙，佛、港、澳七仙，外埠八仙〔217〕，值得注意的是，该报因为延期，特登告白，向读者道歉："本报编辑部现因修理，第三期报改下一星期即十八日，准此版，此布。再是期实因购纸迟到，以至出版过期，诸君久盼，本报道歉。”[218] 敢于公开登报向读者道歉，这在当时是了不起的举动。

《时谐画报》的主要编辑人为潘达微、何剑士、崔芹、梁于渭等人，与《时事画报》的编辑人员多有雷同。该报的风格，与《时事画报》亦颇相似。但是画面所占版面稍小，每页一般配两幅画，文字说明内容较多。如1907年第2期第5页的两幅画分别是《北江之义和团》、《女巫何多》，图画较为简约，而文字说明则带有新闻报道的特色。如《女巫何多》一文云：“秦徐氏向在东关镇龙坊设馆，代人参神，医理杂症，生意颇旺。其招牌有‘专医杂症’字样，为阴阳政术。司杜逢春侦知，昨将秦徐氏扭解番禺县讯究，据杜逢春指攻秦徐氏，书符惑众，并常扮男装图骗。县宪当堂核验其招牌，虽无书符字

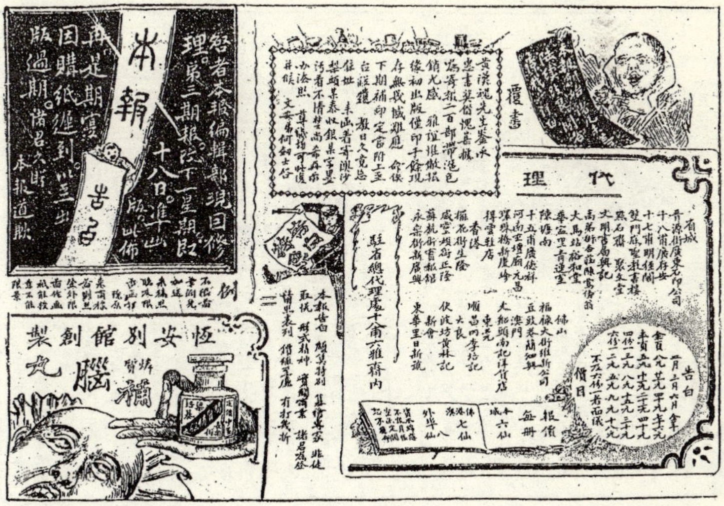
本報告白

啓者本報編輯部現因移理，第三期報改下一星期即十八日，準此版，此佈。再是期實因購紙遲到，以至出版過期，諸君久盼，本報道歉。

覆書

代理

駐省總代理處十八甫六雅齋內

恆安別館創製

《时谐画报》，1907年第2期。

据，惟秦徐氏亦非安守之人，判饬仍照旧收押，候查确再行核办。”[219] 对于此类迷信活动，作者进行了批判：“书符惑众，唯其有挂招牌，故隐害为不可问。而扮男装，则其流毒，恐更不止图骗已也。惩一警百，有司对于此等人，辣手段正用得着。”[220]

《时谐画报》对官场腐败和社会黑暗问题颇为关注，并敢于揭露真相，加以讽刺。如对于广东某官署酬神演戏一事，就作画批判。“从前历任官均于每月朔望传戏班人入署，演戏三出，以供神听。每日又以鲜花鸡蛋供奉，无敢或缺。迨至前司程仪洛、沈瑜庆，将此陋习革除。及朱寿庸到任，又仍前演戏……今署中当差人等，乘段学司兼署，新任王人文尚未接印，即于十月初一、十五两次，均照旧演戏，以为为新任接印，可以藉口。”[221]

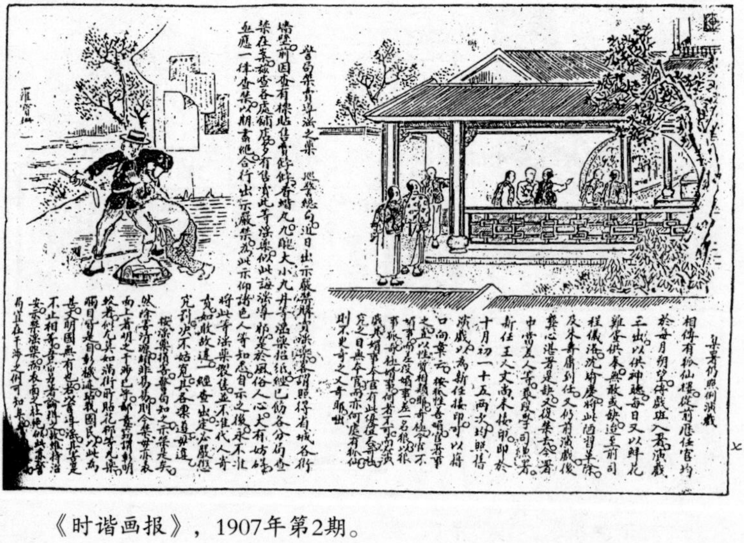

《时谐画报》，1907年第2期。

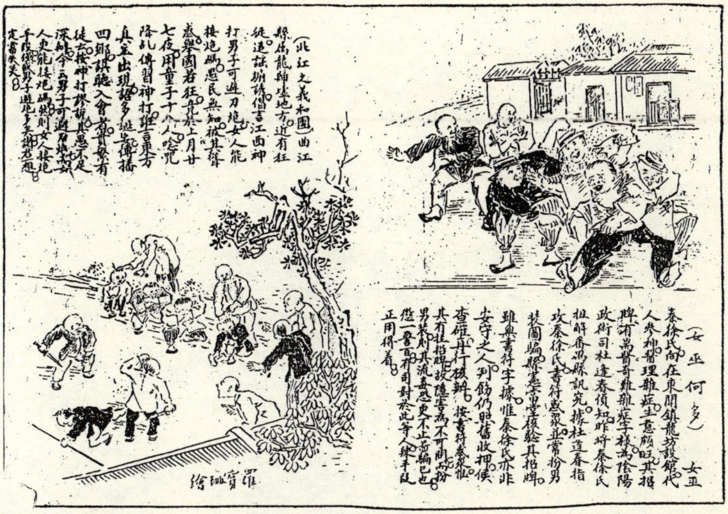

《时谐画报》，1907年第2期。

作者接着对官衙差役的献媚行径进行了批判：“今官不媚事，而差役媚事。差一名狼，以狼事狐，奇极媚事。何者不可，而必演戏……”〔222〕利用新闻事件进行社会批判，是该画报的一大特色。

兩廣官報

宣統三年六月廿一日

星期報第六期

第七章

官报言说

1.《两广官报》

《两广官报》，1911年第6期。

《两广官报》创办于1911年6月13日，是两广总督衙门主办的官方报纸。为星期报，每册报费三角，每月四册，报费六角，全年报费六元五角[223]。该报为官方公报，正如其广告所言："本报只登载官文书，不述新闻，不撰论说，不得转载别报论说、刊录诗词及无关政事闻见，以符官报名义。"[224]从其刊载要求看，该报是官方文书汇编。其内容分类也显示这个特点，"首电传、谕旨，次宪政（纪内阁、国会、弼德自治统计，及现之资政院、谘议局事件，其议会决议之法律案仍从其类分编），次外务（纪不关秘密之国际事件），次吏政（纪文官任用惩戒俸及一切有关吏治事件），次民政（纪禁赌及民政部主管事件），次财政，次典礼（纪皇室典礼及一切有关礼教事件），次教育，次军政（新旧军事件并载），次法务，次实业，次邮传，次特别要件（纪不隶各门事件）。其有一事歧出数门者，就其注重之点，编别仍附注按语。”〔225〕《两广官报》每期内容较多，涉及两广总督衙门颁发的各项文书，有助于了解地方政治，但其内容呆板，枯燥无味，发行范围较为有限。

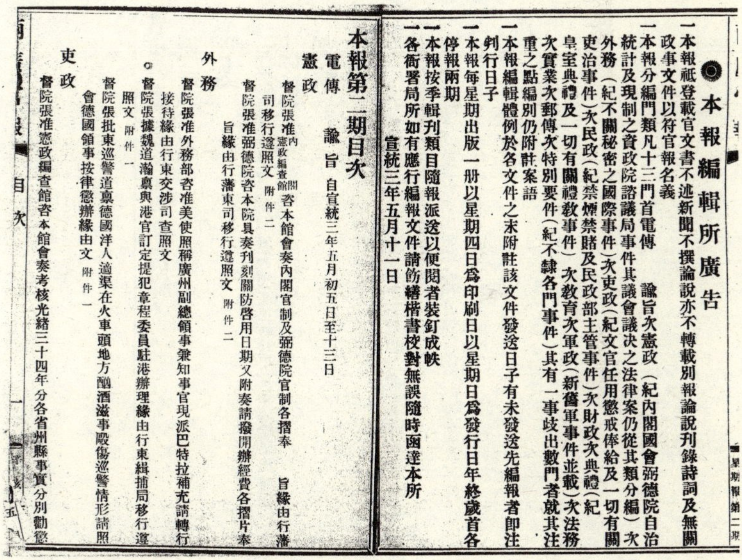
◎本報編輯所廣告

一本報祗登載官文書不迻新聞不撰論說亦不轉載別報論說刋錄詩詞及無關政事文件以符官報名義

一本報分編門類凡十三門首電傳　諭旨次憲政（紀內閣國會弼德院自治統計及現制之資政院諮議局事件其議會議決之法律案仍從其類分編）次外務（紀不關秘密之國際事件）次吏政（紀文官任用懲戒俸給及一切有關吏治事件）次民政（紀禁煙禁賭及民政部主管事件）次財政次典禮（紀皇室典禮及一切有關禮教事件）次教育次軍政（新舊軍事件並載）次法務次實業次郵傳次特別要件（紀不隸各門事件）其有一事歧出數門者就其注重之點編別仍附註案語

一本報編輯體例於各文件之末附註該文件發迻日子有未發迻先編報者即注判行日子

一本報每星期出版一册以星期四日爲印刷日以星期日爲發行日年終歲首各停報兩期

一本報按季輯刋類目隨報派迻以便閱者裝釘成帙

一各衙署局所如有應行編報文件請飭繕楷書校對無誤隨時函達本所

宣統三年五月十一日

本報第二期目次

電傳

諭旨　自宣統三年五月初五日至十三日

憲政

督院張准內閣憲政編查館咨本館會奏內閣官制及弼德院官制各摺奉　旨緣由行藩司移行遵照文　附件二

督院張准弼德院咨本院具奏刋刻關防啓用日期又附奏請撥開辦經費各摺片奉　旨緣由行藩東司移行遵照文　附件二

外務

督院張准外務部咨准美使照稱廣州副總領事兼知事官現派巴特拉補充請轉行接待緣由行東交涉司查照文

督院張據魏道瀚稟與港官訂定提犯章程委員駐港辦理緣由行東緝捕局移行遵照文　附件一

督院張批東巡警道稟德國洋人適渠在火車頭地方酗酒滋事毆傷巡警情形請照會德國領事按律懲辦緣由文　附件一

吏政

督院張准憲政編查館咨本館會奏考核光緒三十四年分各省州縣事實分別勸懲

《两广官报》，1911年第2期。

2.《广东警务官报》

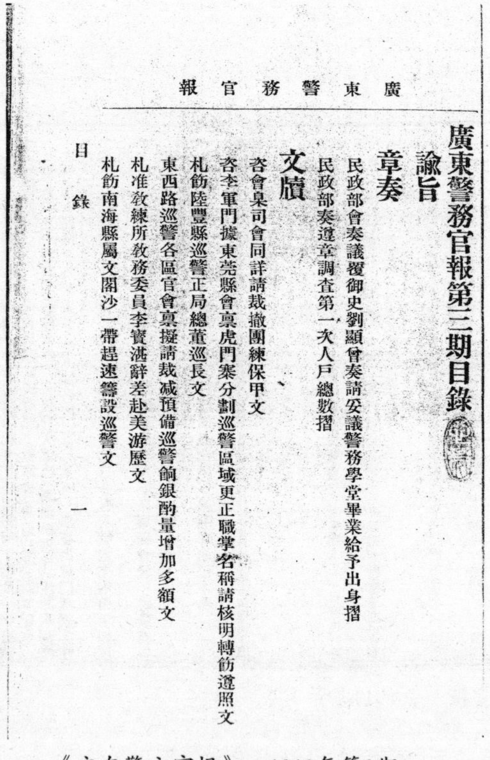

廣東警務官報

廣東警務官報第三期目錄

諭旨

章奏

民政部會奏議覆御史劉顯曾奏請妥議警務學堂畢業給予出身摺

民政部奏遵章調查第一次人戶總數摺

文牘

咨會臬司會同詳請裁撤團練保甲文

咨李軍門據東莞縣會禀虎門寨分劃巡警區域更正職掌名稱請核明轉飭遵照文

札飭陸豐縣巡警正局總董巡長文

東西路巡警各區官會禀擬請裁減預備巡警餉銀酌量增加多額文

札准敎練所教務委員李寶洮辭差赴美游歷文

札飭南海縣屬文閣沙一帶趕速籌設巡警文

目錄 一

《广东警方官报》，1910年第3期。

《广东警务官报》创办于1909年，为广东警务公所的官方公报，该报比较全面地介绍警务部门最新办案、社会治安等方面的文书。其内容分为谕旨、章奏、文牍等。其中文牍为核心内容，为警务部门批办和审核的各类公文汇编。如1910年第3期的《文牍》栏目，主要文书有：《咨会臬司会同详请裁撤团练保甲文》，《咨李军门据东莞县会禀虎门寨分划巡警区域更正职掌名称请核明转饬遵照文》，《札饬陆丰县巡警正局总董巡长文》，《东西路巡警各区官会禀拟请裁减预备巡警饷银酌量增加多额文》，《札准教练所教务委员李宝湛辞差赴美文》[226]。每期的《文牍》栏目，一般都有十多篇公文，内容涉及全省各地的警务，包括社会治安的各个方面。如1909年第10期刊登的《详请照会港督设法禁止洋人擅入内地打雀文》，论及九广铁路一带，“星期日常有洋人联袂而来，携带枪支或偕洋妇擅入内地，任意打雀……”对于此事，深圳警方请求上级予以重视，以免造成事端，影响外交，并请求广东当局照会香港总督予以禁止。“勿再擅入内地，以免惊扰而启事端”[227]。此类上下级警务部门的公文，常见诸报端，通过阅读该报，读者可以了解地方治安的最新情况，以及警方对一些重大案件的处理结果。

民间烟、赌、嫖问题，以及戏院、旅馆等公共场所的治安问题，是警察关注的焦点。该报经常刊登禁令，如《札南海县查封南畔村各赌馆文》、《取缔客栈章程二十二条》等。如《取缔戏班及戏班规则十四条》一文中对戏班和戏院演出活动进行了规范：“关于左列各项不得演唱：违反伦理、颠倒邪正、紊乱道德之事；戏词及动作涉于猥亵，有害风俗之虞者……戏院演戏须于先一日将所排戏单经所辖巡警区禀呈，道受其许可……戏院须备警官席一所，宜在能瞭望四围之处，以便临场监视。”[228]这些规定，操作性强，以官报形式公布，有利于进一步推行。

3.《广东教育官报》

《广东教育官报》，1910年第10期。

《广东教育官报》创办于1910年，其式样仿照学部官报。每月出版一册，全年共出十册，每册零售三角，“各属学堂按照派发一份，交由各府厅州县转交劝学所。”[229] 该报发行至县乡学堂，流布较广，主要内容有图画、表解、谕旨、章奏、文牍、乡土资料、纪事、文苑、丛录、附篇等。

《广东教育官报》以刊登教育法令为主，除了按照官报形式之外，在形式上力求有所创新，其《发刊词》云：“而论著译述之无背法令者附焉，是本报应有之义例，亦本报主任应守之方针也。夫报册记载与史册例同。内容之精粗美恶，随社会进化之浅深而与为高下。教育内部事理繁复，精神作用移步换形研究之新解说，调查之新见闻，教授管理经验之新智识，均为本报附篇内容所应备。……其资料之采择排列，务求正当整密，而以其余力所可及者，间为论说批评，乃本报主任者之责也。”[230]可见，创办者非常注重附篇的编排，希望通过附篇，扩大报纸的影响，改变官报呆板的形象。如1910年第10期的附篇文章题目是：《高初等小学立案办法说明》、《陈涛调查工业学堂意见书》、《考察日本小学校单级教授笔记三则》、《日本神户市小学校内规》、《派赴东洋暨各省游历员表》。[231]可见，附篇文章内容、形式多样，“不必皆备以所得资料为增减，编录不拘次第”[232]。附篇具有很强启发性、知识性，是该报最具特色的栏目。

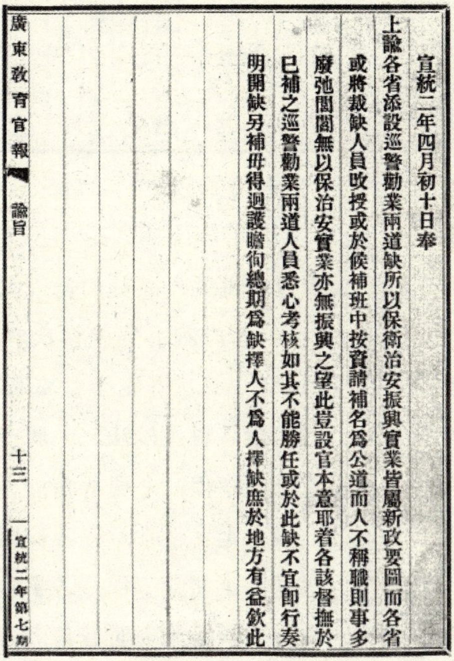
宣統二年四月初十日奉

上諭各省添設巡警勸業兩道缺所以保衛治安振興實業皆屬新政要圖而各省或將裁缺人員改授或於候補班中按資請補名爲公道而人不稱職則事多廢弛閭閻無以保治安實業亦無振興之望此豈設官本意耶着各該督撫於已補之巡警勸業兩道人員悉心考核如其不能勝任或於此缺不宜即行奏明開缺另補毋得迴護瞻徇總期爲缺擇人不爲人擇缺庶於地方有益欽此

廣東教育官報 諭旨 十三 宣統二年第七期

《广东教育官报》，1910年第7期。

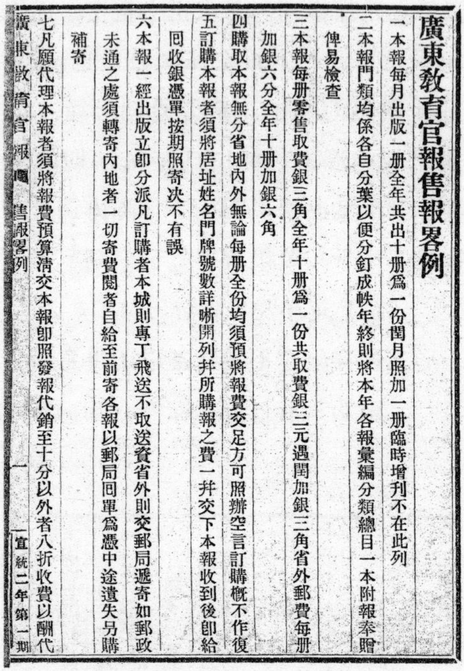

廣東教育官報售報畧例

一本報每月出版一册全年共出十册爲一份閏月照加一册臨時增刋不在此列

二本報門類均係各自分葉以便分釘成帙年終則將本年各報彙編分類總目一本附報奉贈俾易檢查

三本報每册零售取費銀三角全年十册爲一份共取費銀三元遇閏加銀三角省外郵費每册加銀六分全年十册加銀六角

四購取本報無分省地內外無論每册全份均須預將報費交足方可照辦空言訂購概不作復

五訂購本報者須將居址姓名門牌號數詳晰開列并所購報之費一并交下本報收到後卽給回收銀憑單按期照寄决不有誤

六本報一經出版立卽分派凡訂購者本城則專丁飛送不取送資省外則交郵局遞寄如郵政未通之處須轉寄內地者一切寄費閱者自給至前寄各報以郵局回單爲憑中途遺失另購補寄

七凡願代理本報者須將報費預算淸交本報卽照發報代銷至十分以外者八折收費以酬代

廣東教育官報 售報畧例 一 宣統二年第一期

《广东教育官报》，1910年第1期。

该报面向学校和教育行政机关，故其广告以书籍类为主，每期最后几页为售书价目，如广雅书局就多次刊登教科书广告，部分教材及其价格如下：“《奏定学堂章程》大五册一元二角、小八册八角；《小学各科教授法》一册三角；《新订初等小学堂章程、中学堂分科章程》一册八角；《本庄氏历史教授法》一册二角五分；《奏定女学堂章程》一册一角；《理科教授法》一册一角；《初等小学堂章程、各学堂管理通则合刻》一册一角；《中国教育史料略》一册三角；《两广初级师范简易科馆讲义合编》十八册三元二角、十三册二元二角；

《工业教育》一册三角；《师范讲习所讲本七册》一元二角；《速成师范馆国文讲义》一册二角五分；《国民教育爱国心》一册一角；《速成师范馆地理讲义》一册二角五分；《中等教育生理卫生学》一册一角五分；《速成师范馆历史讲义》一册二角；《国际私法详解附各国法制一班（斑）》三册，三角五分……”〔233〕该广告刊登的书籍共40种，涉及当时各类学堂的各科教材，从一个侧面反映了当时广东新式教育教材编撰工作的成果，以及新学的普及程度。教科书由于发行量大，成本低廉，出版商的定价相对较低，适应了各类学堂的客观需求。

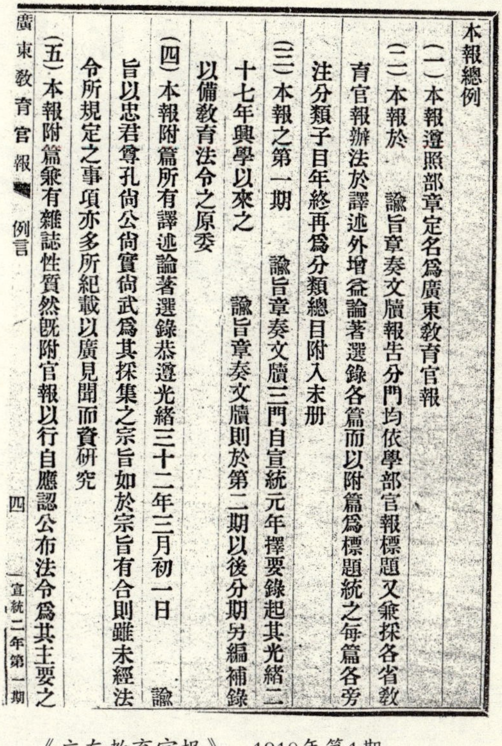
本報總例
(一)本報遵照部章定名爲廣東教育官報
(二)本報於　諭旨章奏文牘報告分門均依學部官報標題又兼採各省教育官報辦法於譯述外增益論著選錄各篇而以附篇爲標題統之每篇各旁注分類子目年終再爲分類總目附入末册
(三)本報之第一期　諭旨章奏文牘三門自宣統元年擇要錄起其光緒二十七年興學以來之　諭旨章奏文牘則於第二期以後分期另編補錄以備教育法令之原委
(四)本報附篇所有譯述論著選錄恭遵光緒三十二年三月初一日　諭旨以忠君尊孔尚公尚實尚武爲其採集之宗旨如於宗旨有合則雖未經法令所規定之事項亦多所紀載以廣見聞而資研究
(五)本報附篇兼有雜誌性質然既附官報以行自應認公布法令爲其主要之
廣東教育官報　例言　四　宣統二年第一期

《广东教育官报》，1910年第1期。

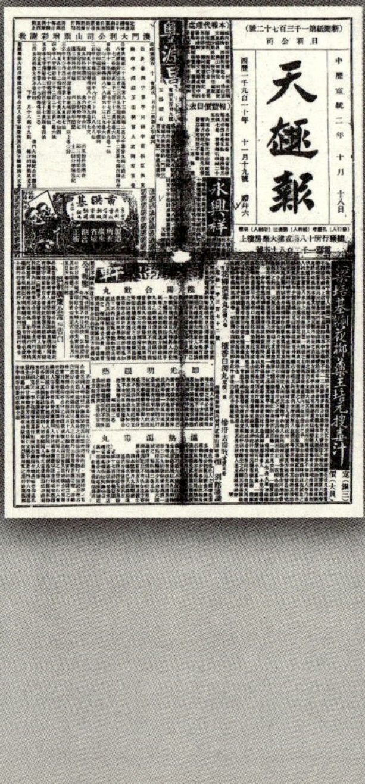
新聞紙第一千三百七十二號
日新公司
中曆宣統二年十月十八日
天鐸報
西曆一千九百一十年十一月十九號
禮拜六

报界旧闻

第八章

消闲之趣

BAOJIE JIUWEN

1.《游艺报》

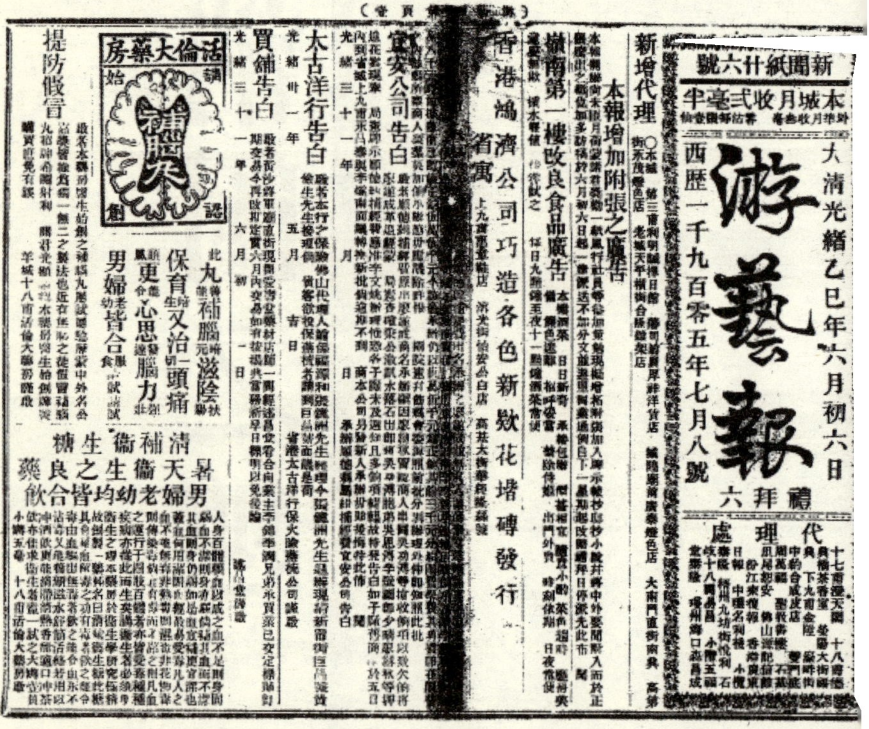

新聞紙廿六號
本城月收式毫半
大清光緒乙巳年六月初六日
游藝報
西歷一千九百零五年七月八號
禮拜六
代理處
新增代理
本報增加附張之廣告
嶺南第一樓改良食品廣告
香港鴻濟公司巧造各色新欵花堦磚發行
寶安公司告白
太古洋行告白
買舖告白
活倫大藥房
提防假冒
清補衞生糖
暑天衞生之良藥
男婦老幼均皆合飲

《游艺报》，1905年7月8日。

休闲消遣型报纸的出现，真实地反映了清末广州社会娱乐消闲业的发达。娱乐性报纸，适应了清末广州社会“有闲阶层”的消费需求，这些游走于各类娱乐消遣场所的闲人，具有相当的经济基础，又对酒楼、茶馆、妓院、赌馆、烟馆等公共娱乐场所情有独钟。他们的生活趣闻，为社会生活提供了丰富的素材。而通过人际传播所分享的范围十分有限，在高度商业化的生活环境下，需要媒体关注城市生活的各个方面，为民众日常生活和休闲活动提供更多的信息，报道具有趣味性的新闻。这样，消闲性专业报纸就应运而生，为丰富民众娱乐生活提供了一条新的途径。

《游艺报》创刊于光绪三十一年（1905年）五月，作为娱乐消遣类报纸，它与一般新闻纸有着明显区别。该报很少刊登政治新闻，其风格定位为轻松、新奇、趣味和色情，以满足读者“找乐”的愿望，这样，像《游艺报》这样的娱乐报纸，其内容设计就较有特色，它移植了其他报纸副刊的办刊特色，将谐文、灯谜、诗界、粤讴、南音、班本等内容列为必设栏目，另外，还增加短评、谭丛、童谣等栏目。为反映色情业动态，特地增加了《游艺报之花丛谈》，反映广州妓院动态和妓女生活状况，为猎色者提供一手资讯，颇受悠闲人士和浪荡子弟的欢迎。

《游艺报》报馆设于西关十八甫兆南昌前座，地处广州商业闹市，这里商贾云集，对采集和传播奇闻趣事提供了很好的地缘优势。该报编辑主要有啸父、侠庵、亚援、天籁、亚通等，记者一般采用笔名，似乎有意隐瞒身份。该报创立不久，便一纸风行，销路颇佳，并在新闻纸26号上刊登广告，声明增加附张，“加入牌示、辕抄、邸抄、小说，并将中外新闻录入，而于正张腾出之纸位，多加访稿”[234]。并在城内外广设代理处，原有代理处18处，其新闻纸第55号上，又新增代理处17处[235]。其中江门、新会、东莞等附近城镇都设有代理处，可见这份消遣性报纸颇有发行市场。其销售价格，“本城每张月收贰毫半，外埠每月收叁毫，零沽每张收壹仙”[236]。这样的标价，在当时广州报业中，价格较为低廉，加之其阅读对象多为社会中上层，销路自然不会受到定价的影响。

《游艺报》为日报，逢星期日停派。每天四页，第一版为广告，第二版为谐文、访稿等，第三页为班本、诗界、粤讴、游艺报之花丛谈等，第四页为广告。《游艺报》紧跟社会潮流，善于迎合受众的需求。报纸初办之际，正值抵制美约风潮。为了表达民众的诉求，争取民众的支持，提高报纸的知名度，《游艺报》在第二、三版以大量篇幅刊登抵制美货的文章。如《论吾粤筹抵苛约之民气》一文评论道：“今者筹抵苛约之气，愤愤其厉；不买美货之声，轟轟其烈。顾或以吾粤人无毅性为大惧，此虽拳拳箴戒之深言，然亦不可故作危词以梗民气也……我国无国力以抵制，而授权于民气，民气之抵制，又舍不买美货外无策，是不亦可痛矣乎”[237]。该报所发评论，以当时广州民众积极抵制美货为舆论背景，从民众政治诉求和仇美心态出发，分析较为客观。一些作者还撰写快板、诗词、杂著等形式多样的文章，为《游艺报》所刊载。如一篇《抵制美约》的快板云：“恨美洲，立苛约，一十几载（慢板），遥望着，在美华工，剧可怜……身为着国民，只有进，不能退，好比龙腾虎跃，坚持不怠。庶免虐作奴才，实只望，众同胞，不买美货就齐心对待，齐心对待”[238]。这些形式多样的文艺作品，在当时抵制美货的风潮中，深受民众的喜爱，使《游艺报》迅速扩大了销售量。

但是，《游艺报》毕竟是娱乐报纸，它对政治的关心，只

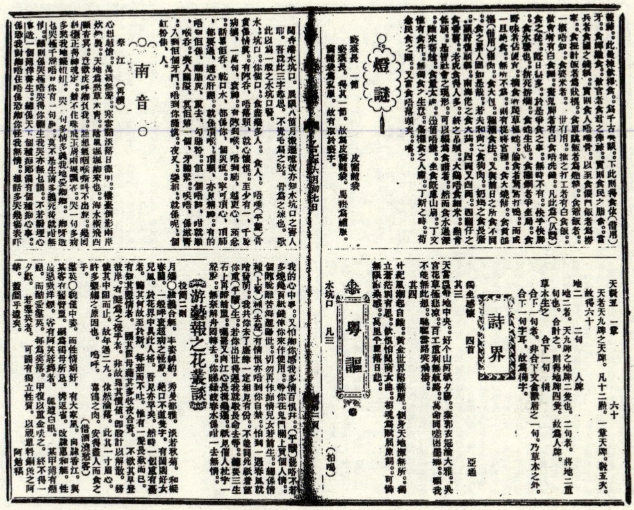

燈謎

南音

詩界

粵謳

游藝報之花叢談

《游艺报》，光绪三十一年（1905年）六月七日。

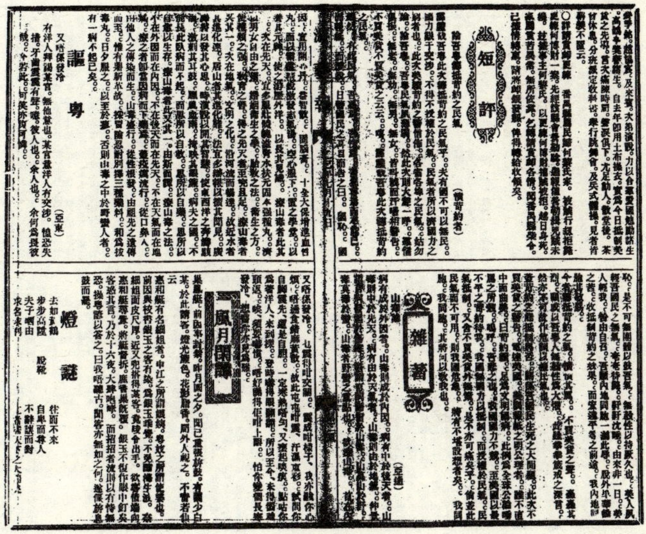

短評

雜著

謳 粵

風月閑譚

燈謎

《游艺报》，光绪三十一年（1905年）七月十九日。

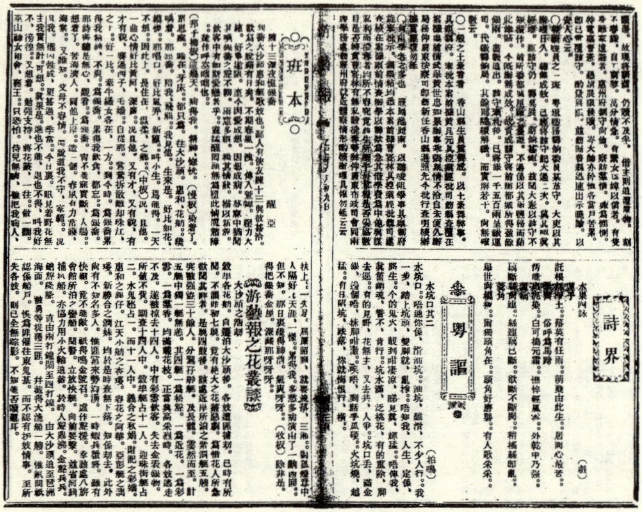
詩界

粵謳

班本

游藝報之花叢談

《游艺报》，光绪三十一年（1905年）六月九日。

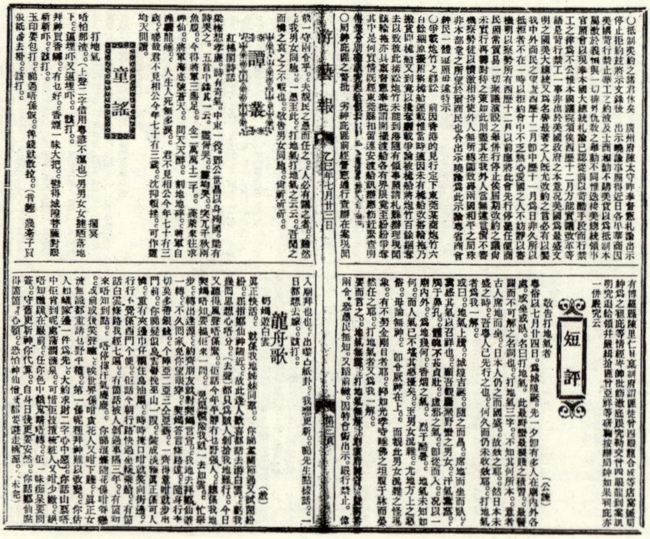
游藝報

短評

龍舟歌

譚叢

童謠

《游艺报》，光绪三十一年（1905年）七月二十三日。

是附和时势而已。在1905年8月23日，抵制美货风潮，受到了清政府的干预，《游艺报》意识到继续支持抵制风潮已无必要，遂刊登广州知府的禁令，率先反对抵制，刊登《抵制美约之诸君休矣》一文，认为继续抵制，“致碍两国和平之局”[239]。短短几天之内，舆论导向完全相反，可见，该报只是制造舆论，对政治问题并无真正的主张。

《游艺报》注重以生动活泼的文章取悦读者。20世纪初期，广州城市生活光怪陆离，特别是一些无聊文人和浪荡子弟，精神消费格调极为低下，这就为色情小说的流行提供了很好的市场。《游艺报》较早刊登颓废和色情小说，如在头版显眼位置刊登广告云：“今日附张小说系《无聊斋》”[240]。此外，在班本、诗界、粤讴栏目中，也有大量色情内容，如一位叫醒亚的作者，写了一篇回忆妓女银乔的班本，并介绍道：“银乔，大沙头惠和艇歌妓也。鄙人有侠友陈十三与彼甚洽，欲为之脱籍有日矣。”但好事多磨，被父母妻子发现，遂未能如愿，意患相思之病，唱词云：“到今日，为银乔，累得我饮食都忘；为银乔，那诗书总是无心观看；为银乔，宵不能寐实断人肠”[241]。此类色场词句，成为《游艺报》吸引读者的重要内容，词句往往淫荡，但内容空洞，这些无聊的妓院艳遇故事，在《游艺报》中随处可见。另外，该报对于妓院动态和妓女基本状况，也十分留意。如1905年的大沙头妓院遭抢劫一事，有详细披露。在1905年7月的一天深夜，大沙头附近停泊的五艘紫洞艇，突然被驾驶快艇和长船的三十余名强盗抢劫，五艇“均满载花枝，正当兴高采烈时，各妓逃走不及，遂被掠去十四人，中有彩云饮客……”所失金银财宝无数，“惟匪来势汹涌，一时虾兵虾将，虽有快枪，竟不能敌。只得鸣金号召，虚作声援。幸该处八旗舍馆所泊之蛮船，闻警，立放快艇，向前要击，并向省河捕扒船，亦协力用小火轮追截。于时人声鼎沸，金声乒乒，枪声隆隆。直由两打钟闹至四打钟，由大沙头追至琶洲海面，被勇等捉回三匪，并截得大鱼船一艘。惟讯问只认系船户，误为匪雇往东鬼基，而不认有护妓情事。至所失各妓，则已全无踪影，不知能否赎还否”[242]。此类报道，颇有轰动效应。

《游艺报》的广告，与一般商业性报纸也有很大区别。由于读者对象大多为有闲阶层，其广告一般为读者的休闲消遣服务，其中化妆品、药品、卷烟、酒楼茶楼广告占主要部分。如香港一家名为洪桂昌的诊所，常年刊登《擅医花柳》、《珍珠白浊丸》等广告，吹嘘其治疗性病的神奇功效。“包医限期列左……限日全愈，过期不愈，原银加倍送回”[243]。此类广告，为那些因嫖染病的色鬼提供了治疗的好消息，但是性病广告带有严重虚夸的成分，其实际治疗效果并不明显。

清末酒楼业颇为发达，一些酒店为了开拓市场，经常在该报刊登广告。如《岭南第一楼改良食品广告》、《岭南酒店》等，酒楼广告注意突出精美的菜谱、优雅的消费环境以及妓女陪酒等诸多特色，为酒色之徒提供多方面的服务。如岭南酒楼“烹调各式西菜，美味无双，并巧制西饼，一切便来往小酌”。西餐的价格，到了清末，也不是很贵，如岭南酒楼标示1905年7月8日的西餐价格:“全餐收银五毫,大餐收银壹元”[244]。又如颐苑酒楼在开张时对其优雅的环境作了宣扬：“茶烹龙润，留题到苑，酒买羊垣，味佐盘餐。颐皆快我，香开饼饵，苑更宜人。况复颐解说诗，室谈有月。苑游秉烛，厅事皆花，指可

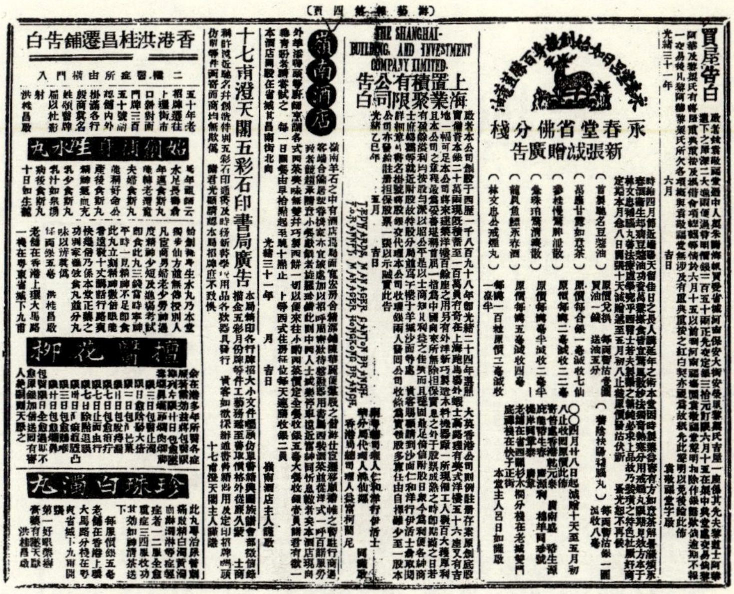
香港洪桂昌遷鋪告白

嶺南酒店

十七甫澄天閣五彩石印書局廣告

上海積業置有限公司告白

THE SHANGHAI BUILDING AND INVESTMENT COMPANY LIMITED.

永春堂省佛分棧新張減贈廣告

買屋告白

《游艺报》，1905年7月8日。

从颐和。……何妨箸下万钱，观头消野蛮之恶潮，取廉河润，入苑观文明之空气”[245]。如此引人入胜的描绘，表明了酒楼广告策划者的高明之处。

2.《天趣报》

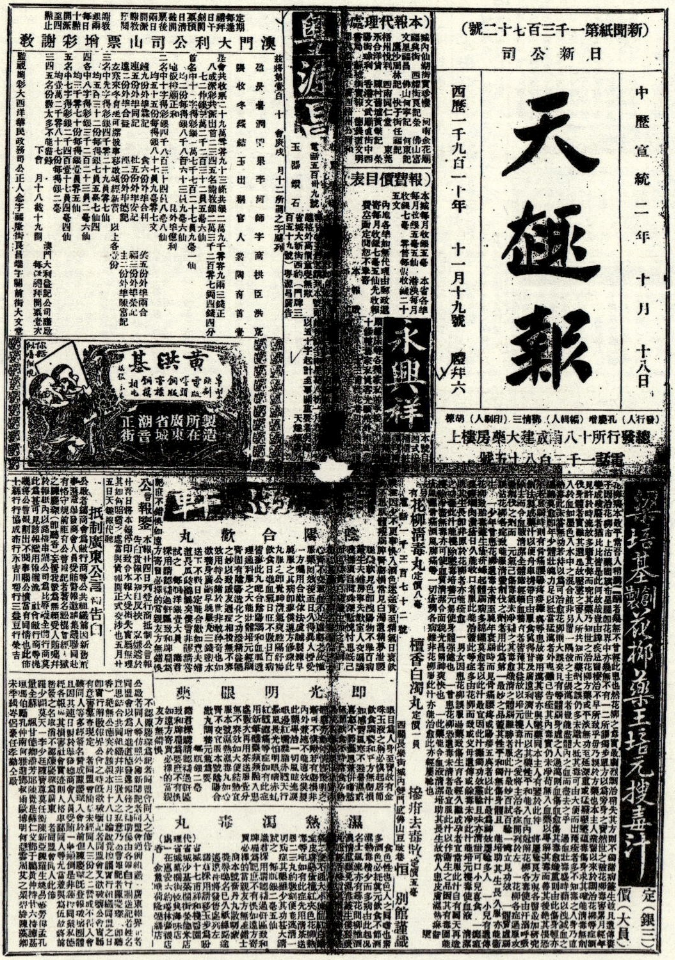
新聞紙第一千三百七十二號

日新公司

中歷宣統二年十月十八日

天趣報

西歷一千九百一十年十一月十九號

禮拜六

本報代理處

報費價目表

永興祥

黄洪基

澳門大利公司山票揭彩謝教

花柳清毒丸

即光明眼藥

濕熱濁毒丸

抵制廣東公言報告白

梁培基製花柳藥王培元搜毒汁

《天趣报》，1910年11月19日。

《天趣报》为广州色情报纸之嚆矢，创刊于1905年，该报“每晚十点钟出版”[246]，为当时极少数的“晚报”。与《游艺报》的娱乐性特色相比，《天趣报》的定位更为“专业化”，它反映出清末广州社会对色情业的宽容和开放，社会道德伦理的日益败坏以及色情消费的泛滥。《天趣报》总发行处设在十八甫威建大药房楼上，发行人为孔庆增，编辑人为邓情三，印刷人为胡栋。由于在报道色情业方面的绝对优势，且色情新闻具有垄断性，该报虽然为八开四版，但定价却较高：“本城每月收银五毫，本省各埠收银五毫五仙，港澳每月收银七毫，零售每张收银二十五文”[247]。其阅读对象多为猎色者，消费水平一般较高，对于价格因素，考虑不多。《天趣报》的读者群主要集中在广州，在佛山、香港等地也有代理处，共有代理店17处。发行的范围，不如其他大报。

在清末革命风潮中，《天趣报》的办报方针，受到革命志士和开明人士的强烈批评。但是，在旧制度未瓦解之前，色情业却是推动城市消费的一大重要产业，政府、绅商和社团组织，都能从中渔利。禁娼运动未能取得预想效果，尤其是广州这样的消费型城市，对于色情业的依赖性更强。《天趣报》的发展，客观地反映了清末广州色情业的繁荣。

《天趣报》的主要栏目有：《无线电》、《孽海潮》、《花丛闻见录》、《挥尘谈》、《花界调查表》、《解颐录》、《花天梦》、《天外天》、《趣中趣》、《天仙奏》、《天籁鸣》、《漫天风雪》、《花丛闻见录》，等等。除了一些固定栏目，编者往往根据当日内容增设一些栏目。《天趣报》以报道色情业立足于报界，其办报经验较为丰富。该报与

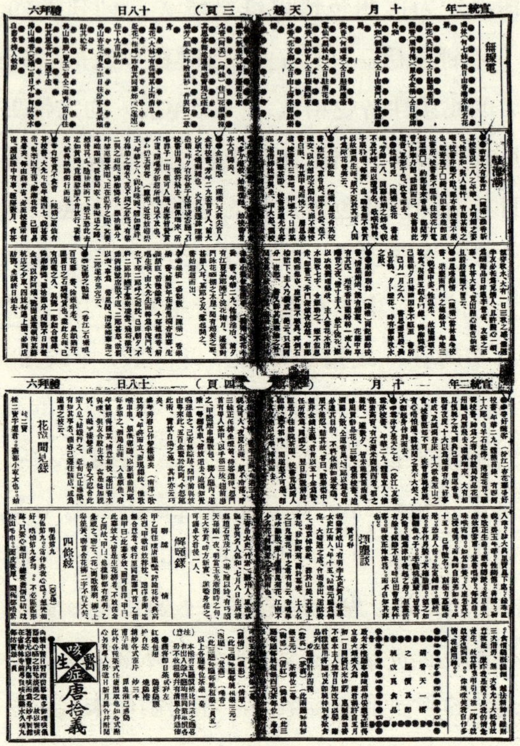

《天趣报》，1910年11月19日。

广州各大妓院联系密切，对广州娼妓界的动态了若指掌。其《无线电》栏目，主要报道妓女生活动态，涉及到妓女悬牌应征、接待客人、因病休息、日常娱乐等方面，如“云林（郭凤玲）同日注销花籍、妙元（梁银苏）同日悬牌应征、燕香（陈苏仔）（原名闰妹）同日迁往蕴玉；近花（黄彩玉）因应恩客颖川三郎久不至，逢人问讯；锦芳（张细金）因现在天气寒冷眷恋其恩客张二……”[248] 这类新闻，往往以一句话新闻的形式出现，简明但信息量较大。

《孽海潮》、《花天梦》是《天趣报》的名牌栏目，也是最具阅读趣味的栏目，实际上是妓院新闻故事的报道，一般由数篇到十余篇长短不一的“故事”组成。如1910年12月21日的《孽海潮》栏目有如下文章：《风流太守》、《宝琴又将跟佬矣》、《小娟之挽联续钞》、《采玉对客辩诬》、《呼珏琼荐枕者提防其母》、《柳爱求欢反辱》、《佛山老举跌价》、《碧玉余弦讨账》、《阿采未免可怜》、《醉猫之怪象》，等等[249]。这些文章，以描述妓女生活细节为主，特别注重妓女与嫖客在

宣統二年 十一月 天趣報（第三頁） 二十日 禮拜三

無線電

孽海潮

宣統二年 十一月 天趣報（第四頁） 二十日 禮拜三

花叢聞見錄

揮塵談

解頤錄

四條絃

九丹池

《天趣报》，1910年12月21日。

色情交易过程中所发生的故事，对妓女的表现刻画尤为细致，令那些有好色之心的读者，读来颇有趣味。如一名为月仙的妓女就与本妓院厨师偷欢。该妓颇为妖冶，饥不择食，“素有单料铜煲之号。该院向有厨艇一艘，湾泊院前，月仙暇辄藉端下艇，不何何作。迩者姐妹花侦悉，知月仙与该艇厨夫，素有密切关系，故每乘间移樹就船，为秘密幽会，昨某甲在宴花直揭其丑，不留余地，闻者掩口大笑”〔250〕。可见，此类偷欢之

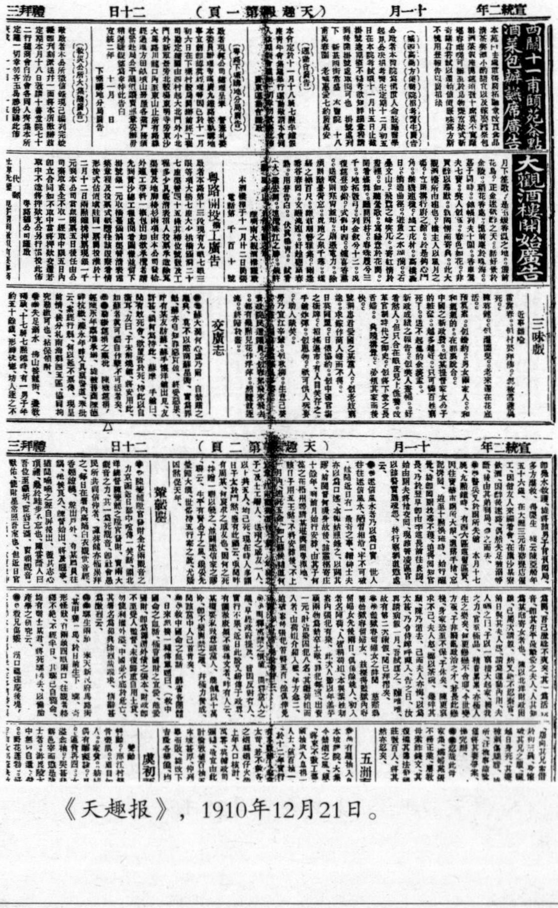
宣統二年 十一月 （天趣報第一頁） 二十日 禮拜三

大觀酒樓開始廣告

粵路開投橋工廣告

交廣志

三味賸

宣統二年 十一月 （天趣報第二頁） 二十日 禮拜三

《天趣报》，1910年12月21日。

事，尽管十分秘密，但还是被其他妓女发觉，视为笑柄。又如一名妓女与嫖客之间关于消费价格的讨论，也颇有趣味：“（陈塘）初二倾盆大雨。有江夏三郎，踏经三角市，无从躲避，遂入得和少卿房茶围。三郎貌颇韶秀，亦常招校书酒局者，少卿乐与周旋。雨仍未息，久坐成倦，则借榻而宿。校书素有爱靓之心，且近日筹欢狼狈，特以言动三郎曰：‘今日者可见饮客不可少温婆也，如其有之，何用独睡乎。’三郎情动，答曰：‘卿可否作伴？’校书云，‘我辈歌妓，非百数十金白水，断难问津，惟今日者事出意外，倘郎能赐三十金，当从尊愿。’三郎解囊得十七员（元），校书姑就之，即出炒白菜以供午餐云”[251]。这名妓女主动勾引嫖客，但是作为艺妓，其身价一般上百元，遇到可意的嫖客，她主动“打折”，这个折扣已经很低了，但是嫖客由于嫖资有限，妓女也不能做赔本买卖，只能用白菜招待嫖客。所以，30元的报价，对于高级妓女而言，已经是价格底线。即便情意绵绵，但是妓院毕竟是高消费场所，没有相应的价格，就很难得到相应的服务。

《天趣报》的《花界调查表》，主要调查当时陈塘一带高级妓女的数量及年龄状况，为猎色者提供最新的信息，真实地反映了当时娼妓业的规模。如《天趣报》在春季妓院调查表中，调查同记妓院的妓女状况为：“潘珠仔十六，吕宝珍廿三，冯桂玲廿四，黄银苏廿五，梁凤蝉十九，张顺玲十九，谢丹桂十七，岑闰连十八，陈七妹十八，冯肖金十八，李巧玉十八，梁凤平十八，李玉莲十三，潘银仔十六，刘柱好十八，陈柳娇十九，卢金娇廿四，冯凤金十九，潘容妹十九，何瑞莲十九，谢顺琼十三，何细英十六，张苏仔十九，王瑞意廿二，梁桂凤二十，李桂妹廿三，陈胜仔十九，李新玉十九，黄润秋十八，郭桂喜十四”[252]。这一调查表，从整体上反映出妓院的地位和实力。同记妓院挂牌的高级妓女达到30人，其规模在当时属于较大的。陈塘的其他几家妓院高级妓女数量分别为：桂香妓院15人，燕香妓院8人，琼香妓院7人，友花妓院13人，云林妓院18人，醉红妓院14人。这些妓院虽然人数不多，但是生意却颇为红火。因为妓院对于妓女的要求严格，妓女年龄普遍较低，且姿色方面也经过认真挑选，自然能引起嫖客们的注意。

《天趣报》的《天籁鸣》、《漫天风雪》等栏目，刊登一些内容淫秽的诗词、快板等，大多为描写妓女生活的场景，格调低下。《花丛闻见录》则重点介绍一些名妓的卖淫生涯，内容比《孽海潮》要详细。另外，在《五洲春》之类的栏目中，介绍西方国家的奇闻趣事，如一则报道云：“美国华盛顿，有一德国女子，登载告白于某报云，现有一少女，富而美，来自外国，即欲得一少年男子，与之结婚一礼拜，情愿倒贴二百元。此女名秩签士，惟自认此为其假名，又谓其叔在德国甚富厚，已立彼为承继家业人，惟必责令其成婚，彼不愿受男子管束，成婚后，自回德国领取家业，即与此男子离异，奇哉”[253]。此类外国逸闻，自然受到好奇者的注意。

《天趣报》的新闻，也注意宣传酒楼的奢华。如天一酒楼的包间极为华丽。一名顾客写下了他的真实观感：“其厅事铺陈，五光十色，壁上图画，西式家私，金银餐具，无不精美，极口称欢。谓遨游以来，所过苏沪各地，阅历不少，能如此楼之精致者，不可多得，省港中允推巨擘矣。淮海南来第一楼，可以移赠。聆一曲，则又赞不绝口，盖是夕所征歌甓，则燕香月英、得和九妹、同记顺琼、名花才仔及苏仔 苏华，皆一时乐部中之著名者也”〔254〕。可见天一酒楼的包房不仅在广州鹤立鸡群，就是在国内其他城市，亦难有与其媲美者。酒楼包房为官商富绅提供了社会交往的新空间，成为礼仪消费的重要形式，是一种荣誉消费。上层人物的消费习惯一旦形成，就会在消费的数量、等级方面进行竞赛。包房的流行，客观上反映了清末广州社会流行的奢靡之风。

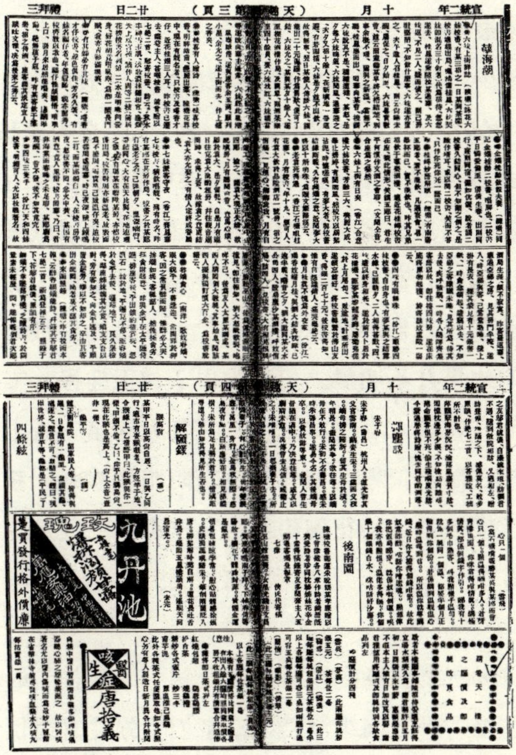

《天趣报》，1910年11月23日。

由于报纸的风格不一，报纸幕后操纵者的背景不同，清末广州各报纸之间也存在着错综复杂的矛盾。如《天趣报》与《公言报》之间，就因为在对待广州行商的态度方面有较大分歧，而在报纸上公开相互指责，这在以前的广州报刊业尚不多见。《天趣报》特登出启示云："本报廿四日，刊登行商抵制《公言报》告白，贵报不知自反挟私嫌，遂于廿五日将本报停印，致令本报大受损失，实属无理。其如何赔偿之处，当与贵报开正式交涉也"[255]。利用自己的阵地，揭露对方的错误，以提高自身形象，这在清末报界尚不多见。

《天趣报》的广告，与受众对象有着密切联系。广告内容涉及日用品较少，而西式家私店常年在报纸头版做广告，如一家叫永兴祥的家私店，"自办西式台、椅、桶、柜等各类家私"[256]，说明其西式家具颇有市场。另外一家叫做粤原昌的玉器店，也在显要位置刊登收买玉器的广告，这在其他报纸颇为少见。《天趣报》的读者群体，有相当部分属于社会中上层人士，这类商品能够引起他们的注意，而对于大众化的报纸而言，此类广告传播的效果并不明显。另外，由于《天趣报》专谈花事，治疗性病的广告就大有用武之地。在每天的第一版上，性病、性药广告都占显著位置。如《补过轩阴阳和欢丸》系治疗阳痿的广告，《梁培基创制花柳药王培元搜毒汁》则是专门治疗各类性病的广告。这类广告出现在色情报纸上，可谓"名副其实"。

清末广州高级酒楼往往与妓院为邻，许多著名的酒楼，都在陈塘、东堤一带。高级酒楼为富豪们争强斗富提供了极好的去处。酒楼为了招徕生意，务必突出其与妓院的密切关系，在

《天趣报》的广告宣传中大力吹嘘有妓女陪同的宴饮妙处。如位于陈塘的大观酒楼的广告称："月下笙歌，是玉暖香温之地；帘前花鸟，正金迷纸醉之天。话好景于金陵，稻花香处；忆前尘于珠海，荔子开时。锦帐列夫十围，香车驾夫七宝。美人似玉，春色如花，非买醉以寻欢，孰陶情而寄兴"[257]。买醉寻欢是富豪们进入酒楼的主要目的。所以，酒楼将包房设计得无比华丽，以满足富豪们炫耀性消费的需要。而著名的天一酒楼也突出了其与妓院的关系。其广告云："扇凭电力，清风与故友俱来；窗映波光，明月偕美人并至"[258]。这里所称呼的美人，就是附近的高级妓女。

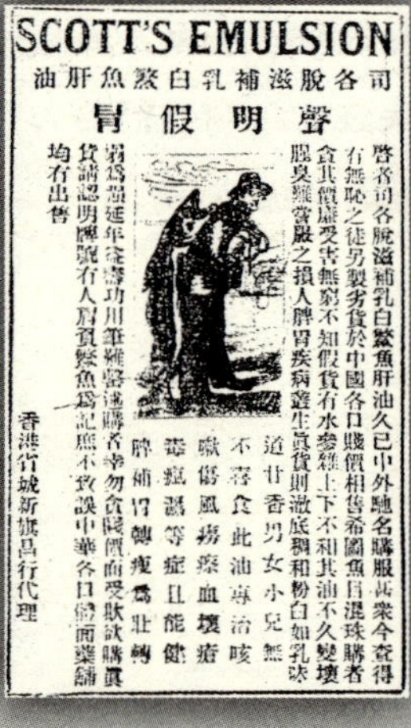
SCOTT'S EMULSION
司各脫滋補乳白鰲魚肝油
聲明假冒
啓者司各脫滋補乳白鰲魚肝油久已中外馳名購服甚衆今查得
有無恥之徒另製劣貨於中國各口賤價相售希圖魚目混珠購者
貪其價廉受害無窮不知假貨有水參雜上下不和其油不久變壞
腥臭難嘗服之損人脾胃疾病叢生眞貨則澈底調和粉白如乳味
適甘香男女小兒無
不喜食此油專治咳
嗽傷風癆瘵血壞瘡
毒瘰癧等症且能健
脾補胃轉瘦爲壯轉
弱爲强延年益壽功用筆難罄述購者幸勿貪賤價而受欺欲購眞
貨請認明牌號有人肩負鰲魚爲記庶不致誤中華各口西藥舖
均有出售
香港省城新旗昌行代理

第九章

招徕之术

清末广州报纸广告业的发达，与城市经济快速发展有着密切关系。特别是20世纪初期，广州时局较为安定，进出口贸易大幅度上升，消费市场极为活跃，商业经济极大地促进了城市的繁荣。房地产、金融、保险、证券、交通等新兴行业的兴起，为报纸广告传播提供了极为丰富的客户资源。对于报纸广告，前面各章已有论述。本章主要对清末广州报纸上的药品广告和洋货广告作一些介绍。

藥界空前之聲價!!
仁丹
警告
總經理 省城 老威大藥房 普威大藥房
橋香齋
廣東省城始創
甘露茶
甘菓茶
甘露油
橋香齋秘製甘泉茶葉
治症用法
奉送不可思議之奇術計(四十種)
大公無私

《商权报》，1918年2月23日。

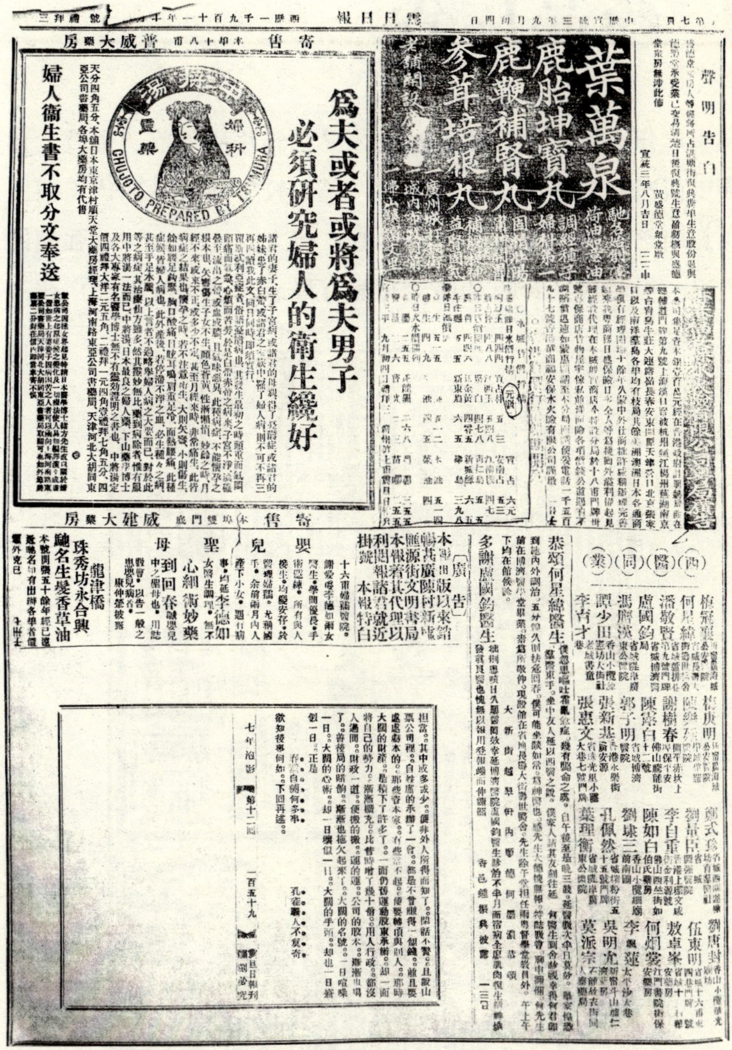

《震旦日报》，1911年10月25日。

1. 药品广告

广州天气炎热，故多时疫。早在鸦片战争前，传教士便利用西医在广州开展宗教活动。民众较早地接触和认识西医的高明之处，鸦片战争后，尽管广州人对西方人怀有强烈的仇恨，但对西医诊所和医生却颇有好感。英美医生在广州开

《民生日报》，1912年3月25日。

展的种牛痘活动，受到民众的欢迎。西药的功效，也逐步为民众所认识。同时，广州的中医业一向发达，各类中药店遍布大街小巷。19世纪70年代以来，随着广州商业经济的不断恢复和发展，广州药品市场逐步繁荣，中西药店和诊所纷纷开展广告营销，除了利用招牌广告散发街贴之外，报纸广告成为药品推销的主要形式。如黄宝安堂、屈臣氏、潘家明哲堂等药店，纷纷在《广报》上刊登广告，特别是屈臣氏大药房，在上海、广州等大城市都有分店，实力非常雄厚，其刊登的广告有时占据《广报》的大半个版面，罗列各式药品达百余种。其中对各类戒烟药尤为重视，大力推销其戒除鸦片烟瘾的功效，如描述戒烟饼的功效，“药性平和，善能化解鸦片烟毒，服后渐渐除痰去积，开胃健脾，令烟瘾日渐减少，而自然戒断……”〔259〕此类广告用语，大大神化了戒烟药的功效，其实，戒烟药的主要成分为替换性的毒品，有很大的毒性，且效果亦不明显。但戒烟药适应了当时民众对戒除鸦片烟瘾的迫切需要，且民众对其负面作用认识不深，故戒烟药颇有市场，利润十分丰厚，以屈臣氏的戒烟饼为例，“每樽价银，大七钱二分，中三钱六分，小一钱八分。”〔260〕价格不菲，但在报纸上刊登广告的成本较低，推销效果较为明显。药品广告的虚夸，在以后的报纸广告中愈演愈烈。随着清末戒烟运动的兴起，各类戒烟药鱼目混珠、良莠不分，生产商或销售商在报纸上大肆吹嘘其神奇功效，其目的是获取暴利。各类戒烟药，都号称配制得法、老少咸宜、能很快戒除鸦片烟瘾，一位叫梁天保的医生则独出心裁，创制了戒烟饼。“每引一钱用饼一个，价银一分八厘，中樽载饼十个，价银一钱八厘，大樽载饼二十二个，价银三钱六分。……欧亚各洲、南北口岸、日本、安南均有货付”[261]。此类广告，多半对其产品大加夸张，其实际功效并非如此。一些戒烟丸使用了吗啡等麻醉品，使用者非但没有戒除鸦片烟瘾，还受到麻醉品的危害，其暴利吸引了许多商贩从事这一行业。在各类戒烟药大量竞争的情况下，其价格有所回落。如1901年，六和大药房所推出的戒烟丸，“大樽价银五毛，中樽价银二毛，小樽价银一毛”[262]。这比起十多年前屈臣氏的同类戒烟药，价格明显降低。

上海商務印書館
最新教科圖書出版
本卷首
珠算教科書
各科教授法
中等鉛筆習畫帖
國民教育論
水學
氣學
珠算教書教科授法
帝國英文讀
捲烟發客
中國龍球
DRAGON MARK
CIGARETTES
源吉林第一家始創萬應甘和茶
呵呵好大胆敢以僞函瞞稟各憲耶
告白
受洞旗峯山地售白
南粵江南賑捐

《羊城日报》，1906年3月30日。

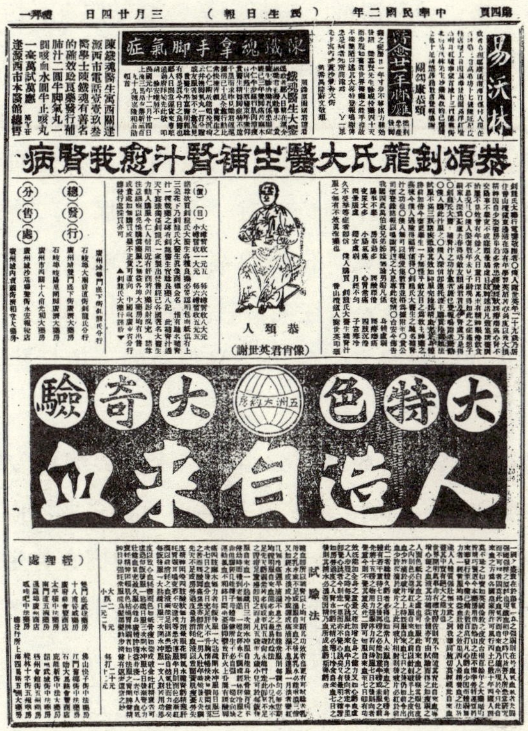

《民生日报》，1912年3月24日。

清末广州药品生产和消费达到了较高水平。药品的价格与其他商品的价格存在较大差别，其决定性因素体现在三个方面：一是药品的治疗功效；二是药品的知名度，特别是市场占有份额；三是药品的制作工艺和原料的价格，其中药品的功效是最为重要的因素。因此，许多生产商非常注重对药品治疗功能的宣传。其价格也通过明示的方式，向民众公布。清末报纸对药品的价格多有报道。如西关十二甫颜逊轩医生经营的颜过安堂，其药品价格为：“脱膜眼药、光明眼药、蛾喉散即止吐血丸每樽一毫；疳积眼散、痘后眼散、救睛眼丸、伤眼止痛丸每樽二毫五仙；立即止咳丸每樽五仙”[263]。两仪轩药店出售的蛇胆油，“力胜如意油十倍，大樽二毫”[264]。此类药品，价格较为低廉。而那些声称能够治疗麻风病一类大病的药品，价格非常昂贵。如光绪年间广州有一名医黄保安，擅长治疗麻风病等，其创制的药丸，价格很高。如“麻风保命丹每料该银十两，三蛇入骨捲云退红丸每料该银二十四两”[265]。此类号称祖传的绝密配方，脱离一般药品的价值规律。在药市中，几乎形成了垄断价格。

但是，一些昂贵药品，受市场供求的影响较为明显。如一种叫冬虫夏草的药品，“广东园林亦有种之者，而以四川所产者为贵。其味甘且质润，有滋余之功。中国言养生者多以之佐食，往者价颇昂……每斤十七八元，近日来货颇多，其价顿落，大约每斤售银不过八九元而已”[266]。可见，这类天然滋补药品的销售受到市场行情的约束，其消费对象一般为中上阶层，需求量并不很多，在供应过多的情况下，其价格必然走低。

保健品在广州市场上出现得较晚，但是它比起一般的药品，更注重品牌价值，其消费对象主要是中上绅商阶层。为了吸引有钱人家购买，保健药品非常注重包装和商标上的美观，而且对药品的养生和理疗作用进行突出宣传。养经活血、滋阴伏阳、养颜补脑、健身强体等广告术语在清末广州报纸中随处可见。例如广州毓和堂创制的仙授毓气和神丸，“此丸大补气血……能健脾开胃，温中养心，益肝补肾……大瓶一两银二两一钱六分，中瓶五钱银一两零八分”[267]。位于西关第七甫的春生园药店，出售一种搜毒酒，能够医治疳疔、花柳等病，

“大樽一元二毫，小樽六毛”[268]。这些补品具有一些理疗功效，但与报纸所称道的神奇作用还是有很大差距。即便如此，这些保健品在当时药品市场上还是占有较大份额。上海等地的药厂也纷纷在广州报纸上进行价格信息传播。如上海等地的药房在《南越报》上刊登了大量人造血、补脑丸等广告。一种叫爱理士红衣补丸的药，“每瓶洋壹圆贰角，每半打洋六元”[269]。此类新奇补药，利用当时社会上对保健药品的盲目崇拜心理，极力夸大其根治多种慢性病的作用，利用一些不太常见的配方，获取消费者的信任，从而牟取暴利。

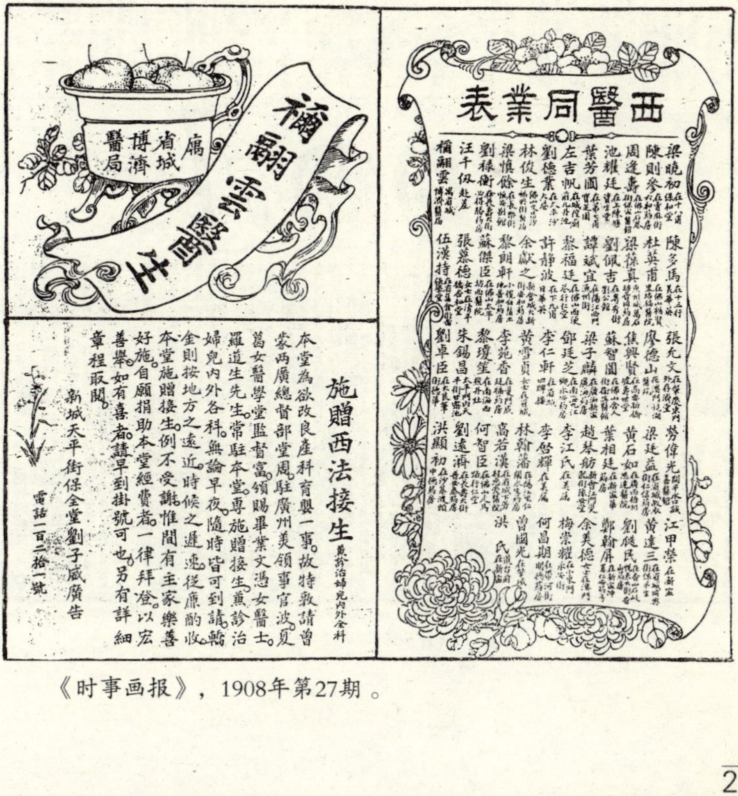

《时事画报》，1908年第27期。

禮拜三　中華民國元年六月十九日　（民生日報）　舊歷壬子年五月初五日　第二頁

時藝軒陳焯亭
自造各種五彩時花燈籠廣告
六金邊各款燈籠每打　七毫五仙
八金邊各款燈籠每打　九毫五仙
一尺四時花燈籠每對　三毫
二尺時花燈籠每對　八毫
二尺六時花燈籠每對　壹元
三尺二時花燈籠每對　壹元二毫
一尺三幼紗小樣燈每打　壹元五毫
一尺四幼紗大樣燈每打　壹元八毫
二尺幼紗大樣燈每對　壹元五毫
二尺幼紗大燈每對　壹元

時藝軒陳焯亭自製
鮮杏仁霜每打弍元弍毫
改杏仁霜每打壹元八毫
肥兒代乳粉每打壹元八

時藝軒陳焯亭自製罐頭牛奶廣告
壹磅庄牛奶每打三元
十安士庄牛奶每打弍元弍毫
五安士庄牛奶每打壹元壹毫
廣州城大南門外直街四十號
時藝軒謹啓

久染邪瘋頑癬疾。覓得先生林清一。醫兩個月零六日。對年不發登告白。
欽州石樹蓉仙洲恭頌林清一醫生館在粵垣高第街分館西關順母橋至好癬油汗斑水

恭頌釗龍氏大醫生養身除毒汁救我命

（凡有血毒）（花柳等毒快看）

釗龍氏大醫生台鑒敬謝者　鄙人袁月南年四十五歲乃居住香山海州因昨年正月耽於花柳場中酒色過傷以至腎虧虛弱常見精流迨至三月發出魚口疳疔鎖喉數月疔毒結壓四處發爛更兼毒入筋骨痛之不止四肢大肉俱瘦不思飲食危險異常性命有關此症逢人見他避嫌家人深爲過慮一日舍弟偶閱港報見有　趙伯年君登錄鳴謝　釗龍氏大醫生之養身除毒汁治愈能解一切血毒難症聞其效　鄙人聞說如此靈驗即速購買一樽試服果然見功再買一打連服共六樽大有起色之望此病症暫退服再三樽血毒魚口疳疔以除亦見身體復原胃口加增茲賤荊前染　鄙人之毒在身剝下身上又如此發出血毒痛苦不堪　鄙人服完尚剩三樽即勸賤荊服之不數半月血毒亦消除更兼身體壯旺面色紅顏今日夫妻遇險得安者皆感　釗龍氏大醫生養身除毒汁治愈之功無怪此汁中外各報登錄不絕　鄙人無以可報謹呈小照片一紙伏希賜登報章佈告同胞滿此敬請　台安今佈告四萬萬之同胞凡有血毒　天行楊梅結毒　癰疽瘡毒　無名腫毒　疥癩癬瘡　遠年爛腳　初染瘋癩　疳疔魚口　花柳白濁　骨節疼痛　小兒胎毒　婦人子宮內爛　各等血毒諸症即信　鄙人之言快買此種　釗龍氏大醫生之養身除毒汁服之定然快愈矣

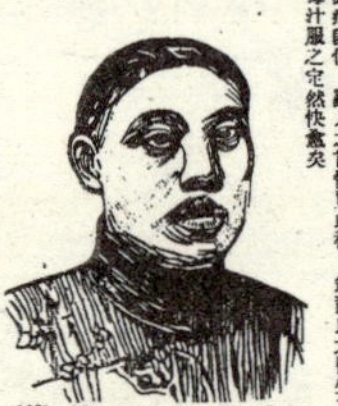

（袁月南君肖像）

◎價目
大樽價洋暫收一員
六樽價洋五員半
小樽暫收價洋陸毫
六樽價洋三員三毫

請辨凡買　釗龍氏大醫生養身除毒汁必要認明包面及招紙俱有釗龍氏眞像商標松記正是眞貨如別樣及無釗龍氏眞像商標乃是假冒　各埠體面大藥房均有代售或貴處內地如無購買或疑不正貨可直向本公司　中國廣東省城總分行　採買亦可

中國總發行在
廣東省城雙門底下街釗龍氏分行
廣東省城雙門底下街廣濟大藥房
石岐埠大廟前直街中釗龍氏分行
石岐埠岐陽里口關脚廣濟大藥房

分售代理處
廣州城沙基聯興街永安報社店
廣州城大新街中約光和大藥房
東莞城內賣麻街濟和堂大藥房

香山縣海州鄉　袁月南頓首

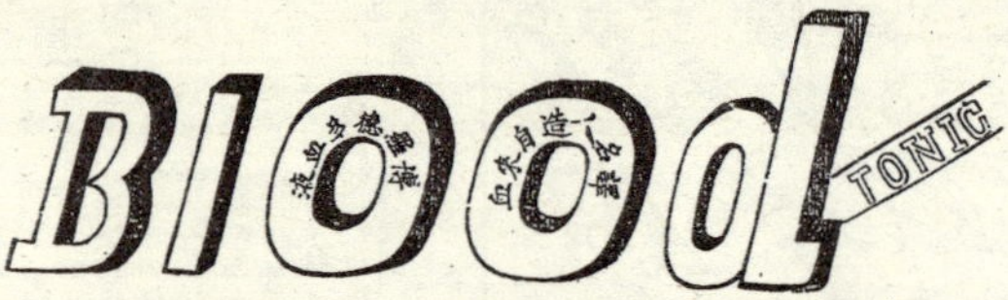

一國之盛衰在於民氣而一身之强弱則在於血氣　血氣者夫固强國强種之原料也現當血相爭之時代故智人所急需研究而不可嘆者因莫此血氣若而自來血乃適出現於今日此自來血之方爲各國專家所許可風行西土已數十年西國人爲莫不珍之如寶　如英國倫敦之皮皮台根百餘年之大藥廠　均皆精巧製造今本藥房用借助他山之法不憚辛勞特運原料來華發行至今業已銷去數百萬打　凡心虧血少因而體弱無力者一經嘗服均得益血壯體之效果西人最精養血之法故能人人體質强壯無文武之別我華同胞切莫輕視此自來血蓋其中實有絕大之能力也

試驗法

世界開明萬事非有確實證佐則萬不能道其實　此自來血專增心經之血液其功補益全體亦可由試驗而得之如瘦弱之人面色紙白其血之虛也可知服此自來血七日後察其眼包皮之內皮則色必能增紅　未服自來血之前用針刺破手上之皮出血少許滴於玻片之上待既服自來血七日之後仍如前法令出血少許滴於玻片之上此兩玻片相對則後玻片之血必紅於前此二者驗證久虧者必得也如常人未服自來血之前先磅身體有若干重待七日之後再磅之必能加重半磅或未服之前先將十五磅之物用力提舉健力若何待服七日之後則向者覺重今則不覺其重矣此二證可知服自來血主七日即有功效　既能加全身之重量又能加增全身之健力又如心虧血虛之人步履之時每覺心跳服此自來血半月之後向者走半里即覺心跳者今則走一里而亦不覺心跳矣　又有最明之確證　如房勞過度之人腎水既虧元精必薄凡冷服自來血七日之後則其精水必濃而溫　因精乃血所聚積而成血虧斯腎虧　故補血即所以補腎　以上均可顯明其功效者也更有可試驗者乳母之乳水　或不足或欠濃服此自來血七日之後則其乳水必能增濃三倍　又如婦女經水　或淡或冷或遲或早或痛滴漏不息連服一月則淡者變紅凡無冷痛遲早滴漏不息之患如能常服　則每月調勻　必無愆期均證明服自來血能多血　液之最易試驗法也

一小兒乳水不足先天虧弱常苦多病或至四五歲尚未能行走此即氣血不足之明證疳積童癆即因之而成凡五歲至九歲小兒可於每飯後服自來血一小匙每日三次牌水冲服自能身壯骨健百病不侵幼時血足到老無恙

一婦女經水不調或經痛經冷服之非但調經凡能種子母體既健所生之子必自强健

一婦女向缺運動血氣不和終日悶坐憂傷抑鬱致肝火上升屢有腰酸脚軟四肢浮腫麻木無力者每飯後服一大匙羹開水冲服每日服三次七日之後血分日見充足肝火不升胸懷暢快決無鬱悶煩惱之苦而腰酸脚痛諸患亦即消化

一男人壯年時後天失調或先天不足或房勞過度最易消耗血液以致面黃肌瘦或憂勞過度精神困倦四肢酸軟無力頭暈眼花脚氣水腫腎虧精薄肝旺胃呆腰空耳鳴夜夢不安遺泄等患者連服半月則面必漸紅潤以前消耗之血漸能補足則諸患悉除自然身壯而力健矣每飯後服一大匙日服三次開水冲服

一文人刻苦用功思慮過度以致心血耗盡面色如紙骨瘦如柴或破血吐紅精神衰耗者可每飯後服一大匙日服三次開水冲服七日後漸能心力壯健血氣充盈常服必能身廣體胖獲益非淺

一老年人血氣衰耗精神困頓飢色枯燥肖呆脾弱者如上法服之自能胃開脾健肌潤骨健精神日見强旺常服能烏鬚黑髮動步清健有返老還童之妙

大瓶二元　每打二十元
小瓶一元二角　每打十二元

總發行所上海四馬路五洲大藥房

總經理
雙門底威廷藥房
十八甫寧威藥房
雙門底會豐商店
太平橋中法藥房
清水濠市約五洲藥房
大南門直街五洲藥房
佛山快子街中法藥房
江門舊墟街中法藥房
石叻大馬路會豐商店
韶州武城街中法藥房
梧州會館街五洲藥房
桂林十字街五洲藥房

《民生日报》，1912年5月5日。

一些洋药兼具保健品的功能，对消费者具有较大的吸引力。如西方国家生产的鱼肝油，味道甘甜，又能治咳嗽、伤风、痨伤、吐血等病，市场销路很好。一些洋行和药店为抢占市场，在报纸上广为推介。《中西日报》刊登司各脱鳖鱼肝油的广告云："味如牛乳，甚易下咽，其功效比之净鳖鱼甘油足胜三倍之多。专治痨伤、吐血等症……屡试屡验。"[270] 由于销路很好，市场上出现了许多假冒的鱼肝油。为了便于区分，打击假货，提升营销商的知名度，一些洋行在报纸上刊登了许多打假广告。如香港省城新旗昌公司在《安雅书局世说编》上刊行《声明假冒》广告，认为"假货有水，掺杂上下，不和其油，不久变坏，腥臭难尝，服之损人脾胃"，而真正的司各脱鳖鱼肝油则"彻底调和，粉白如乳，味道甘香"[271]。这种打假广告对维护品牌的市场声誉，提升商家的知名度，提高消费者的认知力，有着较为明显的传播效果。

2. 洋货广告

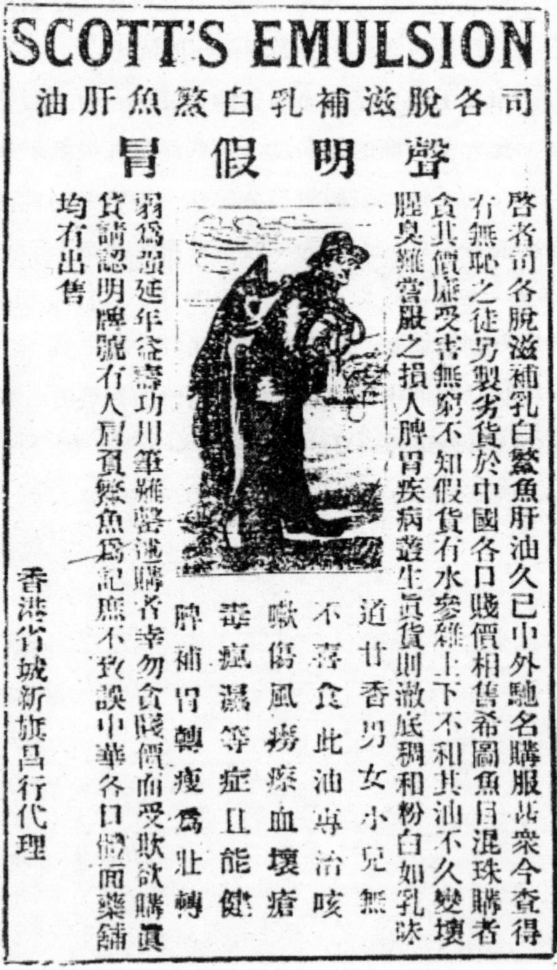

《安雅书局世说编》，1901年7月24日。

洋货广告对城市消费文化的影响非常明显，清末，广州洋货消费深受广告的影响。随着洋货在广州市场的流行，洋货成为报纸广告的重要对象，各洋货店为了扩大销售，提升知名度，纷纷在当地报纸上进行广告宣传，它对推动洋货消费的大众化和西方消费文化的传播起着重要的媒介作用。

清末广州商人对报纸的商业功能有着深刻的认识，刊登广告成为报纸谋利的主要手段。在19世纪70年代以前，广州地区的报纸数量还十分有限，报纸每期印量也仅几百份，刊发广告的宣传效果不太明显，且收费甚高。19世纪80年代以后，《述报》、《广报》、《中西日报》、《南越报》、《羊城日报》、《中华日报》、《时事画报》等报纸先后创立，到1911年前后，广州本地报纸数量达到16种。报纸订价一般每年在3.5元到4元左右，收费较低。19世纪90年代，《中华日报》、《岭南日报》和《中西日报》的发行量都在5000份左右〔272〕。可见报纸在广州民众的日常生活中具有较大影响。报纸的广告价格不菲，以《赏奇画报》为例，“全页壹月十六元，六个月六十六元，十二个月一百二十元，半页壹月九元，十二个月六十四元……每方寸壹月三元，全年二十元”〔273〕。各商家可以根据需要选择版面和刊登时间，洋货广告由于追求时效和新奇，在广告宣传中的作用十分明显，成为各家报纸刊登广告的重要内容，各种洋货广告异彩纷呈，极大地繁荣了洋货消费市场。

19世纪末至20世纪初，广州与香港的经济贸易往来非常密切，广州的洋货市场已经跟香港市场有紧密的联系。香港的一些洋行为了与广州本地商行竞争，经常花大力气在广州的报纸上刊登介绍其商品的广告。如《时事画报》曾多次刊登香港啰士洋行的广告，宣扬其经营的西妹嘿黑袜“精美绝伦，已历年，凡所到各款洋货无不美备”，深受客商欢迎，但是受到其他厂商的冒充，“故特在每盒内加多招纸，有啰士洋行，以别真伪。”〔274〕香港公利洋行代理美国纽约波典公司的牛奶，在广州设有代理处，“可许以特别利权”〔275〕，为了在内地推广，在《国事报》等报纸上多次将其专营的罐头牛奶图片在头版刊登，以强化其视觉效应。位于吕宋的泰记糖果厂专门制造西洋糖果，为开拓中国市场，在香港设立分厂，并设法将产品打入广州市场，多次在广州报纸上刊登广告。这家“正铺在中环大马路，厂在湾仔龙安门”〔276〕的外资企业，深知“港货”对广州消费市场的辐射力，通过广告信息传播，提高其产品与欧美洋糖果的竞争力。另外，许多外国公司在广州设立了代理处，为了提高其产品知名度，也意识到当地报纸的重要性，在显要位置刊登洋货商品信息，并利用当地的语言风格进行宣传，以迎合当地市民的阅读趣味。如美国旗昌洋行经常批发白糖，多次在1887年的《广报》上刊登公告，规定每周三进行拍卖，对投出的数量不进行限制，鼓励客商多投，并规定当次的投价，如“廿四日投出之白糖，价银每担6元2毫半”〔277〕，这在客观上有利于读者了解洋行商品的价格行情。

广州市场的洋货经营者大多是广州本地客商，本地洋行林立，要在市场上取得竞争优势，必须加大商品信息的披露和经营特色的宣传。在19世纪90年代初，一些本地洋行就充分考虑到洋货的市场占有率，利用广告宣传吸引顾客的购买欲望。如当时设在广州河南鳌洲岛上的阿轩打洋行，1892年多次在《中西日报》上刊登洋货拍卖广告。拍卖不仅要有好的洋货，而且在品种质量上也要有特色，阿轩打在广告中对此颇为得意。其称：

> 兹有洋来家私，台、椅、交子弹弓床、藤床、铁弹弓床、花旗椅、螺丝写字椅、弹弓椅仔、皮大椅、皮杨妃床、大餐台、大圆台、大镜石、梳妆台、洗面台、大小字台、镜西碎柜、镜衣柜、玻璃书柜、雪柜、洋画、玻璃、铜玩器、各色花篮、花樽、花蝶、

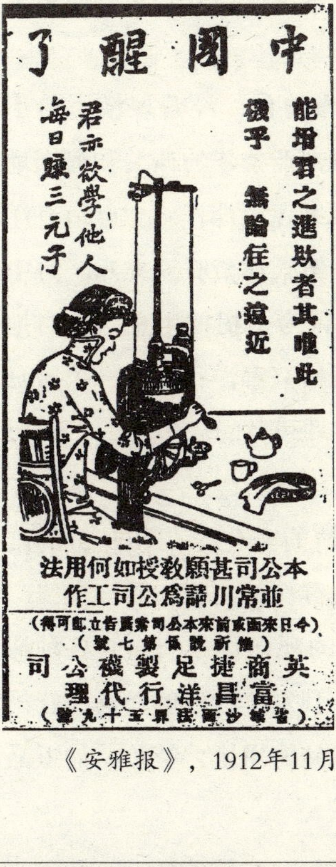

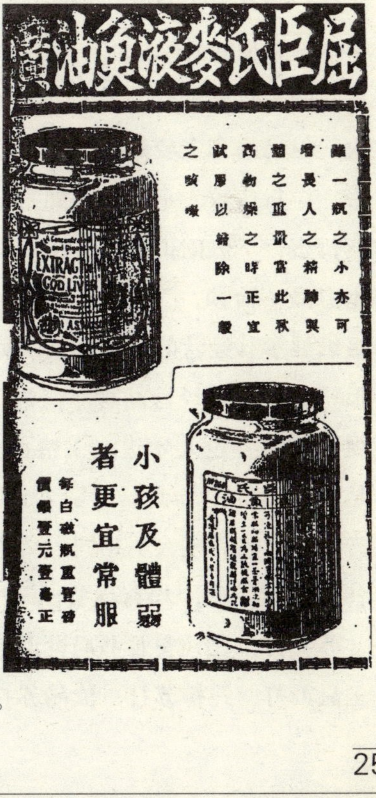

《安雅报》，1912年11月23日。

时辰钟、瓷器、飧碟面盆、白飧羹叉、飧刀、玻璃风罩、洋烛灯、小童车仔碌各等什物，准于本月廿七、八两日十二点钟在河南鳌州中约洋人酒店内开投，以价高者得，此布，风雨不改。[278]

可见在1892年，洋货店的专业化经营水平相当高，这家家具批发店，包括了各种日常家具，其中许多商品在当时非常时髦，说明店主的经营眼光非常高。洋家具在当时对一般消费者而言，属于奢侈品，但店主经常在报纸上进行广告宣传，说明洋家具在广州拥有一定的市场潜力，经营此类商品有利可图。它在一定程度上反映了当时广州中上社会阶层在消费方面追求新奇、豪华的风气。

清末广州的洋货店以专业经营为特色，经营规模一般不大，但已遍布主要的商业街道。当时商业繁华的西关和河南地带，洋货店较为常见。正如当时的报纸评论那样："粤垣有洋货行盛行，热闹街道遂多洋货摊……新式洋货骈罗充斥，月中生意颇不洽谈。"[279] 许多当地洋行为了招揽生意，在当地报纸展示其经营的特色洋货，如沙面裕兴泰洋行常在《羊城日报》上告示其经营品种，其1906年3月刊登的广告为："本行现有新款各色九牙边，工精色美，价甚相宜。"[280] 这并非是该洋行的主导商品，随着市场行情的变化，在10月份的广告中，其品种则大不相同："本行现有颜料、银朱砂、丝线、各款金镖洋遮，均有现货。"[281] 的观洋行专门经营各种梳（苏）打，在《安雅书局世说编》上刊发广告，解释其经营的玉晶苏打、纯粉苏打、浓晶苏打等产品的用途、特色。如玉晶

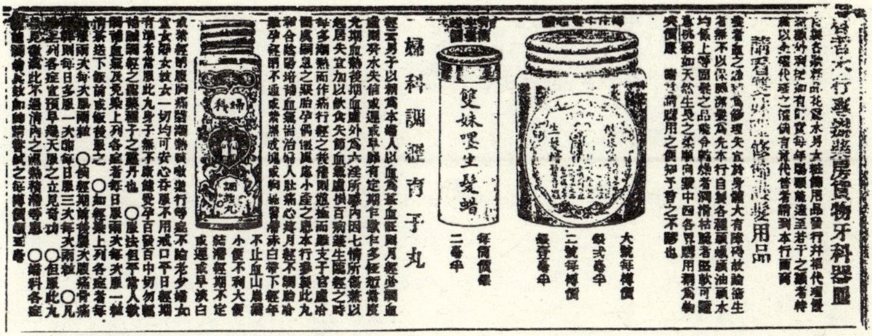

《安雅报》，1912年11月23日。

苏打，“功用甚多，最好炼丝、炼绸……又可以洗擦机器、银铜锡各器皿及玻璃、云石、玉器等物，更可以洗身洗手，其用甚多。……”[282]而蜜花公司经营吗啡粉多年，经常在当地报纸上刊登吗啡粉的到货信息，并印制了英国吗啡粉的商标，便于读者识知。这种吗啡粉，“由英京运到，在河南福场大街怡盛福集木店发售”[283]。吗啡是含有剧毒的麻醉品，当时尚不为广州民众所认识，许多人将它作为戒鸦片的替代品。

19世纪晚期，西方工业文明已经非常发达，西方新式工业品经由香港很快就可以传到广州市场，在煤油、火柴等西方日常消费品占领广州市场的同时，一些在19世纪初期被认为是奢侈品的钟表、洋布等也成为一般消费品。随着西方工业品的大量进口，许多时尚而实用的电器商品也逐步流入广州市场，开始受到社会中上层的偏爱，并成为消费时尚。20世纪初，广州一些商家开始专营电器，如一家名为振发公司的电器商刊登广告云：

本号专办干电手灯、电话、电钟、电灯线、电钟线、大小俭电金丝胆、炭胆、电风扇及电灯所用各等材料；各种家私、铜铁什货、俭油灯嘴灯纱、保险剃刀、大光灯、软纱发行。价廉物美，兼修理。关于电学大小机件、庄（装）配各款电器，价值务求克己，工程务求妥速。[284]

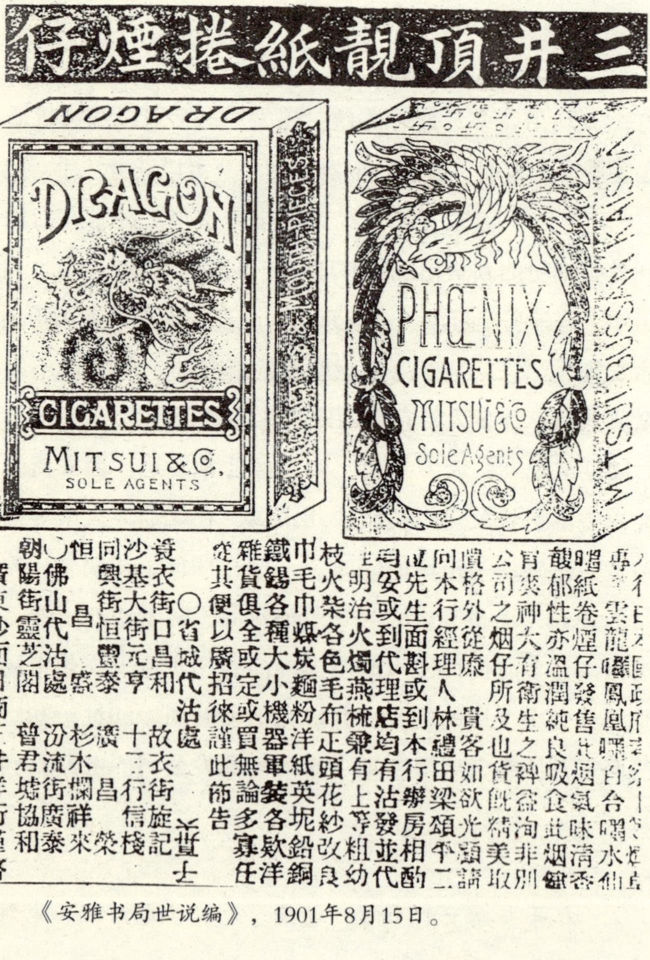

《安雅书局世说编》，1901年8月15日。

这家位于广州西关十八甫的家用电器店，在电器经营方面非常专业，特别是兼营修理业务，可以为消费者提供较好的售后服务。电器店的经营，比较客观地反映了当时广州电器消费的市场潜力。在20世纪初期，广州的一些著名酒楼茶楼，都安装了电灯、电话、电风扇，这些新式设施，自然成为经营者招徕顾客的“亮点”，而社会中上层偏好电器，将其作为炫耀身份的标志性符号。

洋务运动推动了清末制造业的发展，为机器进口业提供了广阔的市场。机器进口行业利润很高，以广州为中心的南方地区，对进口机器需求量很大。一些洋行专营机器，经常在报纸上刊登广告，推销机器产品。如瑞记洋行的广告称：“本洋行在省城、香港开设有年，接办开矿筑路铁轨、龙头制造、织造、卷烟、印务，一切日用大小机器，总期货适于用，价取相宜”。为方便顾客采买，“各种机器均有形图说，略备存本行，以便采择”〔285〕。由于当时官方和企业对机器采买缺乏基本的了解，往往造成很大的经济损失。一些洋行对此问题颇有心得，在机器使用、修理方面为顾客提供更为全面的服务。省港安记洋行的广告颇有打动顾客之处：

> 机器一项，款式纷繁，修理庞杂，差之毫厘，失之千里。迩来富商巨贾，振兴实业，或因事属创始，布置失当；或良窳莫辨，误认珠鱼，因此裹足者不少。本行直接欧美各大名厂，专办各种新式机器……特聘著名机师，常川驻港，悉心讲求，使各振兴事业家，得以面谈方略，详审机宜。〔286〕

洋行聘请专业机器工程师为顾客提供信息咨询，确实有利于顾客寻找价格实惠的机器。20世纪初期，广州在市政设施和新式工业方面取得了很大发展，机器进口业对于提升现代化水平，提高产品的技术含量，降低产品的生产成本，从而对推动轻纺业和其他消费型工业的发展，起着一定的作用。

在洋货盛行的广州市场，商家要想在市场竞争中取得优势，必须在商品的稀缺和新奇上花功夫。对社会上流阶层而言，追赶西方时尚意味着热切地希望在最短的时间内使用洋货，而这种洋货对他们来说可起到区分身份的作用。许多精明的洋货行将经销新奇洋货作为牟取暴利的重要手段，他们利用上流人物猎奇的心理，在对新奇洋货的广告推介中，着重突出其神奇和稀缺的一面。如电风扇在英美等国使用不久，就有商人将其引进到广州，“新款洋庄风扇，在省城十八甫达行堂镶牙店发售。”〔287〕这在家用电器十分罕见的清末社会，绝对是一种高档奢侈品。而在报纸上推销的竟然是位于十八甫的一家牙店，这位店主的确有很强的市场观察力。

一些洋商对广州洋货市场也很有研究，如日商三井洋行注意到鸦片生意清淡，就大力鼓吹进口香烟的好处，在广州各家报纸吹嘘其三井牌卷烟的奇妙效果。其广告声称：“此烟气味清香馥郁，亦温润纯良，吸食此烟，健脾爽神，大有卫生之裨益……”〔288〕其目的是希望瘾君子们尽快接受这一新的品牌。

在十八甫商业大街，许多新奇洋货时常见诸报端，这不但是一种经销广告，而且成为当时的社会新闻，极具轰动效应。如《安雅书局世说编》刊登了一则神奇的地球时钟广告，描述得绘声绘色。其广告云：“地图配以时钟，运以机器。如昼

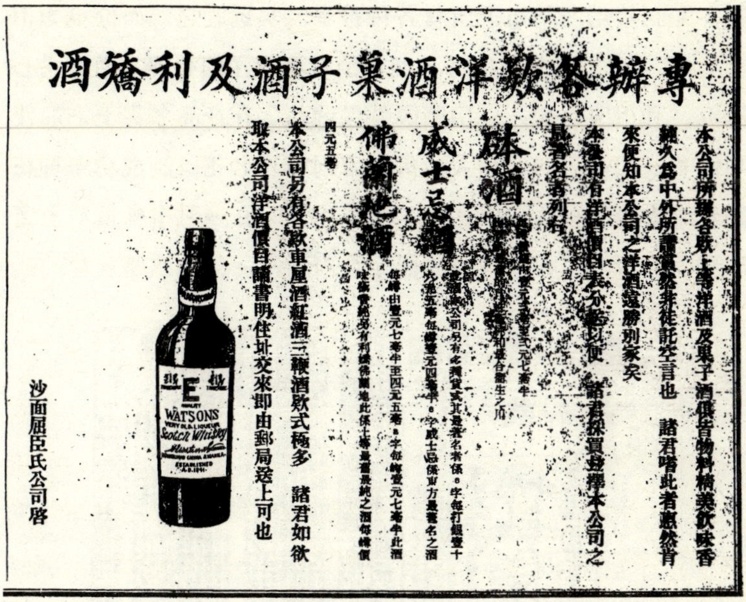

《民生日报》，1912年12月16日。

十二点，其针指中国，夜十二点，其针指美国，早六点，其针指太平洋，晚六点，其针指西洋之类，而且春秋不同，温热不同……”〔289〕十八甫某店仅购一座，某富翁知道后，迫不及待地以高价购买。店主不但获得暴利，且大大地提高了知名度，可谓一举两得。

由于洋品牌具有极大的轰动效应和高额利润，许多厂商便想方设法使用洋气的商品名称来提高知名度。如清末广州一些妇女喜欢使用进口化妆品和保健品，并形成一种消费时尚。此类洋货的利润极高，在国内难觅竞争对手。如屈臣氏大药房研制的花露水，“若当盛夏之时，可以免暑气之侵……选料极鲜，配制极巧，与市上所售各种香水，实远胜之，而价更为相宜……”[290]一些药房为了迎合消费者崇洋的心理，通过悉心研究，利用国外配方，仿制国外保健品，在产品名称上一般使用洋名。如著名的六和大药房，采用中外名花研制成功一种花露水，为吸引顾客，取名为“荷兰水”。在《时事画报》上多次刊登广告，声称“芬芳馥郁，香美异常，气味浓厚”[291]。

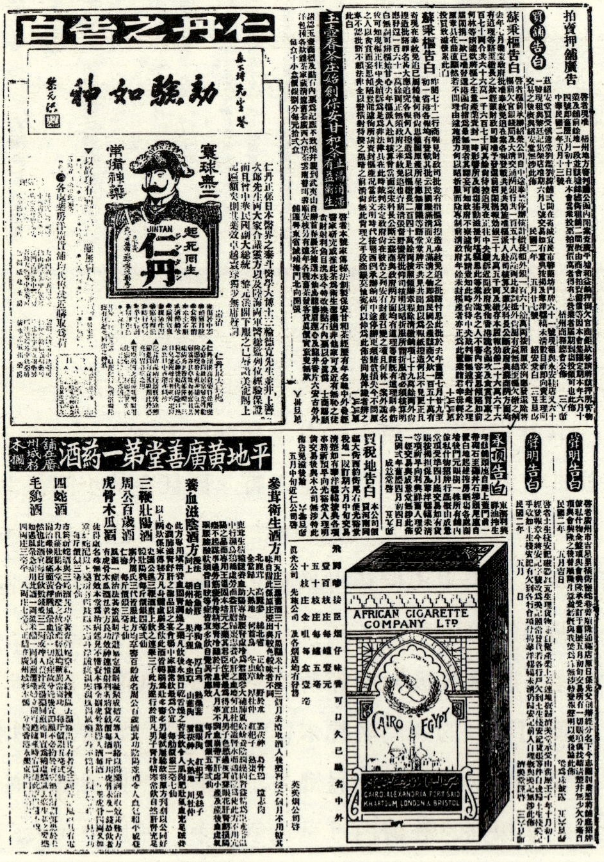
仁丹之告白

効驗如神

寰球無二

起死回生

JINTAN

仁丹

拍賣押舖廣告

蘇秉樞告白

平地黃廣善堂第一藥酒

參茸衛生酒方

養血滋陰酒方

三鞭壯陽酒

周公百歲酒

虎骨木瓜酒

四蛇酒

毛雞酒

聲明告白

承頂告白

買稅地告白

AFRICAN CIGARETTE COMPANY LTD

CAIRO EGYPT

《七十二行商报》，1913年6月2日。

与进口花露水几无异样，这种“不中不西”的花露水在当时市场上很快行销起来。

摄影对19世纪末广州的都市生活而言，仍然是一种奢侈的高消费，其针对的消费群体以达官富商为主。一家西式影相馆要获得一定的客源，必须在“奇妙”上下工夫。位于沙基大街的宝记影相馆经常在报纸上介绍其影相技术。如在《中西日报》的广告中，宣称其摄影技法，“得西艺异传……能映化身图本，一身化出三身，怪怪奇奇，令人莫测。更能用电气放相，高与人等，又可用蓝色映出山水图画，其所映之相，俱过镜面而历久如新……”〔292〕如此富于趣味而奇妙的新鲜玩意，有钱人家当然跃跃欲试。

19世纪末到20世纪初广州报纸上刊登的大量洋货广告，对推动洋货消费的大众化，培育民众的洋货消费理念、消费方式和消费习惯，有着潜移默化的作用。这种洋货广告，“既不让人理解，也不让人去学习，而是让人去希望，在此意义上，它是一种预言性话语，它所说的并不代表先天的真相（物品使用价值的真相），由它表明的预言性符号所代表的现实推动人们在日后加以证实。这才是其效率模式”〔293〕。洋货广告成为诱导读者购买的“说客”，在西方工业品大举入侵的背景下，“侵略性地推销产品比以前更加激烈。这种竞争促成了广告界的第一次真正的改革，并因而促进了消费文化的发展”〔294〕。洋货广告利用报纸这一当时最流行的公共传媒系统，不仅影响了城市民众的购买欲望，而且对处于社会转型期的晚清广州消费文化产生了深刻的影响。

注释

〔1〕 卓南生著：《中国近代报业发展史》，中国社会科学出版社2002年版，第15页。
〔2〕 参见卓南生著：《中国近代报业发展史》，第38—41页。
〔3〕 Goqua，Chouqua，Mauqua是当时广州三位著名行商的名字，根据梁嘉彬考证，Goqua系东裕行行商谢嘉梧，Chouqua指东生行，Mauqua指广利行，见《广东十三行考》，广东人民出版社1999年版，第328页、224页。又根据〔美〕马士：《东印度公司对华贸易编年史》第4卷（中山大学出版社，1991年版，第65页）记载，此次火灾，Mauqua（茂官）所受损失最重。Hong指的是行商商铺。
〔4〕 转引自程曼丽：《〈蜜蜂华报〉研究》，澳门基金会，1998年版，第146—147页。
〔5〕 关于19世纪西方描绘广州的外文书籍，在英、法、美等国的图书馆、档案馆都可以查到一些。如（Phyllis Forbes Kerr.*Letters from China:the Canton-Boston Correspondence of Robert Bennet Forbes,*1838—1840.Mystic Seaport Museum.c1996;*Josiah Quincy ,Journals of Major Samuel Shaw,The First American Consul at Canton with a Life of the Author* .Boston:WM.Crosby and H.P.Nichols,1847;*Dr.Yvan,Inside Canton*,Longdon,Henry Vizerelly,Gough Square,1858等等）。
〔6〕 方汉奇主编：《中国新闻事业通史》第1卷，中国人民大学出版社1992年版，第179页。
〔7〕 〔美〕马士：《东印度公司对华贸易编年史》第四卷，中山大学出版社1991年版，第269页。
〔8〕 卓南生著：《中国近代报业发展史》，第47页。
〔9〕 The Chinese Repository （1833）Vol.Ⅱ,p.186。
〔10〕 卓南生著：《中国近代报业发展史》，第49页。
〔11〕 方汉奇主编：《中国新闻事业通史》第1卷，第181页。
〔12〕 参见《东西洋考每月统记传》，道光甲午（1834年）正月，市价篇。引自爱汉者等编，黄时鉴整理：《东西洋考每月统记传》，中华书局1997年版，第80页。
〔13〕 黄时鉴：《前言》，见爱汉者等编，黄时鉴整理：《东西洋考每月统记传》，《前言》第20页。
〔14〕 〔美〕马士著，区宗华译：《东印度公司对华贸易编年史》第二卷，第628页。
〔15〕 〔美〕马士著，区宗华译：《东印度公司对华贸易编年史》第四卷，第198页。
〔16〕 《东西洋考每月统记传》，道光甲午（1834年）二月，市价篇。引自爱汉者等编，黄时鉴整理：《东西洋考每月统记传》，第94页。
〔17〕《东西洋考每月统记传》，道光甲午（1834年）四月，《市价篇》。引自爱汉者等编，黄时鉴整理：《东西洋考每月统记传》，第127页。
〔18〕《东西洋考每月统记传》，道光甲午（1834年）二月，《市价篇》。引自爱汉者等编，黄时鉴整理：《东西洋考每月统记传》，第95页。
〔19〕 邓毅、李组勃编：《岭南近代报刊史》，广东人民出版社1998年版，第61页。
〔20〕 方汉奇主编：《中国新闻事业通史》第1卷，第184页。
〔21〕 〔清〕梁廷楠：《粤海关志》卷24，“市舶”。
〔22〕 《郭尔喀国》，《各国消息》第1期。
〔23〕 Phyllis Forbes Kerr. *Letters from China:the Canton-Boston correspondence of Robert Bennet Forbes,*1838—1840.Mystic,Conn:Mystic Seaport Museum,c1996,pp.85,86.
〔24〕 严中平等编：《中国近代经济史统计资料选编》，科学出版社1955年版，第9页。
〔25〕 方汉奇主编：《中国新闻事业通史》第1卷，第187页。

〔26〕 Introduction, *The Chinese Repository* （1832）Vol.I,No.1,p.1.
〔27〕 Index,*The Chinese Repository* Vol.V,No.1.
〔28〕 《近代广州口岸经济社会概况》，暨南大学出版社，1995年版，第176页。
〔29〕 《近代广州口岸经济社会概况》，第295页。
〔30〕 《近代广州口岸经济社会概况》，第209页。
〔31〕 根据同治《番禺县志》卷12，宣统《番禺县续志》卷16统计。
〔32〕 《延师笑柄》，《点石斋画报大全》革9，第70页。
〔33〕 《海墨楼石印书局告白》，《述报》，1884年9月19日。
〔34〕 《本馆告白》，《述报》，1884年9月25日。
〔35〕 方汉奇主编：《中国新闻事业通史》第1卷，第325页。
〔36〕 《七日录去旧更新》，《中外新闻七日录》，同治五年（1866年）十二月二十六日。
〔37〕 《暂理七日录》，同治六年（1867年）二月二日。
〔38〕 《小引》，《中外新闻七日录》，同治四年（1865年）一月七日。
〔39〕 《近代广州口岸经济社会概况》，第15页。
〔40〕 《近代广州口岸经济社会概况》，第18页。
〔41〕 《羊城米贵缘由补》，《中外新闻七日录》，同治四年（1865年）四月十日。
〔42〕 《赈米说补》，《中外新闻七日录》，同治四年（1865年）五月十五日。
〔43〕 《医生串亚妈骗财》，《中外新闻七日录》，同治四年（1865年）八月三十日。
〔44〕 《羊城琐闻》，《中外新闻七日录》，同治四年（1865年）八月三十日。
〔45〕 《羊城新闻》，《中外新闻七日录》，同治四年（1865年）七月十八日。
〔46〕《西关唱山歌》，《中外新闻七日录》，同治四年（1865年）八月十六日。
〔47〕 《轻气球论》，《中外新闻七日录》，同治四年（1865年）八月三十日。
〔48〕 《西国缝衣服器具图式》，《中外新闻七日录》，同治五年（1866年）四月四日。
〔49〕 《火车路论》，《中外新闻七日录》，同治四年（1865年）五月十四日。
〔50〕 《本馆告白》，《中外新闻七日录》，同治六年（1867年）九月六日。
〔51〕 《博济医局》，《中外新闻七日录》，同治四年（1865年）一月七日。
〔52〕 《西关义学》，《中外新闻七日录》，同治四年（1865年）一月七日。
〔53〕 《各种书出卖》，《中外新闻七日录》，同治四年（1865年）一月二十一日。
〔54〕 《述报》创办人之谜，曾被列为中国新闻史上的十大谜团之一，黄大赛认为《述报》主人可能是邝其照，但证据不充分。探寻《述报》创始人，仍然是新闻史研究需要解决的问题。
〔55〕 《述报》，1884年9月19日。
〔56〕 方汉奇主编：《中国新闻事业通史》第1卷，第325页。
〔57〕 《述报》，1885年1月6日。
〔58〕 《述报》，1884年9月19日。
〔59〕 《述报》，1885年1月17日。
〔60〕 《述报》，1885年1月19日。
〔61〕 《基隆再捷图说》，《述报》卷6，第91页。
〔62〕 《五代同堂图说》，《述报》卷6，第83页。
〔63〕 《论粤人急公好义》，《述报》卷9，第73页。
〔64〕 《颂粤中商民认捐军需文》，《述报》卷9，第74页。
〔65〕 《劝捐示谕》，《述报》卷9，第82页。
〔66〕 《二烟抽厘》，《述报》卷9，第82页。
〔67〕 《赌局害人》，《述报》卷7，第79页。

〔68〕《禁赌大红》，《述报》，1885年1月3日。
〔69〕《发财蚬说》，《述报》卷10，第94页。
〔70〕《白鸽潜遁》，《述报》，1884年11月10日。
〔71〕《述报》卷10，第1页。
〔72〕《广报》，1887年11月25日。
〔73〕《广报》，1887年11月18日。
〔74〕《论商务宜重》，《广报》，1887年11月15日。
〔75〕《论商务宜重续前篇》，《广报》，1887年11月16日。
〔76〕《抢案述闻》，《广报》，1887年11月25日。
〔77〕《洋药瞒税》，《广报》，1887年12月17日。
〔78〕《近代广州口岸经济社会概况》，第292页。
〔79〕《丁亥年九月廿九日礼拜壹股份价值行情》，《广报》，1887年11月15日。
〔80〕《告白，客寓声明》，《广报》，1887年11月15日。
〔81〕《华英字典出售》，《广报》，1887年11月16日。
〔82〕《目录》，《岭南日报》，1893年11月15日。
〔83〕《奸情可哂》，《岭南日报》，1894年9月22日。
〔84〕《河南大观戏院大有年》，《岭南日报》，1893年11月15日。
〔85〕《广东大兴隆家用唐洋针车衣服》，《岭南日报》，1894年10月19日。
〔86〕《本局收数约章》，《中西日报》，1892年6月4日。
〔87〕《本局收数约章》，《中西日报》，1892年6月4日。
〔88〕《案元宜拔取真才论》，《中西日报》，1892年6月18日。
〔89〕《中西日报》，1892年6月10日。
〔90〕《戏院滋闹》，《中西日报》，1892年7月2日。
〔91〕《天元茶楼告白》，《中西日报》，1892年6月4日。
〔92〕《省城怡珍酒馆告白》，《中西日报》，1892年6月16日。
〔93〕梁群球主编：《广州报业（1827—1990）》，中山大学出版社1992年版，第15页。
〔94〕《岭学报捐款题名记》，《岭学报》，1898年第3期。
〔95〕方汉奇主编：《中国新闻事业通史》（第1卷），第454页。
〔96〕《省城货价行情开列左》，《岭海报》，光绪二十七年（1901年）四月二十五日。
〔97〕《目录》，《安雅书局世说编》，1901年11月27日。
〔98〕《鞋行停工》，《安雅书局世说编》，1901年10月31日。
〔99〕《运米赴会》，《安雅书局世说编》，1901年9月5日。
〔100〕《斗蟀破财》，《安雅书局世说编》，1901年9月10日。
〔101〕《开赌即盗》，《安雅书局世说编》，1901年8月24日。
〔102〕《上海通商以来情形考》，《安雅书局世说编》，1902年1月11日。
〔103〕《安雅书局世说编》，1901年11月28日。
〔104〕《买屋须知》，《安雅书局世说编》，1901年11月29日。
〔105〕《买屋告白》，《安雅书局世说编》，1902年1月7日。
〔106〕《广东全省彩票公告》，《安雅书局世说编》，1902年1月15日。
〔107〕《大西洋澳门彩票改开大彩》，《安雅书局世说编》，1902年1月7日。
〔108〕《中西学堂告白》，《安雅书局世说编》，1901年9月5日。
〔109〕《安雅书局世说编》，1901年9月5日。
〔110〕《招人王般鸟埠告白》，《安雅书局世说编》，1901年9月5日。
〔111〕参见许檀：《鸦片战争后珠江三角洲的商品经济与近代化》，《清史研

究》，1994年第3期，第73页。

〔112〕参见邱捷：《辛亥革命前资本主义在广东的发展》，《学术研究》，1983年第4期，第72—74页。

〔113〕王敬虞编：《中国近代工业史资料》（第二辑下册），第654页。

〔114〕《广州商务调查》，《东方杂志》，1909年第6期。

〔115〕孙毓棠编：《中国近代工业史资料》（第一辑下册），第1223页。

〔116〕孙毓棠编：《中国近代工业史资料》（第一辑下册），第1223页。

〔117〕曾仲谋：《广东经济发展史》，广东省银行1940年版，第121页。

〔118〕《想买机器者须知》，《农工商报》，1907年第6期。

〔119〕《制造火柴调查》，《农工商报》，1907年第35期。

〔120〕转引自邱捷：《辛亥革命前资本主义在广东的发展》，《学术研究》，1983年第4期，第73页。

〔121〕《近代广州口岸经济社会概况》，第271页。

〔122〕《近代广州口岸经济社会概况》，第415页。

〔123〕《近代广州口岸经济社会概况》，第432页。

〔124〕《近代广州口岸经济社会概况》，第509页。

〔125〕沈琼楼：《清末民初广州报业杂忆》，见杨光辉等编：《中国近代报刊发展概况》，新华出版社，1986年版，第226页。

〔126〕《报费价目》，《羊城日报》，1906年6月19日。

〔127〕沈琼楼：《清末民初广州报业杂忆》，见杨光辉等编：《中国近代报刊发展概况》，第228页。

〔128〕《目录》，《羊城日报》，1906年3月29日。

〔129〕见《羊城日报》，1906年10月9日。

〔130〕刘家林认为，我国报纸最早使用“广告”二字的当数《申报》，1901年10月18日《申报》正张第二版下第四栏载有一则报纸创刊的广告——《商务日报广告》。见刘家林：《新编中外广告通史》，暨南大学出版社2002年版，第4页。可见，“广告”一词，出现在中国报纸上，时间较晚，而1906年的《羊城日报》，普遍使用“广告”一词，说明其对“广告”一词的运用颇为自如。

〔131〕转引自邱捷：《广东七十二行商报》，《南方日报》，2004年5月20日。

〔132〕参见梁群球：《广州报业（1827—1990）》，第39页，该书认为《广东七十二行商报》创立于1906年9月15日，与邱捷所说的日期不一，这里采取邱捷的说法。

〔133〕转引自邱捷：《广东七十二行商报》，《南方日报》，2004年5月20日。

〔134〕见《本省特别要闻》，《广东七十二行商报》，1910年9月21日。

〔135〕《电灯公司赎回自办后之近况》，《广东七十二行商报》，1910年9月21日。

〔136〕参见《本省要闻》，《广东七十二行商报》，1914年6月2日，第4页。

〔137〕见《国事报》1910年5月6日，第1页版头。

〔138〕《看看国事报出游之怪现象》，《香港东方报》，1906年9月18日。

〔139〕《国民报》，民国元年（1912年）二月二十九日。

〔140〕沈琼楼：《清末民初广州报业杂忆》，见《中国近代报刊发展概况》，第234页。

〔141〕转引自梁群球：《广州报业（1827—1990）》，第41页。

〔142〕《公务司拆城办法大纲之评议》，《国民日报》，民国元年（1912年）二月二十九日。

〔143〕《本报特电》，《国民日报》，民国元年（1912年）二月二十八日。

〔144〕《火水》，《国民报》，1910年6月19日。

〔145〕见《南越报附张》，1910年2月14日。
〔146〕《本报创刊一周年纪念文》，《南越报》，1910年6月8日。
〔147〕《三月三赋》，《南越报》，1910年4月12日。
〔148〕《拟羊城奶妈联行章程（并序）》，《南越报》，1910年5月12日。
〔149〕《禁赌耶、承赌耶》，《南越报》，1910年4月30日。
〔150〕《人造自来血》，《南越报》，1910年4月11日
〔151〕《艾罗医生补脑汁》，《南越报》，1910年4月14日。
〔152〕《迁铺预告》，《广东白话报》，1907年第5期。
〔153〕《广东白话报》，1907年第1期。
〔154〕《售报价目表》，《广东白话报》，1907年第1期。
〔155〕《本报价目》，《广东白话报》，1907年第5期。
〔156〕 http://www.baoye.net/bencandy.
〔157〕方汉奇主编：《中国新闻事业通史》第1卷，第530页。
〔158〕《广东白话旬报内容浅说》，《广东白话报》，1907年第1期。
〔159〕《农工商报》，1908年第12期。
〔160〕《因广东土性以择合宜之耕种论》，《农工商报》，1907年第7期。
〔161〕《羊城市面改良与商务之关系》，《农工商报》，1907年第2期。
〔162〕《想买机器者须知》，《农工商报》，1907年第6期。
〔163〕《自制显微镜批准奖励》，《农工商报》，1907年第13期。
〔164〕《士敏土厂机器已一律运到》，《农工商报》，1907年第6期。
〔165〕《舂米机器》，《农工商报》，1908年第40期。
〔166〕《电传照相法》，《农工商报》，1907年第22期。
〔167〕《生晒圆肉要法》，《农工商报》，1907年第13期。
〔168〕《衣服的利用》，《农工商报》，1907年第21期。
〔169〕《震旦日报》，1911年11月14日。
〔170〕《光汉日报》，1911年11月16日。
〔171〕《价目》，《震旦日报》，1911年10月5日。
〔172〕 沈琼楼：《清末民初广州报业杂忆》，见《中国近代报刊发展概况》，第235页。
〔173〕 聊生：《问胡都督》，《震旦日报》，1911年11月29日。
〔174〕《警、警、警，外人将干涉我矣》，《震旦日报》，1911年11月29日。
〔175〕《本报紧要布告》，《震旦日报》，1911年11月14日。
〔176〕《李登同禁赌韵示》，《震旦日报》，1911年11月21日。
〔177〕《强剪人辫者当敛迹矣》，《震旦日报》，1911年11月21日。
〔178〕《维持公安演说社》，《震旦日报》，1911年11月27日。
〔179〕《花界之筹饷热》，《震旦日报》，1911年11月27日。
〔180〕《西装注意》，《震旦日报》，1911年10月25日。
〔181〕《人权报》，民国三年（1914年）九月十九日。
〔182〕《口头上之整顿》，《人权报》，民国三年（1914年）九月二十一日。
〔183〕《掩耳盗铃》，《人权报》，民国三年（1914年）九月二十六日。
〔184〕《光华报》，1911年12月15日。
〔185〕《广粹旬报》，1909年第11期。
〔186〕《广东化学会实业报》，1910年第2期。
〔187〕 参见《本报第二期细目》，《广东化学会实业报》，1910年第2期。
〔188〕《改良婚礼》，《时事画报》，1909年第16期。

〔189〕《不作无益》，《时事画报》，1909年第6期。
〔190〕《清晨演说》，《时事画报》，1909年第6期。
〔191〕《女士之壮游》，《时事画报》，1909年第5期。
〔192〕《禁食猫犬》，《时事画报》，1907年第3期。
〔193〕《何必言抵制》，《时事画报》，1909年第3期。
〔194〕《斗雀》，《时事画报》，1909年第7期。
〔195〕《烟膏滞销》，《时事画报》，1906年第3期。
〔196〕《烟精现形》，《时事画报》，1906年第3期。
〔197〕《无辫风月》，《时事画报》，1906年第23期。
〔198〕《呜呼奢侈之青年》，《时事画报》，1909年第9期。
〔199〕《开演变法戏》，《时事画报》，1909年第6期。
〔200〕《聘画师》，《时事画报》，1910年第2期。
〔201〕《赏奇画报》，1906年第1期，
〔202〕《售例》，《赏奇画报》，1906年第1期。
〔203〕《赏奇画报缘起》，1906年第1期。
〔204〕《表面文明》，《赏奇画报》，1907年第4期。
〔205〕《特别丧仪》，《赏奇画报》，1906年第12期。
〔206〕《巡官看戏滋闹》，《赏奇画报》，1906年第22期。
〔207〕《禁演淫戏》，《赏奇画报》，1906年第22期。
〔208〕《赛负轻生》，《赏奇画报》，1906年第4期。
〔209〕《运动会乙队名誉旗谁受耶》，《赏奇画报》，1906年第2期。
〔210〕《戒烟会救世苦心》，《赏奇画报》，1906年第12期。
〔211〕《劝戒烟》，《赏奇画报》，1906年第12期。
〔212〕《赌害贻亲》，《赏奇画报》，1906年第3期。
〔213〕《怡红妓院多疫》，《赏奇画报》，1906年第7期。
〔214〕《女工滋事》，《赏奇画报》，1906年第15期。
〔215〕《女工又闹》，《赏奇画报》，1906年第19期。
〔216〕《时谐画报》，1907年第2期。
〔217〕《时谐画报》，1907年第2期。
〔218〕《本报告白》，《时谐画报》，1907年第2期。
〔219〕《女巫何多》，《时谐画报》，1907年第2期。
〔220〕《女巫何多》，《时谐画报》，1907年第2期。
〔221〕《粤署仍照例演戏》，《时谐画报》，1907年第2期。
〔222〕《粤署仍照例演戏》，《时谐画报》，1907年第2期。
〔223〕《报费》，《两广官报》，1911年第14期。
〔224〕《本报编辑所广告》，《两广官报》，1911年第2期。
〔225〕《本报编辑所广告》，《两广官报》，1911年第2期。
〔226〕《文牍》，《广东警务官报》，1910年第3期。
〔227〕《详请照会港督设法禁止洋人擅入内地打雀文》，《广东警务官报》，1909年第10期。
〔228〕《取缔戏班及戏院规则十四条》，《广东警务官报》，1910年第3期。
〔229〕《广东教育官报售报略例》，《广东教育官报》，1910年第1期。
〔230〕《广东教育官报发刊词》，《广东教育官报》，1910年第1期。
〔231〕《附篇》，《广东教育官报》，1910年第10期。

〔232〕《广东教育官报售报略例》，《广东教育官报》，1910年第1期。
〔233〕《售书价目》，《广东教育官报》，1910年第1期。
〔234〕《游艺报》，1905年7月8日。
〔235〕统计数字见《游艺报》，1905年8月12日，第一版。
〔236〕《游艺报》，1905年8月4日。
〔237〕《论吾粤筹抵苛约之民气》，《游艺报》，1905年8月19日。
〔238〕《抵制美约》，《游艺报》，1905年8月18日。
〔239〕《抵制美约之诸君休矣》，《游艺报》，1905年8月23日。
〔240〕《游艺报》，1905年8月2日。
〔241〕《陈十三深夜忆银乔》，《游艺报》，1905年7月11日。
〔242〕《大沙头之浩劫》，《游艺报》，1905年7月11日。
〔243〕《香港洪桂昌迁铺告白》，《游艺报》，1905年7月12日。
〔244〕《岭南第一楼改良食品广告》，《游艺报》，1905年7月8日。
〔245〕《颐苑新张广告》，《游艺报》，1905年8月28日。
〔246〕《天趣报》，宣统二年（1910年）一月三十日。
〔247〕《报费价目表》，《天趣报》，1910年11月19日。
〔248〕《无线电》，《天趣报》，1910年11月24日。
〔249〕参见《无线电》，《天趣报》，1910年12月21日。
〔250〕《月仙近船得食》，《天趣报》，1911年4月12日。
〔251〕《少卿白菜乃值十七员》，《天趣报》，1911年4月3日。
〔252〕《陈塘春季花界调查表》，《天趣报》，1911年3月14日。
〔253〕《结婚一礼拜贴银二百元》，《天趣报》，1910年12月31日。
〔254〕《云英厅之观止》《天趣报》，1911年3月21日。
〔255〕《〈公言报〉鉴》，《天趣报》，1910年11月19日。
〔256〕《永兴祥》，《天趣报》，1910年11月19日。
〔257〕《大观酒楼开始广告》，《天趣报》1912年1月8日。
〔258〕《天一酒楼开始广告小引》，《天趣报》，1910年12月10日。
〔259〕《屈臣氏天下名驰 确验戒烟药料发售》，《广报》，1887年12月9日。
〔260〕《屈臣氏天下名驰 确验戒烟药材发债》，《广报》，1887年12月9日。
〔261〕《梁天保创制枪松戒烟饼》，《中西日报》，1892年6月4日。
〔262〕《六和大药房灵验戒烟丸》，《安雅书局世说编》，1901年7月24日。
〔263〕《恭颂颜逊轩先生擅脱眼膜》，《安雅书局世说编》，1901年8月15日。
〔264〕《时事画报》，1907年第7期。
〔265〕《中华医生黄保安》，《广报》，1887年12月9日。
〔266〕《药品市谈》，《安雅书局世说编》，1901年8月29日。
〔267〕《毓和堂始制仙授毓气和神丸》，《安雅书局世说编》，1901年7月24日。
〔268〕《□公亮始搜毒酒》，《安雅书局世说编》，1901年8月15日。
〔269〕《爱理士红衣补丸》，《南越报》，1910年3月7日。
〔270〕《司各脱创制乳口净鳖鱼甘油》，《中西日报》，1892年5月21日。
〔271〕《声明假冒》，《安雅书局世说编》，1901年7月24日。
〔272〕《近代广州口岸经济社会概况——粤海关报告汇集》，第899、900页。
〔273〕《告白价目表》，《赏奇画报》，1906年第1期。
〔274〕《香港啰士洋行》，《时事画报》，1907年第7期。
〔275〕*AMERICAN CONDENSED MILK GOLD SEAL BRAND*，《国事报》，1910年5

月6日。

〔276〕《西洋糖果新张广告》，《光汉报》，1911年11月18日。

〔277〕《按期出投白糖》，《广报》，1887年11月16日。

〔278〕《夜冷出投》，《中西日报》，1892年5月21日。

〔279〕《巧于行窃》，《安雅书局世说编》，1901年11月11日。

〔280〕《沙面裕兴泰洋行广告》，《羊城日报》，1906年3月29日。

〔281〕《沙面裕兴泰洋行广告》，《羊城日报》，1906年10月19日。

〔282〕《的观洋行各种苏打发售》，《安雅书局世说编》，1902年1月15日。

〔283〕《吗啡粉发售》，《安雅书局世说编》，1902年1月15日。

〔284〕《看看振发公司电器》，《光汉日报》，1911年12月5日。

〔285〕《瑞记洋行机器告白》，《羊城日报》，1906年10月9日。

〔286〕《一本万利之机器》，《光汉日报》，1911年12月5日。

〔287〕《新款洋庄风扇》，《安雅书局世说编》，1901年9月1日。

〔288〕《三井洋行靓纸卷烟仔》，《安雅书局世说编》，1901年8月15日。

〔289〕《地球时钟》，《安雅书局世说编》，1901年8月31日。

〔290〕《屈臣氏鲜花露水》，《安雅书局世说编》，1901年8月30日。

〔291〕《特别花露香水》，《时事画报》，1909年第7期。

〔292〕《新法映相》，《中西日报》，1892年5月21日。

〔293〕〔法〕让·波德里亚著，刘成富等译：《消费社会》，南京大学出版社2001年版，第138页。

〔294〕〔英〕西莉亚·卢瑞著，张萍译：《消费文化》，南京大学出版社2003年版，第151页。

参考文献

一、报刊

1. *Canton Register*，1827年至1839年。
2.《察世俗每月统记传》，1815年至1820年
3.《东西洋考每月统记传》，1833年至1834年。
4.《中外新闻七日录》，1865年至1867年。
5.《述报》，1884年至1885年。
6.《广报》，1887年。
7.《中西报》，1899年。
8.《岭南日报》，1893年至1894年。
9.《中西日报》，1892年。
10.《南越报》，1909年。
11.《天趣报》，1910年至1911年。
12.《游艺报》，1905年。
13.《安雅书局世说编》，1901年至1902年。
14.《广东七十二行商报》，1906年至1910年。
15.《羊城日报》，1906年。
16.《唯一趣报有所谓》，1906年。
17.《香港少年报》，1907年。
18.《香港东方报》，1905年。
19.《国事报》，1910年。
20.《岭学报》，1898年。
21.《广东白话报》，1907年。
22.《时事画报》，1906年至1911年。
23.《赏奇画报》，1906年。
24.《时谐画报》，1907年。
25.《点石斋画报大全》，清宣统二年刊本。
26.《东方杂志》，1904年至1911年。
27.《广东日报》，1904年至1906年。
28.《国民报》，1911年。
29.《光华医事卫生杂志》，1910年。
30.《两广官报》，1911年。
31.《农工商报》，1907年至1909年。
32.《光汉报》，1911年。
33.《光华报》，1911年。
34.《广东警务官报》，1910年。
35.《广粹旬报》，1909年。
36.《震旦日报》，1911年。
37. *The Chinese Repository*，1834年至1840年。
38.《广东教育官报》，1910年
39.《人权报》，1911年至1915年。

40.《农林月报》，1913年
41.《广东化学会实业报》，1910年。
42.《岭海报》，1901年。

二、论著

1. 方汉奇主编：《中国新闻事业通史》（第1卷），中国人民大学出版社1992年版。
2. 戈公振：《中国报学史》，上海古籍出版社2003年版。
3. 卓南生：《中国近代报业发展史》，中国社会科学出版社2002年版。
4. 程曼丽：《〈蜜蜂华报〉研究》，澳门基金会1998年版。
5. 严中平等编：《中国近代经济史统计资料选辑》，科学出版社1955年版。
6.《近代广州口岸经济社会概况》，暨南大学出版社1995年版，第15页。
7. 杨光辉等编：《中国近代报刊发展概况》，新华出版社1986年版。
8. 刘家林：《新编中外广告通史》，暨南大学出版社2002年版。
9. 邓毅、李组勃编：《岭南近代报刊史》，广东人民出版社1998年版。
10. 梁群球主编:《广州报业(1827—1990)》,中山大学出版社1992年版。
11. 孙毓棠编：《中国近代工业史资料》，科学出版社1957年版。
12. 朱有瓛主编：《中国近代学制史料》（第一辑上册），华东师范大学出版社，1983年版。
13. 汪敬虞编：《中国近代工业史资料》，科学出版社1957年版。
14.《中国近代教育史资料》，人民教育出版社1993年版。
15. 中国史学会编：《鸦片战争》，上海人民出版社2000年版。
16. 中国第一历史档案馆编：《鸦片战争档案史料》，上海人民出版社1987年版。
17. 中国史学会编：《洋务运动》，上海人民出版社1961年版。
18. 胡朴安编：《中华全国风俗志》，河北人民出版社1986年版。
19. 刘志文主编：《广东民俗大观》，广东旅游出版社1993年版。
20.《清代日记汇抄》，上海人民出版社1982年版。
21.〔美〕马士：《东印度公司对华贸易编年史》，中山大学出版社1991年版。
22. 梁嘉彬：《广东十三行考》，广东人民出版社1999年版。
23.〔法〕让・波德里亚著，刘成富等译：《消费社会》，南京大学出版社2001年版。
24.〔英〕西莉亚·卢瑞著，张萍译:《消费文化》,南京大学出版社2003年版。
25. Phyllis Forbes Kerr. *Letters from China:the Canton-Boston correspondence of Robert Bennet Forbes,1838—1840.*Mystic,Conn:Mystic Seaport Museum,c1996.
26. Dr.Yvan,*Inside canton,* London:Henry Viaetelly,Bough Square,1858.
27. John Henry.Ggray,*Walks in the City of Canton,* HongKong, De Souza & Co. 1875.
28. Josiah Quincy ,Journals of Major Samuel Shaw,*The First American Consul at Canton with a Life of the Author* .Boston:WM.Crosby and H.P.Nichols,1847.
29. *Correspondence Relative Entrance into Canton,*1850—1855.London,Printed by Harrison and Sons,1857.
30. Donald Quataert, *Consumption Studies and the History of the Ottoman Empire, 1550—1922;*An Introduction. Arbarny: state University of New York Press, 2000.

后 记

严格意义上讲，本书只是晚清广州报刊史的局部研究。尽管相距一百余年，但大部分晚清广州报刊已消失于历史的云烟之中。数年来，笔者在国家图书馆、北京大学图书馆、中山图书馆等处搜集到40余种晚清广州报刊，本想利用这些资料，集中精力研究晚清广州社会史。恰巧南方日报出版社相约出版一本晚清报刊史的通俗书，遂欣然从命。数月枯坐，写成这个样子，实属“无可奈何”。因为手头掌握的多为零散的报刊，一些报刊仅存数页，要想从宏观上进行全面概括，实在较为困难。这毕竟是报刊史的写作，不是文艺作品，想象与假设恐怕有违真实。所以，在写作过程中，尽量运用原始材料进行论述，其中一些引文较为晦涩，也只能照录了。在通俗与历史事实两者之间，本书没有很好地“均衡”，祈望读者见谅。

庆幸的是，本书为读者提供了大量报刊影印件，通过浏览这些图片，既可还原“历史事实”，又能满足轻松阅读的需求。加上不太通俗的文字，读者可以对晚清广州报刊发展史有一个粗浅的认识，也算是弥补了一个缺憾。

本书的写作，得到了许多学者的大力支持。尤其是笔者的博士后导师方汉奇教授将他珍藏的海内孤本《述报》借与我使用达半年之久，使本书增色不少。应笔者请求，方老师在百忙之中抽空为这本小书作序。恩师的奖掖和关爱，令我终生难忘。另外，梅伟霞博士为我从武汉复印了《中外新闻七日录》影印件，填补了本书的一个空缺。中山图书馆倪俊明研究员提供了一些报刊史料线索。南方日报出版社谭庭浩副总编辑和周山丹编辑在本书的策划过程中付出了艰辛的劳动，使本书能够较快地面世。对于他们的无私奉献，深表谢意。

蒋建国

2006年12月7日